Law Research

on Personnel Disputes

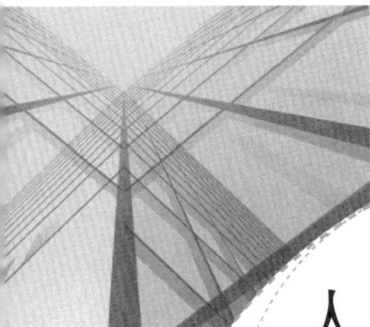

人事争议处理机制法律问题研究

张勇敏 著

ZHEJIANG UNIVERSITY PRESS
浙江大学出版社

序

很高兴看到张勇敏副教授的研究成果——《人事争议处理法律问题研究》一书书稿。该书是作者在其主持的同名课题（浙江省哲学社会科学规划课题）研究基础上深化研究的成果，是当前我国该领域的重要成果之一。

众所周知，我国拥有一支数量可观的国家机关、事业单位、社会团体工作人员队伍。这支队伍在确保国家和社会正常运行方面发挥了重要作用。公务员、参照公务员管理人员、事业单位和社会团体工作人员与所在单位存在被称为"人事关系"的劳动关系。这种人事关系的双方主体不可避免地会发生诸如录用聘用、职务任免、福利待遇、工资调整、奖励处分、辞职辞退等事项的争议，即人事争议。包括《公务员法》、《教师法》等现有法律对人事争议解决的规定是不全面的，不能适应人事关系法治化的需求。因此，对现行人事争议现状及其处理机制存在的问题进行剖析，并提出相应的对策，具有重要的研究价值。

综观我国现有人事争议法律问题领域的研究成果，可以发现这一领域的研究严重滞后于现实生活，其研究广度和深度均非常有限。该领域的专题性著作仅有赵生龙所著《人事争议仲裁制度研究与法律适用》（陕西人民出版社 2001 年版）、唐志敏编著《事业单位人事争议处理》（中国人事出版社 2004 年版）等少数著作。相对于劳动争议法律问题而言，人事争议法律问题领域的成果要逊色得多。张勇敏副教授有研究人事争议法律问题的学术兴趣，并为该领域增添有见地的成果，这种理论探索是非常有益的。

人事争议法律问题的研究与其他相近领域的研究有密切的联系。譬如，近年来学界有关 ADR 机制（Alternative Dispute Resolution，即替代性纠纷解决机制）的研究，行政法领域有关公务员法的研究，教育法领域有关教师法的研究，诉讼与非诉讼程序法领域有关各种诉讼程序和仲裁程序的研究，劳动法领域有关劳动关系及劳动争议处理机制的研究，均对人事争议法律问题的研究有启发意义。张勇敏副教授善于汲取多领域的学术营养，在此基础上进行理论创新，是一次富有成果的科研实践。

张勇敏副教授与本人有经常性的学术交流与合作，并曾在浙江大学光华法学院访学。身兼教学科研与管理工作，并能矢志不移地钻研学术前沿问题，深感不易。略书寸语，以荐大作。

是为序。

陈信勇

二〇〇九年十一月于杭州月轮山麓

目　　录

第一章　人事争议处理法律问题研究综述 ……………………………… 1

第二章　人事关系、人事争议及我国人事争议现行处理机制 ………… 25
　第一节　人事关系概述 ……………………………………………… 25
　第二节　人事争议概述 ……………………………………………… 38
　第三节　我国现行制度上的人事争议处理机制 …………………… 46

第三章　外国公务员人事争议处理机制比较 ………………………… 54
　第一节　英国、美国、法国、德国、日本人事争议处理机制 ……… 54
　第二节　总　评 ……………………………………………………… 94

第四章　我国公务员人事争议处理机制现状和重构 ………………… 97
　第一节　我国公务员人事争议处理机制概述 ……………………… 97
　第二节　我国公务员人事争议处理机制存在的问题 …………… 112
　第三节　我国公务员人事争议处理机制的完善 ………………… 124

第五章　我国事业单位人事争议调解的现状和制度创新 ………… 136
　第一节　我国人事争议调解制度概述 …………………………… 136
　第二节　我国事业单位人事争议调解制度存在的问题 ………… 141
　第三节　我国人事争议调解制度的完善 ………………………… 148

第六章　我国事业单位人事争议仲裁的现状和制度创新 ……………… 157

　第一节　我国人事争议仲裁制度概述 ……………………………… 157

　第二节　我国人事争议仲裁制度存在的问题 ……………………… 177

　第三节　我国人事争议仲裁制度的完善 …………………………… 184

第七章　我国事业单位人事争议诉讼制度的现状和制度创新 ………… 194

　第一节　我国人事争议诉讼制度概述 ……………………………… 194

　第二节　我国人事争议诉讼制度存在的问题 ……………………… 199

　第三节　我国人事争议诉讼制度的完善 …………………………… 206

参考文献 …………………………………………………………………… 214

后　记 ……………………………………………………………………… 218

第一章　人事争议处理法律问题研究综述

一、研究意义

人事争议是指国家机关、事业单位、社会团体的工作人员与所在单位因录用聘用、职务任免、福利待遇、工资调整、奖励处分、辞职辞退等人事管理事项所引发，或者人事管理行为侵害相对人（工作人员）权益所引起的争议和纠纷。长期以来，人事争议的解决被认为属于政府行政职能范畴，国家机关、人事部门和事业单位一直习惯于在行政的框架内解决人事争议问题。在这种背景下，有没有制定相应的法律予以规范不为人事主管部门和相关机关事业单位所重视。与此相对应，国内法律理论界对这个问题的研究也是空白，至今没有相关的专著出版，已发表的论文也少有对人事争议纳入法律调整和具体实现路径的构建提出清晰的思路。国外劳动法专家、学者都从劳资关系的角度研究用人单位与雇员之间的纠纷解决途径，除公务员外，其他都纳入劳动关系的范畴，并适用劳动法来调整。在我国，长期以来人事关系和劳动关系是两个完全独立的体系，国家机关与其工作人员之间，事业单位、社会团体与其聘用人员之间的人事关系不适用劳动法调整的范畴。事业单位人事争议适用人事争议仲裁规定，而劳动争议适用劳动仲裁程序，两类争议性质不同，争议解决途径不同，所适用的法律或规章也不同。因此，国外关于劳资纠纷处理的法律研究成果和司法实践也很难为我国构建人事争议处理法律体系所借鉴。

我国在 2002 年正式提出了对全国范围内的国家事业单位人事制度改革，随即国务院办公厅、人事部等联合发布了《关于在事业单位试行人员聘用制度意见的通知》，事业单位聘任制度改革的深入，干部人事管理中深层次矛盾逐步显现出来，由于传统的解决人事争议的手段存在明显弊端，人事政策法规的空白、人事争议救济渠道的狭窄、争议处理程序的不规范，导致了用人单位与聘用人员之间矛盾的激化，上访和申诉事件增多，影响了社会的稳定和和谐。随着事业单位聘任制度改革的深入以及 2003 年最高人民法院《关于人民法院审理事业单位人事争议案件若干问题的规定》的发布,人事争议和劳动争议一样,同样应纳入司法的范畴,现行带有浓厚行政色彩的人事争议解决机制本身的合法性危机凸显出来。

当前对人事争议的法律调整尚属理论研究的空白,对人事争议的规制也是法律的灰色地带,由此产生的后果是实践中大量的人事争议由于缺乏法律的有效调整而无法得到圆满解决,使干部人事制度和事业单位人事改革过程中,各类矛盾激化。本书试图在现有的法律框架下,通过法律和制度的修正和重构,对国家公务员人事争议处理机制和事业单位人事争议的调解、仲裁、诉讼程序纳入法律调整的范畴,提出具体的制度设计构想及实现路径,以力图弥补这一领域法律理论研究的空白,为人事争议的法律解决提供依据,具有较大的理论和实践应用价值。

二、研究现状和内容

人事争议处理机制的协调一直游离在法律调整之外,与此相对应,国内法律理论界对这个问题的研究甚少。在笔者的阅读范围之内,至今相关的专著仅有应松年、桑助来的《最新人事制度规范化管理与人事争议纠纷仲裁诉讼处理实务全书》(中国人事出版社 2006 年版),唐志敏的《事业单位人事争议处理》(中国人事处出版社 2004 年版),人事部人才流动开发司编著的《人事争议仲裁指南》(中国人事出版社 2001 年版),但均比较偏向实务应用和人事争议处理相关法律法规政策依据的介绍和梳理,对现行人事争议解决机制本身的合法性问题探讨较少。已发表的论文也多为对于现行解决机制缺陷的分析和批判,鲜有对人事争议纳入法律调整和具体实现路径的构建提出清晰的整体思路。

(一)关于人事争议的内涵

人事争议事项是人事争议仲裁的客体,合理界定人事争议是及时、公平、公正地进行人事争议和解、调解、仲裁及后续审判,充分保障争议各方实体权利得以实现的前提条件。人事争议事项的范围划分应当确定合理的界限,既不无限扩张,也不无限限制。广义地说,人事争议是指国家机关、事业单位、企业的工作人员与所在单位因录用聘用、聘用或聘任合同、职务任免、福利待遇、工资调整、奖励处分、辞职辞退等人事管理事项所引发,人事管理行为侵害相对人(工作人员)权益所引起的争议和纠纷。也就是说,人事争议主体的范围较广,只要是人事行政管理的相对人均属于人事争议的主体。同样人事管理行为也非常宽泛,指能够引起人事争议,即能引起人事争议的囊括全部人事管理事项与管理行为，包括具体行为与抽象行为。在实际中，不论是以前的人事政策处理，还是现行的人事争议仲裁与诉讼，人事争议处理范围内所涉及的主体与人事管理行为都不可能是广义的，同时在现阶段也不可能针对抽象的人事管理行为。从规范性文件的角度来看，人事争议的界定有两种：一是概念式，二是列举式。概念式界定体现于最高人民法院法释〔2003〕13 号《最高人民法院关于人民法院审理事业单位人事争议案件若干问题的规定》第三条："本规定所称人事争议是指事业单位与其工作人员之间因辞职、辞退及履行聘用合同所发生的争议。"这是狭义规定，且是非常狭窄的。主体方面只有国家事业单位以及工作人员，在人事管理行为方面（实体与程序方面）被限制为"因辞职、辞退及履行聘用合同所发生的"三类争议。其特征表现为，争议主体是特定的，争议事项范围是有限制的。大部分人事争议事项，诸如经常出现的、直接的晋级、晋职、考核、奖惩、任免、调动、工资等争议，均不属于或不纳入人民法院的受理范围。列举式界定体现于人事部发布的《人事争议处理规定》及一些地方性规章之中。《人事争议处理规定》第二条规定："本规定适用于下列人事争议：实施公务员法的机关与聘任制公务员之间、参照《中华人民共和国公务员法》管理的机关（单位）与聘任工作人员之间因履行聘任合同发生的争议；事业单位与工作人员之间因解除人事关系、履行聘用合同发生的争议；社团组织与工作人员之间因解除人事关系、履行聘用合同发生的争议；军队聘用单位与文职人员之间因履行聘用合同发生的争议；依照法律、法规规定可以仲裁的其他人事争议。"上述五种人事争议可称为可仲裁的人事争议。同时，从现行司法解释和人事规章制度可以看出，两者解决人事争议的范围并不一致，表面上看来属于现行人事争议解决方式相互不配套，为诸多学者所批判。

整体来看，目前我国关于人事争议的概念和范围较为混乱，其直接原因当然是人事争议处理相关法律法规政策依据本身的合法性问题及其相互之间的矛盾和冲突，但更深层次的原因则是正在进行中的机关事业单位人事制度改革。1993 年，国家决定推行国家公务员制度，在机关事业单位人事制度中剥离出国家公务员制度，并将行政机关工作人员纳入公务员制度管理之中，这之后事业单位人事管理制度才成为有一定独立性的人事制度体系。2002 年，正式提出了对全国范围内的国家事业单位人事制度改革，随即国务院办公厅、人事部等联合发布了《关于在事业单位试行人员聘用制度意见的通知》。随着事业单位聘任制度改革的深入，事业单位多种用人方式并存并正在变化中，旧体制与新机制发生冲突，干部人事管理中深层次矛盾逐步显现出来。变革就意味着秩序难以生成。借用《共产党宣言》的话说："一切固定的古老的关系以及与之相适应的素被尊崇的观念和见解都被消除了，一切新形成的关系等不到固定下来就陈旧了。"因此，这一过程中暴露出来的诸多问题涉及历史和时间的跨度，无法一下子就制定统一的立法彻底解决问题。当前社会面对的诸多矛盾也使得有关部门常常不得不出于各种现实考虑而无法遵循法律，改用政策等更灵活的治理方式。同时，由于人事制度的改革或多或少存在头痛医头、脚痛医脚，欠缺总体的目标设计和详细的步骤，改革中各地做法并不一致。在制度运作上，缺乏一个权威的、高效的、可靠的审查机关，面对行政部门本位和地方保护主义，各地人事争议的现状愈发复杂。如果正视这一人事制度改革背景，设计人事争议解决机制就不会天真地用一部法律的出台或是一个解决机关、一种解决方式，而必然是一种复杂的程序性机制。现行对人事争议的理论研究基本上停留在政治命题和政治话语的论证，或者对法条和规范的简单诠释，几乎没有能够提供对法律实践真正有用的思想资源，仍需理论界进行努力。

(二)现行制度上的事业单位人事争议解决机制

现行人事争议解决机制是在事业单位体制改革和人事制度改革中诞生的一项人事管理创新制度。20世纪80年代初，我国开始建立市场经济为导向的经济体制改革，改革引起了事业单位大量的人才流动。为化解人才流动诱发的尖锐矛盾，支持经济体制改革顺利进行，各地创造性地开展了人才流动争议处理工作。80年代后期至90年代初期，随着事业单位体制改革中的人事制度改革的逐步推进，各地人事部门扩大了人事争议处理的范围，人才流动争议演变为人事争议。其后，人事争议解决机制由单纯的行政手段转变为由相对中立的专门仲裁机构和司法审判构成的"一裁两审"，形成人事争议协商、人事争议调解、人事争议仲裁、人事争议诉讼相互配合的制度体系，这是我国人事争议解决制度改革取得的重大发展。

1. 协商

由于我国在研究救济制度时普遍重视公力救济而漠视私人救济，因此现有文献对人事争议协商机制鲜有论及。但各地出台的事业单位人事争议处理规定中，一般都在人事争议的解决方式中第一项列为自行协商。目前对人事争议协商的研究囿于人事争议协商的概念和特征、人事争议协商的原则和形式以及发挥工会在人事争议协商中的积极作用。实际上，作为人事争议纠纷解决的协商，其当事人双方关注的是维护权利和索取价值，并非关注利益与创造价值，在谈判中具有对抗型的风格多于共同解决问题型的风格,具有典型回顾过去的法律特征,比较容易达成协议。尤其是在预先界定权利义务的基础性合同(如聘用合同)缺失的情况下,通过双方协商仍存在事后达成协议的可能性,而通过仲裁或诉讼等手段则缺少裁决和判决的基础。

虽然各地出台的事业单位人事争议处理规定中,一般都在人事争议的解决方式中第一项列为自行协商,但对其性质、如何开展、单位的谈判代表人以及谈判的程序等,都没有规定,显示其不足和缺乏规范。事实上,人事争议协商由于中国传统用人单位的强势地位而变得微不足道。

2. 调解

人事争议的调解雏形大体出现在 2001—2003 年间,源于事业单位人事制度改革。这里所说的调解,不讨论仲裁机构在办理人事申诉过程中所进行的调解,也不讨论人民法院依据民事诉讼法在审理案件过程中的调解,而专指对于人事争议处理的政府行政主管机关的调解、机关事业单位调解组织的调解以及民间调解。

我们说人事争议的调解与仲裁大致都属于"准司法活动",调解与仲裁的共同特点是都有解决纠纷的第三者,都属于对争议的非权力解决方式。不过,具体到人事争议的调解与仲裁,都不同程度地具有行政属性,也具有一般意义上两者的区别,即调解是有第三者介入状况下的主持的双方交涉,仲裁是在交涉基础上的第三者判断;调解没有仲裁那样的相对严格的程序限制;调解不成不会产生相应的后果,而仲裁缺席,仲裁机构仍会作出相应的裁决。调解达成协议的,调解小组应当根据协议内容制作调解书。调解书由调解小组成员签名,加盖调解委员会印章,送达双方当事人。调解书经双方当事人签收后,即发生效力。

人事争议调解制度,是解决人事争议矛盾纠纷坚实可靠的"第一道防线"。但从现有资料来看,理论界的探讨极少,实践中的人事争议调解基本模仿劳动争议调解。而不论是劳动争议调解还是人事争议调解,当事人的满意程度均较低。其原因一般有以下两方面:一方面是程序制度即调解规则、调解机构及调解程度的不完善,使人们对其认同不高;另一方面是调解的实体规则,如规章制度、聘用合同等具有较强公信力又具有内在约束力的实体规程尚不完善,聘用合同也未全部实施,在法律上聘用合同的法律效力也未明确,使大部分争议一旦发生,就直接申请仲裁,导致矛盾的激化。实际上,正如法学教授昂纳德·瑞斯金所言:"与对抗性的纠纷处理方法相比,调解具备一些明显的优势:它更为经济、快捷,并更倾向于那些更周全考虑当事人非物质利益的独特解决方案。它能够教育当事人关于另一方的需求以及他们自己的社区（在此可转化为单位）的需求。因此，它能够帮助当事人学会如何共事，并帮助他们看到通过合作，他们都能获得积极的收益。调解之所以具备这些优势的一个原因是调解较少受制于那些支配对抗性纠纷解决方法的程序规则、实体法律和某些假定。在调解中，最终的权威握在争议的当事人手中。"调解可以大大降低解决争议的社会成本和经济成本，程序简便灵活，同时若调解成功，可使当事人之间的人事关系得以维系。因此，在当前人事争议法律缺失的情形下，调解应是人事争议解决的首选方式，有利于将矛盾化解在基层，将问题解决在萌芽当中，为顺利推进事业单位人事制度改革创造良好环境。

实际上，就笔者的阅读和理解而言，调解最能发挥作用的时机是双方仍存在合作之可能性，矛盾还未激化成不可调和。但从现行调解制度来看，不论是劳动争议调解还是人事争议调解，其范围基本上为因辞职、辞退、履行聘任（用）合同发生的争议，因人员流动发生的争议等，单位作出的决定即使违法，其救济方式也多为经济补偿，较少存在撤销决定的可能性，矛盾较大而基本已不可调和，使调解制度失去了应有的作用。同时，一些平时人事制度中的小摩擦和纠纷由于未能纳入人事争议救济范围而无法得到任何救济，必须积聚到矛盾爆发时方能显现，而此时再通过调解解决已有诸多困难。其根本原因可能在于前述人事争议的概念虽然模糊和范围不确定，但其在争议解决的诸多方式中却是具有同一性的。也就是说，不论是人事争议协商、人事争议调解，还是人事争议仲裁和人事争议诉讼，其面对的是同一概念和范围的人事争议，这就使问题平面化，忽视了四种解决方式在解决不同的人事争议中的不同作用。超越现有文献，以人事争议解决的方式为视角，反思人事争议的概念和范围，可能也是一种良好的尝试。

3. 仲裁

人事争议仲裁制度是具有中国特色的一种权益救济制度，其产生与我国经济社会发展及改革开放的时代需要密切相关，是人事工作发展现实的要求和实践的结果。目前，理论界对人事争议仲裁探讨较多，主要问题集中于以下方面。

（1）人事争议仲裁的性质

官方观点认为，所谓人事争议仲裁，指仲裁机构对人事争议进行调解或裁决的行政司法活动。① 但有学者认为,按《人事争议处理规定》设立的我国人事争议仲裁制度,不能说是一项近乎司法程序的救济程序,不能看做是完整的仲裁制度,而应将其看成是行政裁决。② 在人事争议仲裁实践中,实务界也有这种观点,认为"人事争议仲裁是人事行政主管部门对当事人的人事争议进行的行政裁决,该裁决直接涉及当事人的人身权、财产权,当事人认为人事争议仲裁委员会作出的人事争议仲裁侵犯其人身权、财产权的,可以依法提起行政诉讼"。③ 有学者认为,就其性质而言,我国的人事争议仲裁制度是借用了仲裁名称的行政调处制度。④ 也有学者明确排除人事仲裁是行政裁决。⑤ 笔者以为,之所以人事争议仲裁的性质会产生争议,主要是人事争议仲裁裁决的救济问题引起的。前述认为人事争议仲裁的性质为行政裁决的基本为行政法学学者,其意图是将人事争议仲裁纳入行政诉讼的范围以获得救济。而为保证人事争议仲裁裁决的公平公正和人事争议仲裁制度的规范开展,人事争议仲裁制度建立过程中,有关部门一直探索人事争议仲裁与司法接轨的工作。2003 年 8 月 27 日,最高人民法院发布了旨在保护科技人员合法权益、规范人事争议仲裁制度的《关于人民法院审理事业单位人事争议案件若干问题的规定》(法释〔2003〕13 号)。2005 年 4 月 27 日通过的《中华人民共和国公务员法》(简称《公务员法》)第一百条规定:"国家建立人事争议仲裁制度。"它们均规定:对于人事争议仲裁裁决,当事人对仲裁裁决不服的,可以自接到仲裁裁决书之日起十五日内向人民法院提起诉讼。仲裁裁决生效后一方当事人不履行的,另一方当事人可以申请人民法院执行。即当事人对仲裁裁决不服的,应以原单位为被告按照民事诉讼程序提起诉讼,而不是以人事争议仲裁委员会为被告提起行政诉讼。但这些规定的出台并没有完全解决人事争议仲裁性质的争议,尤其是人事仲裁与《仲裁法》的关系,仍值得探讨。

---

① 参见人事部流动调配司:《人事争议仲裁工作手册》,武汉出版社 1998 年版,第 3 页。

② 参见林莉红:《中国行政救济理论与实务》,武汉大学出版社 2000 年版,第 274 页。

③ 参见杨安军:《人事争议仲裁行为的行政不可诉性初论》,《重庆师范大学学报》2005 年第 4 期。

④ 徐向前:《我国人事争议仲裁制度浅析》,《法学评论》2004 年第 5 期。

⑤ 杨安军:《人事争议仲裁行为的行政不可诉性初论》,《重庆师范大学学报》2005 年第 4 期。

（2）人事仲裁制度的缺陷

学者们普遍认为现行人事仲裁制度存在一定缺陷，总结来看，主要集中于：

第一，人事仲裁制度本身的合法性危机。根据法治的一般原则，仲裁作为准司法的制度必须有法律的确认与规范。我国《立法法》的第八条明确规定："下列事项只能制定法律：……（九）诉讼和仲裁制度。"《中华人民共和国劳动法》（简称《劳动法》）对劳动争议仲裁制度作出了基本的规范，确立了劳动争议案件领域的先裁后审的处理体制。而与之并列的人事争议仲裁到目前为止适用的仍然是人事部的政策，效力最高的也就是部门规章，不符合法治要求，也不利于保护聘用者的权益。从现实来看有两种可能的解决方式，其一是修改劳动法，其二是在劳动法未能作出调整之前，至少通过国务院行政法规对人事仲裁的制度进行设定和规范。

第二，人事仲裁与司法裁判脱节。具体表现在人事仲裁其所作的仲裁裁决依据的主要依然是人事部为管理聘用关系发布的政策文件，在当前最主要的就是国办发〔2002〕35号文件《国务院办公厅转发人事部关于在事业单位试行人员聘用制度意见的通知》，而《最高人民法院关于人民法院审理事业单位人事争议案件若干问题的规定》（法释〔2003〕13号）则规定人民法院审理人事争议案件适用《劳动法》。两者的裁判依据并不一致。因此，受聘人在仲裁阶段得到的结果并不符合《劳动法》，在仲裁程序后经过民事诉讼程序可能得到完全不同的判决，这对于聘用关系的当事人特别是受聘人的权利保障是不利的，同时也浪费了司法资源，并造成人事仲裁裁定执行难。要解决这个问题取决于人民法院对适用人事争议法律的确定，因为如果法院适用的实体法明确，那么人事仲裁机构采纳统一裁判标准的可能性很大。

第三，人事仲裁制度自身的具体缺陷。主要有：地方性仲裁文件不规范，各地方仲裁的范围和对象也不一致，人事争议仲裁机构不够健全和完善，人事仲裁机构缺乏中立性，仲裁员业务素质亟待提高，等等。从当前我国的实际情况来看，人事行政机关与国家机关、事业单位之间存在着直接的利害关系，单位级别编制、定员、工资、人事调动任命权均在其手中。与事业单位存在着千丝万缕联系的人事行政机构去充当居中裁判的仲裁者，如何实现仲裁的独立性与公正性？解决这些问题的关键在于国家和地方人事仲裁法律法规本身的完善和实施机制的改进，也就是说，这应当通过构建一个自治的法律规范体系来解决，我们认为这种法律规范体系的建立是渐进的，并提出具体的近期目标和远期目标。

（3）人事仲裁制度的完善

有学者从宏观角度尽快颁布人事争议仲裁法规、尽快解决人事争议仲裁制度与司法制度接轨问题、尽快完善仲裁机构和配齐人员编制、尽快规范人事争议仲裁的范围对象和仲裁文书角度，提出完善人事仲裁制度的若干措施。[①]　也有学者从微观的人事争议仲裁的当事人、仲裁范围的调整、仲裁的申请时效、证据和举证责任等角度提出规范人事争议仲裁制度。[②]

笔者以为，从目前文献中对人事仲裁制度完善的介绍来看，不论是宏观角度还是微观角度，其切入点都是前述人事仲裁制度缺陷的弥补，基本上属于对策研究，缺少人事仲裁制度完善的整体框架。人事仲裁制度完善应当找到自己的逻辑基础，笔者以为应当是人事仲裁制度的有效性和有限性。人事仲裁制度有效性要求人事争议能最大可能地被解决。这就要求防止因为有后续的民事诉讼，且民事诉讼中人事仲裁机构不需要承担仲裁错误的法律责任而出现违法仲裁，将仲裁功能推诿给诉讼。对此，除了加强监督和法律责任追究制度的完善以外，笔者以为更可行的是改革人事仲裁的程序，通过正当程序的作茧自缚效应实现实体正义和解决纠纷。人事仲裁的有限性则意味着人事仲裁并非全能的和最终的解决方式，在现阶段人事仲裁的范围应当适合，不应让人事仲裁机构承担过多的政治和政策职能。同时，人事仲裁裁决最终仍受到司法审查的制约。

4. 诉讼

2003 年 8 月 27 日，最高人民法院公布了《最高人民法院关于人民法院审理事业单位人事争议案件若干问题的规定》（法释〔2003〕13 号，以下简称《规定》）。《规定》的公布施行，是我国人事争议处理制度建设的重大突破，标志着人事争议诉讼制度的建立和人事争议处理制度体系的基本形成。人事争议诉讼制度是人事权益救济的最终保障，《规定》明确了人民法院受理人事争议案件的范围、人事争议仲裁与诉讼的法律关系、人事争议诉讼的时效、仲裁裁决的强制执行等问题，为人民法院处理人事争议案件提供了依

---

① 李华友：《关于建立和完善我国人事争议仲裁制度的思考》，《重庆社会科学》2002 年第 6 期。

② 唐志敏：《目前人事争议仲裁工作需研究的几个问题》，《中国人才》2003 年第 2 期。

据。其后,各地高院纷纷出台相关意见①,人事争议诉讼制度逐步确立。

《规定》第一条:"事业单位与其工作人员之间因辞职、辞退及履行聘用合同所发生的争议,适用《中华人民共和国劳动法》的规定处理。"第二条:"当事人对依照国家有关规定设立的人事争议仲裁机构所作的人事争议仲裁裁决不服,自收到仲裁裁决之日起十五日内向人民法院提起诉讼的,人民法院应当依法受理。一方当事人在法定期间内不起诉又不履行仲裁裁决,另一方当事人向人民法院申请执行的,人民法院应当依法执行。"第三条:"本规定所称人事争议是指事业单位与其工作人员之间因辞职、辞退及履行聘用合同所发生的争议。"将最高人民法院《规定》与人事部制定的规章②相比较,可以看出前者人事争议范围仅包括事业单位与其工作人员之间因辞职、辞退及履行聘用合同所发生的争议,范围远远小于后者。对于《规定》范围之外的人事争议,仍一裁终局。各地高院基本在这一前提下,对人事争议受案范围进行了细化。比较有意思的是浙江省,详细规定不属于人民法院受理人事争议案件的范围:"事业单位与其工作人员因职称、职级、职务、考核考评等产生的争议;事业单位与其工作人员因技术入股、知识产权的权属以及利益分配等产生的争议;事业单位与其工作人员因承包问题产生的争议,不属于人事争议案件处理范围,但承包合同的履行涉及聘用合同的履行或者解除的,可以作为人事争议案件处理。"

其次,关于人事争议诉讼的实体法规则,2004 年 4 月 30 日《最高人民法院关于事业单位人事争议案件适用法律等问题的答复》(法函〔2004〕30 号)明确:《最高人民法院关于人民法院审理事业单位人事争议案件若干问题的规定》(法释〔2003〕13 号)第一条规定:"事业单位与其工作人员之间因辞职、辞退及履行聘用合同所发生的争议,适用《中华人民共和国劳动法》的规定

---

① 例如浙江省高级人民法院《关于审理事业单位人事争议案件若干问题的意见》(浙高法〔2006〕348 号),黑龙江省高级人民法院《关于审理事业单位人事争议案件有关问题的指导意见》(黑高法发〔2005〕7 号),江苏省高级人民法院审判委员会《关于审理事业单位人事争议案件若干问题的意见》(2004 年 6 月 18 日江苏省高级人民法院审判委员会第 22 次会议讨论通过),四川省高级人民法院《关于审理涉及事业单位人事争议案件有关问题的意见》(2004 年 7 月 2 日经审判委员会第 49 次会议讨论通过),云南省高级人民法院《关于审理事业单位人事争议案件的指导意见》(云高法〔2004〕125 号),等等。

② 主要是指《关于成立人事部人事仲裁公正厅有关问题的通知》(人发〔1996〕46 号)、《人事争议处理暂行规定》(人发〔1997〕71 号)、《人事争议办案规则》(人发〔1999〕99 号)、《关于推动人事争议仲裁工作有关问题的通知》(国人发〔2003〕30 号)等。

处理。"这里"适用《中华人民共和国劳动法》的规定处理"是指人民法院审理事业单位人事争议案件的程序运用《中华人民共和国劳动法》的相关规定。人民法院对事业单位人事争议案件的实体处理应当适用人事方面的法律规定,但涉及事业单位工作人员劳动权利的内容在人事法律中没有规定的,适用《中华人民共和国劳动法》的有关规定。其后,各地高院基本奉行:"人民法院对事业单位人事争议案件的实体处理应当适用国家人事管理方面的法律、行政法规和地方性法规;前述法律、法规没有明确规定的,可以参照与法律、法规不相抵触的部门规章、地方政府规章、人事管理规范性文件及国家有关人事政策;前述法律、法规、规章及规范性文件均无明确规定,纠纷的性质与劳动争议又比较相似的,也可以参照处理劳动争议的相关规定。事业单位经过职工代表大会通过并已公示的规章制度,与法律、法规、规章及人事管理规范性文件不相抵触的,可以作为处理人事争议案件的参考。"这种实体法的特殊适用方式并未引起学者足够的关注和重视。法律并未完善,但无论如何,这个针对事业单位人事纠纷的新司法解释的出台,仍然昭示着法治的进程。人事争议诉讼目前的讨论多围绕最高人民法院《规定》进行。该《规定》虽然只有短短三个条文,但其中可值得探讨的问题很多,主要有:

(1)该《规定》可能混淆人事立法、《劳动法》对事业单位人事争议、劳动争议各自的适用范围。《劳动法》以保护社会公共利益为目的,而我国传统的人事立法则偏向保护国家利益本位,事业单位的情形比较复杂,处于二者之间或兼而有之。事业单位的聘用合同制度与企业的劳动合同有异曲同工之效,确实可以纳入《劳动法》的调整范围。但不能排除事业单位改革中一部分人会归入公务员队伍,而不适用《劳动法》调整的情况。而今后一旦多数事业单位改革后实行企业化、市场化模式,则现行人事争议诉讼制度会受到重创。因此,在司法实践中必须先厘清劳动争议与人事争议的受案范围,明确各自的分工。笔者将在这一方面作详细梳理。

(2)该《规定》将人事争议的内容限定为"因辞职、辞退及履行聘用合同所发生的争议",而排除了"工资、社会保险、集体福利、在职培训、工作时间和休息休假、女职工特殊劳动保护、惩戒等方面发生的争议",受案范围比较小。有学者认为在当前相关立法未臻完善的情形下,比较适宜的做法是对《规定》中的"履行聘用合同所发生的争议"一词进行"扩张解释",使其涵盖双方当事人在履行聘用合同过程中发生的工资、社会保险、纪律惩戒等前述其他的纠纷类型,从而使这些人事争议能进入诉讼程序处理。同时,在确定受案范围时还应考虑人事争议在不同阶段发生时的各种表现形式。实践中,各地出台的"人事争议处理规定"一般均规定,当事人对人事争议仲裁裁决不服的,可以依法向人民法院提起诉讼,而未将其作限制①,似乎迎合了学者们的观点。笔者以为,如果关注到浙江省高院对不属于人事诉讼受案范围所作的限制性规定,前述学者们只要扩大受案范围就能解决人事争议困境的设想可能过于完美。"事业单位与其工作人员因职称、职级、职务、考核考评等产生的争议;事业单位与其工作人员因技术入股、知识产权的权属以及利益分配等产生的争议;事业单位与其工作人员因承包问题产生的争议"等争议,法院是否有足够的能力和专业性去解决,值得质疑。与人事部门的争议解决机构相比,法院的优势在于超然的独立地位和公正的程序,以及对解决法律问题的能力;而人事部门亦具有专业性强和更熟悉政策的优点。在专业性强且标准模糊的领域(比如职称评定),法院是否有能力从实体上进行合法性审查,确实值得怀疑。笔者以为,创设兼具法院与人事部门两者优势的,即地位独立,又有专业性强的专家组成的公平委员会来解决类似人事争议中的利益问题(事实上的纠纷),仅留给法院解决人事争议中的权利纠纷(法律上的纠纷)②,是一种可行的方式。当然,参照《仲裁法》的做法,司法审查仍可监督公平委员会裁决的程序是否合法。

(3)"一裁两审"的争议解决机制的弊端。目前人事争议解决中,仲裁前置,当事人只有在对仲裁裁决不服时才可以提起诉讼,而诉讼程序又分为一审和二审,故称之为"一裁两审",在这种制度下,仲裁程序无法与诉讼程序脱钩,而两者的法律适用又并非相同,两者捆绑的结果既不利于发挥人事争议仲裁的作用,又拖延了解决纠纷的时间。因此必须改革现行"一裁两审"的争议解决体制,实行"裁审分离",仲裁、诉讼分家,彼此尊重对方裁决,实现裁审由当事人选择。

---

① 如《福建省事业单位人事争议处理规定》第五条,《上海市事业单位人事争议处理办法》第四条,等等。

② 劳动法上,"法律上的纷争"或"权利纷争",是关于法令或契约遵守与否之争执;"事实上的纷争"或"利益争议",是劳资双方利益未来应如何分配的争执,最后有达成新的劳动契约或团体契约之效果。前者类似民法中的"履约",后者类似"缔约"。参见黄越钦:《劳动法新论》,中国政法大学出版社 2003 年版,第 319 页。

（三）国外相关争议解决机制的综述及评价

国外原则上没有事业单位这一说法，公共权力管理者一般是公务员。[①]与我国的事业单位比较相近的概念是非营利组织或公营事业。虽然国外普遍适用劳动法来解决公营事业中的劳资争议，但其具体规则亦与一般劳动争议有所区别。因此，笔者简单梳理了国外公务员救济制度与劳动争议救济制度，以期对研究有所帮助。

1. 国外公务员救济制度的综述和评价

纵观现代社会各国的公务员权利救济制度，以救济的途径为标准大体可分为两类：一类是以行政机关的救济作为单一的救济方式；另一类是行政机关的救济与司法机关的救济"并轨"的方式。由于各国对公务员权利救济理论认识上的差异，其公务员权利救济制度也各具特点。

（1）法国的公务员权利救济制度

在法国，公务员权利救济在制度形态上的发展，表现为"权力原则"到"有限制的权力原则"的发展。"权力原则"强调"政府和行政机关长官对公务员不仅在工作活动方面具有命令和指挥权，而且在职业生涯的管理方面也有很大的自由裁量权"。公务员权利的保障没有得到重视。而"有限制的权力原则"作为当代法国公务员制度的根本特点之一，体现为对公务员地位的保障与对上级权力的服从的兼顾。就公务员权利救济而言，它具体表现在对公务员的职业利益的行政救济和司法救济的双重保障。[②]

第一，行政救济。法国具有良好的公务员争议协商制度，其协商机构为对等行政委员会。公务员争议协商制度建立于行政机关和工会组织在处理与公务员权利相关事务中具有平等地位之基础上，是一种进步的现代人事制度。法国政府的机关首长在对公务员作出较重的惩戒处分和作出涉及公务员权利的人事决定时，都会咨询行政对等委员会的意见。尽管行政对等委员会的意见不具有约束力，但机关首长一般都尊重委员会的意见。一旦

[①]　在我国属于事业编制的人员在国外可属于公务员，例如在日本，《国家公务员法》和《地方公务员法》都将公务员之职分为特别职和一般职，在国立大学，教授、学长、负责事务受理的职员，均是一般职的国家公务员。参见［日］盐野宏著：《行政法》，法律出版社 1999 年版，第 689 页。在德国，公务员制度中曾对 Beamte、Angestellte、Arbeiter 加以区别，只有 Beamte 作为公法上的勤务关系形成了特别的范畴，其他两者则是作为私法上的即通常的劳动契约来理解的。

[②]　王名扬：《法国行政法》，中国政法大学出版社 1988 年版，第 238—239 页。

委员会和首长意见相左,对等行政委员会或征得对等行政委员会同意的当事人可以向公职最高委员会提出申诉。公职最高委员会内设上诉委员会专门负责处理申诉案件。上诉委员会受理申诉后,进行调查和调解,最后作出同意原决定或向机关首长提出取消或修改原决定的建议,但建议同样不具有约束力。

公务员可以直接向行政机关寻求救济,对惩戒处分不服者,可以按组织原则向原处理机关申请复议或向上级行政机关提出申诉。受理机关在进行调查后,可作出维持、撤销或修改原处分的决定。

第二,司法救济。法国的司法救济渠道也是很完善的,地方行政法庭和专门行政法庭受理一般公务员权利申诉案件,总统任命的公务员的诉讼由最高行政法院受理。"不论普遍性的行政行为或具体的行政处理,只要对公务员的权利和利益有不利的影响,都可作为诉讼对象。但关于组织公务的行为,对公务员的地位没有影响,不能作为诉讼标的。公务员团体对于涉及公务员集体利益的法规有资格起诉,具体的行政处理影响集体利益时,公务员团体也有起诉资格。"①关于社会保障的诉讼由普通法院受理。行政法庭受理公务员的诉讼后严格按照司法程序进行审理,最后作出的裁决对行政机关具有法律强制力。如果当事人不服这两类行政法庭的裁决,可以上诉到最高行政法院,其裁决为最终裁决。

(2)美国的公务员权利救济制度

美国公务员权利救济制度包括行政救济和司法救济。其中,行政救济以申诉制度为主,而司法救济则以司法审查制度为主。另外,对于这两种救济形式的衔接,美国在其法律制度上也进行了合理的设计。

第一,申诉制度。联邦公务员对开除、免职、停职、降级和减薪等不利处分以及其他不利的行政决定(如工作评价、竞争考试中的主观性评定、工资待遇、工作条件等)不服的,均可向功绩制保护委员会提出申诉。如果公务员是工会成员,也可请求工会进行斡旋,依靠谈判解决。处分涉及职务权利的,公务员还拥有下列权利:委托律师或其他代理人;在适当时间进行口头或书面答辩;在机关讨论给予职务处分的会议前30天得到书面通知;收到说明处分理由的处分决定书。功绩制保护委员会受理申诉后进行调查并举行听证会,以准司法程序进行审理。裁定认为原处分决定正确,则维持原处分

---

① 王名扬:《法国行政法》,中国政法大学出版社 1988 年版,第 284 页。

决定;认为不正确,则予以驳回,不当处分决定被驳回的机关应向被处分公务员支付合理的律师费。裁定以委员会命令的形式发布。

因受歧视所提出的控诉案件,如果所受歧视与职务权利无关,如歧视性的免职、降职、降等、撤职、停职、开除等,应向功绩制保护委员会提出;如果所受歧视与非职务权利相关,如在录用、工作安排、工作条件、晋升中受到歧视,应向平等任用机会委员会提出申诉。公务员不服功绩制保护委员会有关歧视案件的裁定时,可向平等任用机会委员会提出请愿,请求重新考虑。如果平等任用机会委员会不同意功绩制保护委员会的决定可以将案件退回要求重审,或认为功绩制保护委员会的决定不当时也可自行作出决定。当两个委员会互不接受彼此的决定时,则由双方各派代表一人及由总统任命主席一人,组成三人委员会作出最后裁决。

有关不公正劳工措施、不服管理和劳动关系中仲裁决定的控诉案件,可以向劳工关系局或其特别顾问提出控告或申诉。劳工关系局同功绩制保护委员会一样具有听证、发出传票、发出停止命令等权利,同样以准司法程序作出裁决。

第二,司法审查。对于公务员权利的司法救济,美国法律规定:"一个雇员或雇员申请人受到功绩制保护委员会的最后命令或裁定的不利影响或委屈时,可获得对此命令或裁定的司法审查。"[1]美国司法审查制度的确立,保证了"正当法律程序"对公务员权利的救济,并且与行政救济制度结合起来,构成了对于公务员权利救济的完整体系。美国的司法审查遵循其"成熟原则"、"穷尽行政救济原则"和"首先管辖权原则",[2]体现了制度设计的合理性。其中,"穷尽行政救济原则"强调当事人没有利用一切行政救济以前,不能申请法院裁决对他不利的行政决定。因为,"第一,国会设立行政机关是为了把法定的计划实施于特定的事实情况,穷尽行政救济原则保证行政机关能够完成这个任务,特别是行政机关能利用其专门知识和行使法律所授予的裁量权。第二,让行政程序连续发展不受妨碍,法院只审查行政程序的结果,比在每一阶段允许司法干预更有效。第三,行政机关不是司法系统的一部分,他们是由国会设立执行特定任务的实体,穷尽行政救济原则保护行政机关的自主性。第四,没有穷尽行政救济时,司法审查可能受到妨碍,因为这时行政机关还没有搜集和分析有关的事实,说明采取行动的理由,作为

---

① 《美国法典》(宪法与行政法卷)第 7703 条。
② 王名扬:《美国行政法》,法制出版社 1995 年版,第 642—659 页。

司法审查的依据。第五,穷尽行政救济原则使行政系统内部有自我改进错误的机会。第六,不要求穷尽行政救济原则而进行司法审查,可能减少行政效率,鼓励当事人超越行政程序,增加行政机关的困难和经费。"①

(3)英国的公务员权利救济制度

英国的公务员权利救济制度主要以枢密院命令的形式为主,少数议会制定的法律也适用于公务员,并没有一部系统的公务员法典。因此,有关公务员的权利救济制度都散见于相关的法律、法规中。在英国,主要通过协商和准司法程序对公务员进行权利救济。

第一,协商。在英国的公务员保障制度中,有所谓"公务争议协议制"规定,这是其他国家很少见的一种制度。即凡政府与公务员因工资、津贴、休假、工作环境等问题发生争议,可交惠特利委员会协商处理。如果惠特利会议达成协议,那么双方代表报告所代表的团体和机关,两者以各自的合法程序通过后,以政府令施行协议。如果惠特利会议协商失败,双方不能达成协议,那么任何一方都可提交劳资仲裁法院申请仲裁。惠特利委员会除了协调政府与公务员之间在薪水、工作条件等方面的纠纷外,还可以对人事立法及其他人事管理提出建议。

第二,申诉。英国公务员事务部设有公务员申诉委员会,负责处理公务员的申诉事宜。在英国,对公务员的纪律处分本来是国王的行政特权。但国王不直接行使处分权,而是由各部大臣负责行使,实际上是由对各部大臣负责的常务次官行使。当公务员因品行、工作效率等原因受到免职处分或提前退休处分时,有处分权的机关在作出处分之前,应当将事实及理由以书面形式通知被处分的公务员,并应当接受受处分的公务员对处分的答辩。当公务员收到免职或提前退休处分的书面通知后,可向其直接主管领导或上级主管领导,直至部门主管大臣提出申诉。值得注意的是,受处分的公务员不得向议会或司法机关申诉,只能按照行政程序提出申诉,各部大臣对申诉的处理意见是绝对的、最终的。

(4)日本的公务员权利救济制度

根据日本法律的规定,公务员对于其与行政机关的权利争议事项,可以通过两种手段予以解决,即行政手段或司法手段。

第一,行政救济。行政救济主要是针对一般的薪金、工资等的勤务关

---

① 王名扬:《美国行政法》,法制出版社 1995 年版,第 652—653 页。

系,日本对于公务员不服这种行政处分的公务员权利救济制度,主要采用的是申诉制度。行政申诉机关是"属于行政权本身的机关,作为行政的自我反省或行政监督的手段,以比较简易的程序审查行政处分等是否适当的程序"①。日本公务员在发生以下三种情形时可以提出申诉:一是对行政处分的申诉。"公务员的身份保障以及工资等的财产权的承认,需要有对其侵害的防御装置。此外,行政机关的惩戒性处分行为,必须存在确保其公正行使的措施。"②依据日本公务员法,对包括身份、惩戒在内的违反公务员意愿的行政处分,设置了向人事院或者人事委员会或公平委员会进行不服申诉的途径,同时行政机关的行政处分行为必须向公务员交付处分的事由说明书。二是公务员享有对薪金、工资及其他所有勤务条件的请求权。具体的请求权也必须向一定的机关依据一定的程序提出。三是对灾害补偿的请求和申诉。日本的公务员对于灾害发生对其权利的侵害享有请求和申诉的权利。

第二,司法救济。日本公务员如果对人事院或是人事委员会、公平委员会作出的申诉判定不服,可向法院提出行政诉讼。在日本公务员权利救济制度中,公务员向法院提起的行政诉讼案件被确定为"抗告诉讼"类型,具体指"撤销判决的诉讼"和"当事人诉讼"两种。前者是指要求法院撤销行政机关的裁决、决定或其他行为;后者指当事人之间关于公法上的法律关系的诉讼,主要是指公务员对工资及损失补偿提起的诉讼。在"撤销诉讼"中采取了申诉前置程序,即公务员对行政处分应先向人事院等提起申诉,由人事院等作出裁定。对人事院等的裁定不服的,方可提起撤销诉讼。当事人诉讼中没有此类限制。

（5）各国公务员权利救济制度的比较和借鉴

从资料中来看,笔者以为可以总结出以下几个共同点:

第一,行政诉讼是各国公务员权利救济制度的有效手段。诉讼作为人类文明发展进程中最终确立的争议解决机制,其公平性及合理性已毋庸置疑。西方国家普遍重视公务员享有的基本人权及其公务员特殊权利,赋予其对于公务员权利争议问题以司法救济的途径予以解决。当然,各国对于司法救济的规定又不尽相同。比如英国坚持的是在行政系统内给予完全的救济,劳资仲裁院独立于普通法院系统,采纳的是仲裁而非诉讼程序;美国采用的是司法审查制度,这同他们在观念上将公务员看作政府雇员的思

---

① 杨建顺:《日本行政法》,法制出版社 1998 年版,第 288 页。
② [日]盐野宏:《行政法》,法律出版社 1999 年版,第 719 页。

路是保持一致的;法国的公务员权利救济的司法途径依赖行政法院,其不同于普通法院。实际上,法国的方式更接近英国,以普通法院以外的司法机构给予公务员权利救济,而救济机构的名称是法院或行政机关在所不问;日本虽然属于大陆法系,但深受英美法系影响,所以其司法程序的权利救济制度兼有法国和美国的双重特性。首先,强调在行政系统内部解决争议,但如果涉及公务员基本权利,允许他们就法律问题向法院起诉。

第二,在行政机关内部设立争议解决机构。行政机关内部的争议解决机构的地位要比一般的行政执行机关高,并且独立性很强,这种高地位和高独立性是保证其中立性以及公平性的关键。比如美国的功绩制保护委员会就是这样一个机构,它是一个由三名委员组成的控制机构,不受总统的行政控制,不属于某一个党派,其委员是由总统提名、参议院同意后任命,除不称职、玩忽职守以及违法行为外不被任何机构、组织和个人罢免;日本的国家人事院也具有类似性质,其由三名人事官组成,设在内阁管辖之下,独立性也很强。

第三,行政系统内部救济的方式、程序及大量借鉴司法诉讼程序的规定。公务员权利救济在各国都大量采用行政救济方式予以解决,但是这种解决方式往往与司法诉讼程序有相同之处,很多国家也正是因为司法诉讼程序内容明确具体、操作性强等特点,所以在行政救济途径中借鉴了司法程序的有关规定。另外,行政救济程序和司法诉讼程序应相互衔接,才能保证两者救济制度充分发挥其各自作用。

第四,救济方式多样,透明度高。在救济方式上各国都明确规定了行政救济途径和司法救济途径,在行政途径中又有不同的救济方式,使得救济方式多样化。这种方式的多样化是为了更充分更有效地保证公务员权利,当争议发生时,公务员可以选择自己认为合理、公平的方式寻求解决,在心理上给予公务员一个安全的依托,在具体程序上也从各个方面体现了保障的全面性。在透明度方面,当事人可以聘请律师,通过行政系统以外的法律力量帮助自身的权利救济,可以要求公开开庭、举行听证,运用职业同僚团体的影响力甚至社会舆论的压力,制约行政机关,使其不敢任意行使处分权力。高透明度避免了暗箱操作,有利于保护公务员权利,也使很多权利争议在发生之前得以有效杜绝。

(6)各国公务员权利救济制度的启示

从各国公务员权利救济制度的演进来看,大致经历了不得救济(基于君主特权或行政法上的特别权力理论)到行政系统内救济再到司法审查这一

路径,其与我国的人事争议救济制度发展的路径比较相似。笔者以为,各国公务员权利救济对我国人事争议解决机制的启示主要有:

第一,有权利就应有救济。公务员权利一般由各国在各自的公务员法中加以规定,法律在赋予公务员以权利的同时,必然要设置相应的救济途径和方式,没有救济的权利称不上真正的权利,这是现代法治的基本要求。另一方面,重视权利及其救济,实际上是对公务员主体性的肯定和尊重,有助于形成行政系统内部的平等氛围,从而激发公务员的责任心。当然,重视权利,倡导平等,意味着人事行政管理体制的变革。如无相应的制度跟进,有权利就有救济必将沦为一句空洞的口号。我国的人事争议救济制度从这一角度来说仍是不完善的,需要整体建构和协调。救济制度不应作为人事行政管理体制改革的附属品来看待,应当从救济制度的完善角度出发反思人事行政体制的改革。

第二,行政救济优先于司法救济。各国对于人事行政诉讼与行政机关的关系设置有两种不同的模式:一种是公务员对人事行政诉讼和行政机关救济有选择权的模式;一种是公务员必须在寻求行政机关救济之后,才能就行政救济的处理决定提出诉讼,也就是行政处理前置模式。从现实上看,第二种方式是主流。在与司法救济的关系上,行政救济优先,只有对行政救济不服或行政救济不可得时,方可向司法机关请求司法救济。任何法律都不应剥夺公务员获得司法救济的权利,之所以行政救济优先,主要考虑到行政的效能统一及行政机关判断的专门性。公务员权利争议发生在公务员与行政机关之间,这种争议的特殊性在于双方地位的不平等性以及公务员的国家公务人员身份的特殊性,行政救济优先可以给予行政机关内部解决问题的一个良好途径,避免矛盾的激化,使双方争议可以在最低限度内得以解决。另外,行政机关作为国家行政职权的享有者,本身具有解决争议的能力,由于公务员权利争议的特殊性,由行政救济优先解决争议也有利于行政机关开展工作。我国的人事争议同样存在专门性这一难题,不应将解决人事争议的所有希望完全寄托于司法审查。

第三,司法救济最终原则。司法救济作为公务员权利救济的最终途径和方式是公务员权利保障的有效方式。获得司法救济是公民的基本人权,司法权对行政权的监督或者说制约,也是现代法治以"权力制约权力"精神的要求。行政机关是行政行为的作出者,即使其不是原公务员权利争议的相对方,但是由于行政机关内部系统的一致体系,难免出现裁决有失偏颇的现象,利用独立于行政机关的司法机关作为公务员权利争议的最终解决途径,不仅可以使争议得到合理解决,而且打消了公务员认为自身权利经过行政途径不能得到公正解决的思想顾虑,有利于公务员对于权利救济体系的信心重拾。当然在某种例外的情况下,基于有些国家法律的规定,可能会排除司法救济(例如我国),但是随着历史的发展和各国解决公务员权利争议经验的增加,司法救济作为公务员权利救济制度手段成为一种必然。值得注意的是,各国在通过司法救济公务员权利时,普遍选择了行政诉讼而非我国人事争议诉讼中的民事诉讼,这当然与公务员是传统行政机关工作人员,属于行政法的研究范围有关。但也不得不注意行政诉讼作为形成诉讼在解决此类争议案件时的适用性。①

第四,救济机关的独立性。"任何人不能做自己的法官",权利救济涉及对冲突或纠纷的裁决,这必然要求裁决者的中立性和公正性。相对于司法救济而言,行政救济的独立性和公正性往往受到置疑,这也是司法救济出现在公务员权利救济领域的原因。但是即使司法救济出现,仍然不能忽视行政救济的重要性。行政救济的独立性、公平性必然要求行政救济机关的独立性,这是目前各国关于行政救济方面所重视和关注的问题,许多国家在此方面作出的努力值得我国学习和借鉴。这种独立性主要表现在两个方面:一是行政救济机关在法律地位上和组织上独立于其他行政机关;二是行政救济机关职权的专一性,即仅负责对行政权力争议的审理和裁决。

2. 国外劳动争议救济制度中相关内容的综述和评价

世界各国对劳资争议处理的方法各异。总的说来,无非是尽量避免激烈的对立,而尽力延长和谐义务的期限。在做法上多以各种机制来发挥刹车功能,尤其是针对调整事项(利益纷争)。

(1)日本

日本争议处理程序如图 1-1 所示。

---

① 行政诉讼主要判决形式为撤销判决,其审理对象并非民事关系,而是机关决定的合法性,从而将诉讼核心限于合法性这一法律问题,避免法院过多涉及专业性较强的事实纠纷。同样,我国人事争议诉讼亦可考虑采用这一模式,仅对前置的人事争议仲裁裁决的合法性进行审查,被告为人事争议仲裁机关。

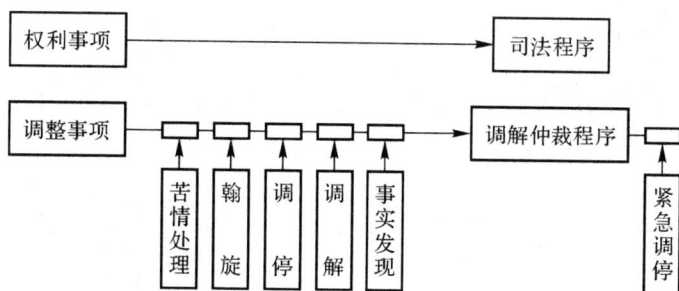

图 1-1　日本争议处理程序

需要注意的是，日本争议处理程序，在有第三者的争议处理程序中，最重要的是劳动委员会的争议处理程序，民间的第三者仅扮演次要的角色，甚至几乎不存在。劳动委员会共计三种：中央劳动委员会和地方劳动委员会，对民间部门拥有管辖权；公共企业体等劳动委员会有处理公共部门内问题的权限。于国民日常生活上，不可或缺的公用事业，如运输、邮政、电信、自来水、电力、瓦斯、医疗、公共卫生及经总理大臣指定的其他事业，当事人企图采取争议行为时，负有于十日前通知劳动委员会及劳动达成或都道府县知事之义务。而劳动委员会为确保公用事业之劳资争议早日解决，应优先处理此项争议。总理大臣如果认为该项争议由于涉及公众利益或由于规模的理由，足以使该事业停止营运，而威胁到国家经济及国民之日常生活时，有权作出紧急调整的决定。紧急调整之决定公告后五十天内，禁止采取任何争议行为。[1]

理论上，日本法院基本上只处理权利争议。在日本没有劳工法院，因而所有的有关权利事项的争议，由普通法院处理。除了两三个比较大的地方法院外，对于劳动争议案件并没有特设的劳工法庭，亦没有专门处理劳动争议的法官。法院的处理方式，亦倾向于利用事实上的斡旋达成和解，而非作成判决。法院处理的劳动争议案件，大多是以和解或撤回解决。

（2）美国

美国争议处理程序如图 1-2 所示。

---

[1]　黄越钦：《劳动法新论》，中国政法大学出版社 2003 年版，第 329—330 页。

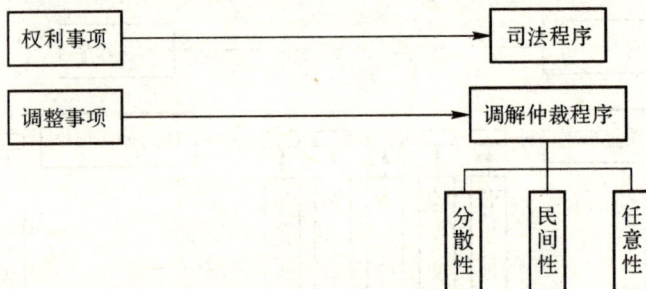

图 1-2　美国争议处理程序

美国大部分劳动者与雇主间所产生的各种争议之处理,并没有正式的机构存在。如果争议严重侵害公共利益,特别是发生在公共部门时,政府机关亦能主动介入争议。第一阶段即是斡旋或调解。对于公共部门,如果调解或斡旋失败时,另有其他两种程序经常被利用。其一称之为"实情调查"(fact-finding),即依靠外来者,调查争议之事实,并提出报告,企图提高争议的公开性,迫使当事人双方达成妥协。其二是"利益仲裁"(interest arbitration),与实情调查的最大区别,在于具有法律的强制力。许多州的立法,就有关警察、消防队等特定身份受雇者,为解决其交涉的僵局,规定了最终具拘束力的仲裁。程序上,仲裁虽较为正式,但类似于实情调查。①

(3)韩国

根据韩国《劳动调整法》的规定,韩国目前处理劳动争议的机构分为劳动委员会和法院。劳动委员会又分为中央劳动委员会、地方劳动委员会和特别劳动委员会。为了调整公益事业的劳动争议,在劳动委员会设立特别调整委员会。特别调整委员会处理劳动争议的范围包括:定期路线旅客运输事业;水利、供电、天然气、石油精制和石油供给事业;公共卫生和医疗事业;银行和造币事业;邮电通信事业。"必须公益事业"是指那种暂停或停止将对公众的日常生活造成很大不便或对国家经济有很大影响的而且不易被替代的事业,如:铁路(包括城市的铁路)和市内公共汽车(限制特别市、直辖市)运送事业;水利、供电、天然气、石油精制和石油供给事业;医院事业;银行事业;通信事业。

(4)简单评价

与中国学者强调应重视人事争议诉讼的作用不同,西方各国劳动争议,

---

① 黄越钦:《劳动法新论》,中国政法大学出版社 2003 年版,第 333 页。

尤其是其中的利益纷争,正在越来越多地通过和解、调解、斡旋和行政裁决来解决。其可能的理由除了避免过多诉讼带来诉累以外,还有尽可能防止或限制劳资双方公开的冲突等因素。我们在研究人事争议解决机制的时候,也应当注意这一趋势,审视过去人事争议解决机制中正好契合非诉讼争议解决模式之处,对其进行改良,至少可以作为诉讼制度的补充。

其次,即使是将公共部门雇员权利保护纳入劳动争议解决机制的国家,出于保护公共利益的需要,公营事业之争议权亦受到限制,其争议解决也往往采用更迅速和有效的特别程序。我国现有对人事争议解决机制进行研究的学者往往完全着眼于单个雇员权利的保护,而忽视了事业单位背后的公共利益的保障。中国现行的劳动争议解决机制亦未能对公共部门雇员的特殊性给予足够规范。这决定了我们在研究人事争议解决机制时,仍应关注其相对于一般劳动争议的特殊性。

再次,从日本法院更倾向于利用事实上的斡旋达成和解,而非作成判决来解决劳动争议的做法来看,印证了笔者普通法院解决人事争议的功能具有局限性的观点。我们要建立的人事争议解决机制必然是一个立体的,各种解决机制有相对独立的领域但又互相协调配合的整体机制。

最后,从各国劳动争议解决方式来看,权利事项和调整事项(利益事项)的划分是非常重要的,尤其是调解、仲裁等非诉讼纠纷解决方式在调整事项争议的解决中具有重要地位。但纵观我国人事争议相关文献,基本未涉及这一划分,而实践中的人事争议基本上是权利争议。如果我们仍不关注调整事项,所建立的人事争议解决制度必然是片面的。

三、研究方法

在马克思主义基本原理指导下,运用理论研究与实证研究相结合的方法,对我国人事制度改革过程中产生的人事争议解决机制问题做深入细致的探讨;在充分吸取国外公务员法、劳动法律研究成果的基础上,提出既适合我国国情,又与人事制度改革相配套的人事争议处理的法律保障体系。就具体的研究方法而言,主要采用了比较分析方法、历史考察方法、规范分析方法、实证分析方法、系统分析方法。

（一）比较分析法

人事争议仲裁和诉讼制度,在西方国家对应于民事诉讼制度和公职人员权利救济制度。在世界各国互相借鉴的时代背景下,人事争议处理机制立法不能脱离国际通行的制度与惯例。通过我国与其他国家的相关立法进行比较分析,发现我国立法和制度层面的不足,并对他国的相关立法的成功经验和教训加以吸取和借鉴。

（二）历史考察法

对一项制度研究,从纵向角度看,不能不涉及其历史渊源和发展脉络的研究。对人事争议及人事争议处理制度产生、演变、发展等历史过程的研究,是研究人事争议处理机制构建不可或缺的内容。

（三）实证分析法

法律的生命在于实践。人事争议处理机制的理论研究,最主要的功能是用于人事争议法律处理的实践中。在本书写作中,力图结合实践来探讨理论问题,用理论与实践相结合的方法来研究现有人事争议处理体系的完善和重建。

（四）系统分析法

系统分析法是现代自然科学研究中一种重要的研究方法,现在这一研究方法也为社会科学研究者所采用,已广泛应用到社会科学研究领域。系统分析法就是将研究对象作为一个系统对待并运用系统原理对目标、结构、功能、环境及其演变规律进行深入分析,由此选择得到目标的最佳行为方案。人事争议是我国干部人事制度改革的衍生物,而人事制度改革则是顺应市场机制主导人才资源配置大环境的产物,因此,探讨人事争议处理有关的问题还应回归到社会政治、经济体制等价值体系中来。市场经济是法治经济,不允许特权的存在。这就是说,人才兼具社会主体与客体资源双重身份,参与国家政治、经济、社会和文化建设是公民的宪法权利,劳动权、择业权都是法定权利,国家机关、事业单位等任何社会组织都不能以任何理由予以剥夺;但同时,法律是生活的艺术,市场经济也要遵循经济、社会基本规律,人事法律既要反映基本的劳动权利义务原则,也要根据客观需要照顾特殊行业在各方面的需求,才能建立起涵盖各方的人事法律体系。从这一点来说,《公务员法》也可以归属于劳动人事法体系中基于政府公共机构特殊职业需要而制定的特别法。因此,本书在研究人事争议制度时并不局限于人事争议制度本身,而是将其与事业单位人事体制改革、国家政治体制、经济体制改革等框架之中,与其他制度如公务员管理制度、社会保障制度、民事诉讼制度、行政诉讼制度、劳动争议仲裁制度等制度联系起来,以正确把握其特征和发展的趋势。

第二章　人事关系、人事争议
及我国人事争议现行处理机制

第一节　人事关系概述

对于什么是人事争议,当前法学理论界和立法者、政策制定者并未达成共识,对人事争议概念等基础理论缺乏从法律角度的科学廓清,是当前理论和实务界的一大纰漏。作为程序法范畴的人事争议处理制度的完善,必须从基础理论以及实体法制度中寻找根据,首先应合理界定"人事关系"、"人事争议"等基本概念。人事争议是人事关系的实质反映,厘清人事关系的内涵,人事关系和劳动关系、人事争议与劳动争议等这些相邻近概念的合理区分,是研究人事争议及争议处理机制的逻辑起点。

一、人事关系的概念

（一）人事关系的缘起

人事关系是我国独有的一个动态模糊的概念,为此需要在其历史的形成过程中加以阐述和分解。我国干部人事制度中,"人事关系"一词是一个使用率极高的词语,但理论界和实务界至今仍缺乏一个公认的人事关系的定义,这也表明人事关系的复杂性。解读人事关系,首先要从解读"人事"两字入手。"人事"一词自古已有,不同的语境下含义不同,从行政管理学的角度解释:人事是指在社会劳动过程中,人与人、人与组织、人与事（工作）之间的相互关系。而人事关系是我国所特有的、极不规范的一个模糊概念。广义的人事关系是社会关系的内容之一,也是人事科学的研究对象。具体地说,就是社会关系中人与事的各种关系。其内容有:人们在社会生产活动中的地位和作用;人们参加社会生产活动后导致的职责、权利和义务;人们在社会生产活动中的具体组织形式;各类人员的人事组织关系,等等。上述内容紧紧相关,形成一个有机的统一体。在计划经济时代,"人事"一词与"干部"一词相联系,人事的内涵有特定的指向,人事关系是指"干部"与国营单位之间的工作关系。在计划经济时代，对干部的管理就是人事管理，而"干部"的范围包括机关的工作人员（公务员）、事业单位中的管理与专业技术人员、国有企业中的管理与专业技术人员。由于"干部"在计划经济时代是一种相对于"工人"或"工勤人员"的身份体现，因此，人事管理也就成了对干部的身份管理，体现了身份以及与之相对应的权利与待遇。可见，"人事关系"这个概念的产生主要是基于高度集中的计划经济用人体制，在管理体制中用于区分工人与干部的身份差别，人事关系反映了干部与所在单位的关系，而劳动关系则反映了工人与用人单位的关系。在计划经济时代人事关系表现为一种行政化的社会关系，具有浓厚的行政色彩。

简言之，传统意义上的人事关系泛指在实现劳动过程中，在国家干部与国家机关和国营企事业单位之间所发生的社会关系，和国家干部与其用人单位之间所发生的组织关系。在计划经济体制下，人事关系表现为一种行政化的社会关系。它体现在对干部实施的一系列的行政管理活动中，如对干部的录用、考核、调配、培训、工资、福利等事项的具体管理。从表现形式看，通常有行政关系介绍信、工资记载及工资介绍信、档案、职务任免令、奖惩令、职称、政审及其有关记录等。此外，管理方式中还有编制管理、工资计划、调动（配）手续等。

（二）人事关系概念的法律界定

综上所述，人事关系这个概念产生于高度集中的计划经济用人体制的背景，一方面企事业单位招工、用工明显机关化倾向，使得国家机关与企事业单位在劳动人事管理上并无太大的区别。另一方面，管理体制上区分工人与干部的身份差别。劳动关系反映工人与用人单位的关系，由劳动部门管理，有相应的劳动力市场和劳动争议处理机构；而人事关系反映的是干部与用人单位的关系，由人事部门管理，有专门的人才市场和人事争议处理机构。由此，可以认为，在计划经济时代，人事关系包括了国家机关与其工作人员的关系，也包括了企事业单位与其所属的干部身份的人员（管理人员、专业技术人员）之间的关系。但是随着市场经济的发展和我国干部人事制度改革的不断深化，干部分类管理成为人事制度改革的重要指导原则，国家机关、企事业单位在用人制度上的区别日趋明显，人事关系的内涵也趋向分解，主要表现在以下方面。

1. 公务员制度的建立和《公务员法》的颁布

由于行政机关是典型的行政部门，所以公务员管理仍然是一种较为纯粹的行政化管理。因此，公务员与行政机关建立的劳动关系从本质上来看仍然是典型的"人事关系",行政机关与其工作人员的关系,则成为现今最主要的人事关系。①

2.劳动法的实施

企业与其管理人员、技术人员的关系逐步从原人事关系脱离,成为《中华人民共和国劳动法》及《中华人民共和国劳动合同法》(简称《劳动合同法》)所调整的"劳动关系"的调整范畴。我国《劳动法》第二条规定:"中华人民共和国境内的企业、个体经济组织和与之形成劳动关系的劳动者,适用本法。""国家机关、事业单位、社会团体和与之建立劳动合同关系的劳动者,依照本法执行。"《劳动合同法》对此作了修改和完善,在第二条规定:"中华人民共和国境内的企业、个体经济组织、民办非企业单位等组织与劳动者建立劳动关系,订立、履行、变更、解除和终止劳动合同,适用本法。""国家机关、事业单位、社会团体和与之建立劳动关系的劳动者,订立、履行、变更、解除和终止劳动合同,依照本法执行。"

3.事业单位的人事管理发生了深刻变化

随着事业单位人事改革的不断深入,事业单位的人事管理发生了深刻变化,主要表现为:聘用制成为事业单位的基本用人制度,聘用合同成为人事管理的重要依据和法律文件;岗位管理逐步取代身份管理成为事业单位基本的管理制度;用人方式多样化导致人事管理的多样化,如事业单位人才派遣、人事代理等人档分离的管理形式的产生,使事业单位呈现出多种人事管理形式,有的建立人事关系、有的建立劳动关系。这些都说明事业单位人事制度改革正在适应市场经济的需要,这是事业单位人事管理与时俱进的重要表现。但无论在具体的管理方式上发生什么样的变化,事业单位及其与工作人员建立的人事关系的性质和功能并没有发生根本性的转变,即事业单位是公共部门,工作人员是公职人员,社会功能是政府公共服务职能的延伸,目标任务是为公民提供基本的社会公共产品和公共物品。如今,事业单位虽然在就业和人事管理上采取类似企业的单位与个人的双向选择,但人事关系的建立并不是由事业单位与工作人员自主决定的。国家通过编制管理实现对事业单位人员的配置和调控,按编制进行核算拨款,实现国家统一、规范的工资制度。事业单位必须从编制管理部门获得编制计划指标,要进入事业单位的工作人员也必须符合核准的岗位结构比例和事业单位岗位设置规定的相应岗位任职基本条件,三者必须同时具备,缺一不可。社会领

---

① 董保华:《劳动法论》,上海世界图书出版社 1999 年版,第 64—68 页。

② 许建宇:《我国人事争议处理受案范围的再调整》,《法律适用》2005 年第 9 期。

域市场机制的引入,使得事业单位原有的"人事关系"发生分化,相应分类如下:订立聘用合同的在编人员,建立聘用关系;应当实行聘用制而未实行聘用制以及以行政任命方式的在编人员,其与用人单位之间的工作关系,仍属于人事关系的范畴。档案内部管理和外部管理的非在编人员,实行企业化管理,订立劳动合同;事业单位与人事代理机构或劳务派遣机构签订劳务派遣协议,建立劳务关系。这两类人员与事业单位之间的关系从人事关系中脱离出来而成为劳动关系。事业单位与其工作人员的关系虽然在现今的制度层面存在双重性质(在就业上倾向于单位与个人的双向选择的企业化管理模式,而在工资待遇上基本参照机关化、公务员式的支付),采用企业化管理是大部分事业单位改革的趋势,这使得事业单位与其工作人员的关系,随着市场经济体制的建立和干部人事制度改革的深入,作为人事争议调整对象的人事关系的概念应从法律上加以厘清,并对其内涵、范围、法律性质进行明确的界定。

从法律上看,人事关系本质上反映的是公务员、事业单位工作人员等具有公职身份的劳动者(即国家雇员)与其所在单位(通常是国家机关、事业单位、社会团体)之间的一种劳动力使用关系。

二、人事关系的特征

尽管劳动关系与人事关系在现今的制度层面上存在双重性质,但是人事关系具有它自己的特殊性与规律性,人事关系和劳动关系的区别主要表现为如下方面。

(一)法律属性不同

人事关系从建立之初就带有强烈的公法性质,人事政策法规对其采用以国家干预为主的调整方法,原则上排除当事人的意思自治。以公务员制度为例,公务员的条件、录用、考核由国家统一规定,纳入国家行政编制,公务员的职务与级别、职务任免与升降、奖励与惩戒、辞职辞退等事宜也由法律加以规定。劳动关系是劳动者与用人单位(通常是企业和个体经济组织)之间建立的兼有当事人意思自治与国家干预双重属性的关系,具有社会法的属性。例如,用人单位可以自行招录员工,员工的工资和其他劳动条件由双方协商确定,国家则从保护劳动者弱势群体的角度出发,规定劳动基准或禁止性、义务性条款,强令用人单位和劳动者双方遵行,以彰显实质公平和社会正义。

（二）国家实现管理职能方式不同

人事关系是国家人事行政管理机关对国家机关、事业单位以及工作人员之间施行的一种具有直接利害关系的行政法律关系，是一种管理与被管理的关系，这种管理更多的是组织、协调、控制和监督，是基于行政级别所形成的行政管理关系。劳动关系是国家劳动行政管理机关监督各类企业执行国家劳动法律法规，从而实现以保护劳动者合法权益为主的一种非直接利害关系的监督关系。国家劳动行政管理机关与各类企业、劳动者之间不具有直接的行政法律关系。用人单位与劳动者之间形成的管理与被管理的关系是由人身隶属性所决定的。

（三）适用法律不同

劳动关系由《劳动法》规范和调整；公务员人事关系则由《宪法》、《行政诉讼法》、《行政复议法》、《行政处罚法》、《国家赔偿法》等规范和调整，事业单位与其工作人员的人事关系主要通过人事政策和依据政策形成的人事行政文件等规范和调整。

（四）稳定性不同

劳动关系一方是符合劳动年龄且具有与履行劳动合同义务相适应的能力的自然人，另一方是符合法定条件的用人单位，两者之间是领导与被领导的关系，即劳动者与用人单位具有隶属关系；人事关系的主体则一方是多元的"个人"，另一方是行政上级组织。由于我国多年的体制，凡属于人事部门下达人事编制、受其管理的是干部；凡属于劳动部门职能范围内的单位的职工均为工人。人事关系比劳动关系的稳定性更强，一般来讲人事关系一旦形成，非因法定事由、非经法定程序，单位不能对其工作人员作出辞退决定。而劳动关系中，用人单位解除劳动关系相对较随意，程序上也只需履行书面通知的义务。

（五）劳动报酬的性质不同

劳动关系中的劳动者的报酬有"按劳分配"的性质，是持续、定期支付，在不低于国家法定标准的前提下由用人单位与劳动者通过劳动合同约定；而人事关系中的劳动报酬的标准一般与行政级别相对应，而且一般是由人事管理部门经过对其本人的考核"称职"后才发放。如《国家公务员条例》第六十四条规定："国家公务员的工资制度贯彻按劳分配的原则。国家公务员实行职级工资制。国家公务员的工资主要由职务工资、级别工资、基础工资和工龄工资构成。"又如第二十六条规定："年度考核结果作为对国家公务员的奖惩、培训、辞退以及调整职务、级别和工资的依据。"国家明确规定工资级别、档次和核定、晋升工资级别、档次的条件以及每一级每一档的工资标准,工资总额的确定也必须经过人事、财政行政部门根据国家规定进行审核。

三、人事关系的法律属性

劳动争议与人事争议的界分,源于劳动关系与人事关系法律属性的差异。在我国,传统人事关系,是国家机关、事业单位、社会团体与其工作人员之间具有终身性的非合同劳动关系,其与企业实行劳动合同制以后的劳动关系体现着不同的劳动力资源配置机制,即劳动关系为市场配置机制,在法律属性上表现为社会法的属性;而人事关系为行政配置机制,在法律属性上表现为公法属性。

当今大陆法系国家习惯于将本国国内法按照法律性质、法律价值、法律关系主体、权利义务本位等的本质区别,分为公法、私法、社会法三大法域。这种划分最早是由罗马帝国时期的五大法学家之一乌尔比安提出的。在罗马法时代,最初将一国的国内法分为公法和私法两大法域,公法"有关罗马国家的稳定",私法"涉及个人的福利"。在这里,乌尔比安是以法律保护的利益的不同为标准来区分公法、私法的。他认为保护国家利益的法律属于公法,保护私人利益的法律属于私法。在罗马时代,虽然从观念上区分了公法与私法,但是罗马国家直到最后也未能在立法上实现公法、私法的分立。但是,这一卓越的思维模式为古典自然法学家所继承和发挥,并渐次贯彻于资产阶级革命后欧洲大陆的法律体系及法律制度中。资产阶级法学家,尤其是大陆法系国家的法学家,大都继承了公私划分的原则,并将这种划分作为部门法的基础。公法的原则是:"公法的规范不得由私人间的协议而变更"。公法规范是命令性的、强制性的,是无条件的义务。公法关系完全依法设定,如刑法、行政法、公务员法。而私法的原则是"协议就是法律",适用听许原则、任意原则、私法自治原则。私法关系允许协议设定,如民法、商法等。当今,随着社会经济的发展,市民社会与政治国家的相互渗透,特殊的私人利益受到普遍的公共利益的限制而形成社会利益。私法与公法相互融合,又出现了兼具私法和公法因素的社会法,并成为第三法域。社会法形成的途径主要有"私法公法化"和"公法私法化"。社会法是伴随着国家力图通过干预私人经济以解决市场化和工业化所带来的社会问题,应对经济、社会和生态可持续发展的需求,而在公法私法化和私法公法化的进程中逐渐产生和发展起来的;工业化和市场化进程中相继出现的社会危机、经济危机、生态危机,是社会法产生和发展的诱因。劳动法是最早的社会法成员,也是社会法体系或社会法法域中最重要的组成部分①。

人事关系是公职人员与行使公权力的所在单位之间的劳动力使用关系。判断某个法律关系属于公法关系还是私法关系,大体有四个方面的标准:一是法律关系一方中有无代表国家公权力并以国家公权者身份出现的主体;二是法律关系各方是否具有隶属关系与管理关系,是否存在权力服从关系;三是法律关系各方的权利义务是否法定,存在多大的意思自治的空间;四是法律关系的建立和运行本身是基于公共利益抑或私人利益。② 如果按照这个标准去审视,我们会发现,人事关系具有典型的公法性。

首先,人事关系的用人单位一方是国家机关、事业单位,其国家机关组织的公法性和行使公权力的职能毋庸置疑,大部分事业单位也是由法律法规授权为公法组织,行使公权力。而劳动关系的用人单位一方是企业等经济组织,不具履行公权力的职责。

其次,人事关系双方当事人之间具有隶属和管理关系,单位一方占主导地位,并具有权力服从的关系。最典型的是国家机关工作人员与所在单位的关系,公务员在考核、职务任免升降、奖惩、培训、交流工资福利、退休等各个方面均应严格服从所在单位的命令。在事业单位与工作人员之间,单位一方的主导性和强制性也有充分体现。但在劳动关系中,尽管用人单位与劳动者之间也存在管理关系,但这种管理关系是建立在私法的契约基础上,双方经协商一致通过签订劳动合同的形式来约定,体现了较强的意思自治原则,强制性较少。

再次,人事关系双方当事人的权利义务具有法定性。以公务员为例,公务员的资格条件、录用、考核由国家统一规定,纳入国家行政编制,职数法定,工资福利等待遇也由国家财政负担。事业单位与其工作人员的关系虽然根据国家事业单位改革的要求实行聘用制,以聘用合同的形式来明确双方的权利义务关系,但聘用合同的内容大都来自法律法规的直接规定,双方意思自治的空间较小,此种聘用关系在性质上更接近于国家机关对公务员的行政管理,聘用合同具有"公法契约"的性质,而非一般的私法意义上的合同关系。

最后,人事关系的建立和运行以公共利益为本位。国家机关与公务员

---

① 王全兴:《劳动法》(第三版),法律出版社 2008 年版,第 42 页。
② 陈柳裕等:《人事争议仲裁制度的反思与重构》,《中国人才》2007 年第 8 期。

建立人事关系的初衷即是由国家"雇员"特殊劳动者推行公共政策,执行职能,维护公共利益。而随着事业单位改革的推进,事业单位的职能趋于分化,但根据事业单位的性质,仍然以履行公共利益和公共服务职能为本位。而劳动关系的建立和运行是为推动企业经济目标的实现,尽管在客观上可能产生公共利益,但此种公共利益并非其本位追求。

综观上述,从主体、管理属性、权利义务、利益本位等角度来分析人事关系的性质,无疑可以使我们认识到人事关系的公法属性。

四、人事法律关系

(一)人事法律关系的概念

法律关系,是指当事人依据法律规范而形成的具有权利义务内容的社会关系。法律关系是一种社会关系,但并不是所有社会关系都是法律关系。只有社会关系为法律规范所确认和调整而形成权利义务关系,才成为法律关系。可见,法律关系是社会关系在法律上的表现,是社会关系为法律规范调整的结果。

人事关系以及与其密切联系的其他社会关系经法律规范调整,就形成法律上的权利义务关系。因此,可认为,人事法律关系是指劳动者与用人单位依据人事法律规范,在实现社会劳动过程中形成的权利义务关系。它是人事关系在法律上的表现,是人事关系为法律规范调整的结果。人事法律关系与人事关系不同,这主要表现在:①人事关系是生产关系的组成部分,属于经济基础范畴;人事法律关系则是意志关系,属于上层建筑范畴。②人事关系的形成以劳动为前提,发生在实现社会劳动过程中;人事法律关系的形成则是以法律规范的存在为前提,发生在法律规范调整人事关系的范围内。③人事关系的内容是劳动,劳动者提供劳动力,用人单位使用劳动力,双方形成劳动力的支配与被支配关系;人事法律关系的内容则是法定的权利义务,双方当事人必须依法享受权利并承担义务。人事法律关系虽然与人事关系不同,但它们之间有着密切联系。人事关系是人事法律关系产生的基础,人事法律关系则是人事关系在法律上的反映。因此,制定人事法律规范、形成人事法律关系,必须以人事关系为基础。

人事法律关系除了具有法律关系的共同特征以外,还有下列独有的特征:

(1)主体双方具有隶属性。人事法律关系主体一方是劳动者,另一方是用人单位。劳动者是用人单位的职工,处于提供劳动力的被领导的地位;用人单位则成为劳动力使用者,处于管理劳动者的领导地位,双方形成领导与被领导的隶属关系。

(2)具有国家意志为主导的特性。人事法律关系是具有隶属性的法律关系,被录用者必须服从国家意志,体现国家意志的强制性。人事法律关系具有较强的国家干预性质,因此,人事法律关系体现的国家意志和当事人意志并不是平等的,当事人的共同意志虽为人事法律关系体现的主体意志,但它必须符合国家意志并以国家意志为指导,国家意志居于主导地位,起统率作用。

(3)具有在社会劳动过程中形成和实现的特性。人事法律关系的基础是人事关系。只有劳动者同用人单位提供的生产资料相结合,实现社会劳动过程,才能在劳动者与用人单位之间形成法律关系。实现社会劳动过程,就是劳动者和用人单位各自行使权利和履行义务的过程,也就是人事法律关系得以实现的过程。没有社会劳动关系就没有人事法律关系,因此,人事法律关系是在社会劳动过程中形成的并且得以实现。

(二)人事法律关系的种类

按照不同的标准划分,劳动法律关系可以作以下分类:

(1)按照用人单位的性质划分,人事法律关系可分为:国家机关的人事法律关系、事业单位的人事法律关系、社会团体的人事法律关系。

(2)按照劳动者人数划分,人事法律关系可分为:个人人事法律关系,即劳动者个人与用人单位的人事法律关系;集体人事法律关系,即劳动者集体与用人单位的人事法律关系。

(3)按照劳动者与用人单位关系划分,人事法律关系可分为:本单位人事法律关系,即劳动者个人同其人事关系所在单位形成的人事法律关系;兼职单位人事法律关系,即劳动者个人同其所在兼职单位形成的人事法律关系。

(三)人事法律关系的要素

人事法律关系的要素,是指构成各种人事法律关系不可缺少的组成部分。任何一种人事法律关系,都是由人事法律关系主体、人事法律关系内容和人事法律关系客体这三个基本要素构成的。如果缺少其中任何一个要素,就不能形成人事法律关系。

1.人事法律关系主体

人事法律关系主体,是指在实现社会劳动过程中依照法律规范享有权利并承担义务的当事人。它是人事法律关系的参加者,具有特定性。在我国人事法律关系主体,一方是劳动者,亦即公务员、事业单位和社会团体的工作人员;另一方是用人单位,包括国家机关、事业单位、社会团体等公共机构。人事法律关系主体依法享有权利并且承担义务,是权利的行使者、义务的承担者。没有主体就无法行使权利和履行义务,也就不能形成人事法律关系。所以,人事法律关系主体是构成人事法律关系的第一要素。

目前,对于我国人事关系的概念尚无明确的定义,但人事关系在我国一向被认为是一种特定化的、固化的身份以及因这一身份所对应的特有的权利与待遇关系。所以正确认定"劳动者"的主体身份,应是识别劳动关系与人事关系的关键。我国现阶段人事法律关系的主体极其复杂,有国家和地方各级行政机关的国家公务人员、国家和地方各级行政事业单位(科研院所、学校、医院、文艺体育团体等单位)的工作人员等。

(1)国家公务员

国家公务员是指依照法律规定管理国家事务和履行社会公共事务管理职能、使用国家行政编制、由国家财政负担工资福利的机关中除工勤人员以外的工作人员。长期以来如何确定公务员的范围,理论和实务界看法不一,大概有以下三种意见,也可归纳为小、中、大三种范围。第一种意见,即小范围。将公务员范围限定在国家行政机关之内,即公务员是指各级国家行政机关中除工勤人员以外的工作人员。第二种意见,即中范围。把包括人大、政协、法院、检察院在内的所有国家机关的工作人员列为公务员。第三种意见,即大范围。把中国共产党机关和人大、政府、政协、法院、检察院、民主党派等各类机关的工作人员全部列入公务员的范围。①

上述三种范围中,从我国实际出发,大范围比较符合目前中国国情。理由如下:公务员制度属于人事管理制度,但又不能简单地理解为一般的具体人事管理制度,它涉及一个国家的政治体制和政治制度,并对其产生很大的影响作用。公务员制度是一个国家政治制度的重要组成部分,既要符合政治体制和政治制度的根本要求,又要为巩固和完善这种体制和制度创造条件,世界各国概莫能外。我国的政治制度包括人民代表大会制度、中国共产党领导的多党合作和政治协商制度、民族自治制度等。其中最具特色的是中国共产党领导的多党合作和政治协商制度,这是我国政治制度的最大优势。中国共产党是执政党,各民主党派是参政党,中国人民政治协商会议是

① 林戈主编:《公务员法立法研究》,中国人事出版社2006年版,第40页。

具有广泛代表性的统一战线组织。它们同人大、政府、政协、法院、检察院等国家机关都是我国政治生活中不可替代的政治主体。这些机关中的工作人员都不同程度地履行着公共职责,参与公共管理活动,这是确定我国公务员范围的基本依据,将上述机关的工作人员列入公务员的范围,有利于维护和发展中国特色的政治制度。

(2)事业单位工作人员

事业单位是我国社会体系中的一个重要组织元素,我国社会组织按照性质和功能,可以划分为政党组织、国家行政组织、社团组织、企业组织和事业组织。事业组织即事业单位,它在五大类别组织中,有着自己特殊的地位和作用。事业单位,其性质归属于我国的公共事业组织,从管理学角度看,就是以实现公共利益为目标的组织,它一般拥有公共权力或经过公共权力部门授权负有公共责任,以提供非营利性的公共服务,包括管理公共事务、供给产品为基本职能的组织。从管理学上看,事业单位是指受国家行政机关领导,国家拨付经费,不实行经济核算、提供非物质产品和劳务服务的社会组织。而从法律角度审视,事业单位的内涵应从权利、义务、法律地位等角度来界定。1998 年 11 月,国务院颁布了《事业单位登记管理暂行条例》,这才正式在法律上确定了事业单位的法人地位和定义,即"事业单位是指国家为社会公益目的,由国家机关举办或其他组织利用国有资产举办的,从事教育、科技、文化、卫生等活动的社会服务组织"。但是,此定义在很大程度上也不过是对现有事业单位外延上的简单列举,其责权利、组织定位等重大问题仍处于法律界定的真空状态。传统的事业单位有较鲜明的特点:一是主体国家化,由国家举办,必须利用国有资产举办;二是经费供给化,所需经费由国家财政开支,不实行经济核算,不通过市场配置;三是机构行政化,事业单位工资套用行政机关模式,不同事业单位适用不同行政级别。四是活动非产业化,提供非物质生产和劳动,不具有产业属性,不参与市场竞争。

随着社会主义市场经济的发展和行政管理体制改革的推进,事业单位的人事管理体制和运行体制正经历着由行政化向市场化的转变。但是,由于社会事业发展与人民群众日益增长的需求不相适应,公共产品供给不足,布局和结构不合理;加上事业单位的功能定位不清,事业单位管理体制和运行机制尚未理顺,直接制约着事业单位改革的深化。所以,在讨论事业单位与其工作人员之间的关系属劳动关系还是人事关系时,必须放在特定历史的大环境中去考察。针对目前事业单位的情况比较复杂这一实际,有必要对事业单位进行细分。根据我国目前事业单位的社会功能,事业单位可分为承担行政职能的事业单位、从事公共服务的事业单位和从事生产经营的事业单位三类。从事承担行政职能的事业单位其功能与行政机关并无二致,其与工作人员之间的关系应属于人事关系,并属于人事法律关系的主体;从事公共服务类的事业单位应作分类处理,其中完全由社会力量投入的转为企业或其他民间组织,这类单位与工作人员的关系应转化为劳动关系,其余的则以公共利益为本位成为人事法律关系主体;从事生产经营类的事业单位应逐步实行企业化改制,转为企业法人,并注销事业单位资格,其与原工作人员的关系转为劳动关系,归属于劳动法调整。

(3)社会团体

根据《社会团体登记管理条例》第二条规定,社会团体是指"由中国公民自愿组成,为实现会员共同意愿,按照其章程开展活动的非营利性社会组织"。社会团体也被称为"行业协会"、"民间组织"和"非营利组织"等,它具有六个基本特征:一是正规性,即具有正式登记的合法身份;二是民间性,即在组织机构上与政府分离;三是非营利性,即不得为其拥有者谋取利益;四是自治性,即能够控制自己的活动;五是自愿性,即在其活动和管理中有显著的自愿参与的成分;六是公益性,即服务于某些公共目的。

世界各国社会团体具有相同的基本特征,没有强制性,但是在中国由于历史原因,许多社会团体具有行政管理权,具有强制性,丧失了民间性和自愿性。目前我国的社会团体类型较为复杂,根据《社会团体登记管理条例》第三条的规定,社会团体分为须登记和免予登记两种。免予登记的团体有三类,即"参加中国人民政治协商会议的人民团体"、"由国务院机构编制管理机关核定,并经国务院批准免予登记的团体"和"机关、团体、企业事业单位内部经本单位批准成立、在本单位内部活动的团体"。其他须登记的社会团体法人,其设立的法律要件是:有50个以上的个人会员或者30个以上的单位会员,个人会员、单位会员混合组成的,会员总数不得少于50个;有规范的名称和相应的组织机构;有固定的住所;有与其业务活动相适应的专职工作人员;有合法的资产和经费来源;有独立承担民事责任的能力。

对于社会团体,若不论社团或个人均不具备事业单位性质,即社团只经过民政部门的社团法人登记,而未向人事部门(编制机构)进行事业单位登记,不视为人事关系主体。如果作了事业单位登记,纳入国家事业单位体制的社会团体,即是人事关系主体。因此,对于未纳入国家事业单位管理体制的社会团体是不能提起人事争议的,作劳动争议处理。但对作了事业单位登记,纳入国家事业单位管理体制的社会团体则是符合人事法律关系主体范围的。

2.人事法律关系内容

人事法律关系内容，是指人事法律关系主体双方依法享有的权利和承担的义务。它是人事法律关系的基本要素，是联结人事法律关系主体与客体的媒介，通过具体的内容，把主体双方、主体与客体联结起来，才能形成人事法律关系。

人事法律关系主体依法享有的权利，是指法律规范确认的人事法律关系主体享受权利和获得利益的可能性。具体表现为享有权利的主体有权依法做出或不做出一定行为的权利，或要求他人依法做出或不做出一定行为的权利。人事法律关系主体依法承担的义务，是指负有义务的人事法律关系主体依照法律规范，为满足权利主体的要求，履行自己应尽义务的必要性。具体表现为义务主体依法做出一定行为和不做出一定行为，以保证权利主体的权利和利益得以实现。

在现行体制中，人事关系与劳动关系是一种"二元"的管理模式。通常情况下，人事关系与劳动关系是难以被区分开来的，一种解释是基于干部身份、工人身份的划分，这种区别体现的更多的是个人的身份归属，带有很强的计划经济色彩。在市场经济体制下，劳动对每一个人来说是一种平等的权利和义务，根据市场需要实现人才流动成为现代社会配置人才资源的主要机制。从这一点上来看，无论是在公共机构的人事关系，还是在私人机构的劳动关系，在本质上都是劳动者实现劳动权利、履行劳动义务的一种方式，二者只是职业上的差别，而在身份上是平等的。因此，根据《宪法》、《公务员法》、《劳动法》和有关人事法律、法规的规定，作为人事法律关系主体一方的个人应该享有的权利有：同用人单位依法变更、解除、终止聘用合同的权利；获取劳动报酬的权利；休息、休假的权利；获得劳动安全卫生保护的权利；接受职业和执业培训的权利；享受社会保险和福利的权利；组织工会和参加单位民主管理的权利；提请人事争议处理的权利；法律规定的其他劳动权利。劳动者依法享有的权利，也就是劳动法律关系主体另一方用人单位对劳动者应尽的义务。根据法律规定，劳动者应当承担的义务有：按时、保质、保量地完成工作任务；提高职业技能水平；遵守劳动纪律、规章制度和职业道德；爱护和保卫公共财产；保守国家机密和单位业务机密，等等。劳动者所应承担的义务，也就是用人单位依法享有的权利。

3.人事法律关系客体

人事法律关系客体，是指人事法律关系主体双方的权利义务共同指向的对象。主体双方的权利义务必须共同指向同一对象,才能形成人事法律关系。没有客体,主体双方的权利义务就无所指向,无法落实,既不能形成人事法律关系,也实现不了各自所要达到的目的。因此,客体是构成人事法律关系不可缺少的重要因素。在我国,人事法律关系客体可分为物和行为两类,如职位或岗位的设置、录用或聘用、考核、任免、晋升、竞聘、奖励、惩戒、培训、调配、回避、工资福利、辞职或辞聘、辞退与解聘、退休、申诉控告、争议处理等。

(四)人事法律关系的运行

人事法律关系的运行,是指人事法律关系形成和存续的动态过程,表现为人事法律关系产生、变更、消灭等环节和这些环节之间劳动者与用人单位相互权利义务的实现。人事法律关系运行的各个环节分别由一定法律事实引起,也即人事关系的产生、变更、消灭,以法律事实为根据。法律事实可以分为行为和事件两类。人事法律关系产生的根据主要基于主体各方一致、合法的意思表示行为,如个人符合用人单位要求,自愿参加考试或竞聘,上级主管部门予以任用或用人单位予以录用或聘用。人事法律关系的变更表现为主体之间权利义务的变化;人事法律关系变更与消灭的依据一般也主要是基于主体各方一致、合法的意思表示行为或某些客观事件,如死亡、丧失劳动能力等;但在特殊条件下,某些行为和事件也会成为人事法律关系变更、解除、终止或消灭的根据,如违法、违纪、违规等,从而使原有的人事法律关系消灭。

第二节 人事争议概述

一、人事争议的概念和范围

(一)广义的人事争议

人事争议事项是人事争议仲裁的客体,合理界定人事争议是及时、公平、公正地进行人事争议和解、调解、仲裁及后续审判,充分保障争议各方实体权利得以实现的前提条件。人事争议事项的范围划分应当确定合理的界限,既不无限扩张,也不无限限制。广义地说,人事争议是指国家机关、事业单位、企业的工作人员与所在单位因录用聘用、聘用或聘任合同、职务任免、福利待遇、工资调整、奖励处分、辞职辞退等人事管理事项所引发,人事管理行为侵害相对人(工作人员)权益所引起的争议和纠纷。也就是说,人事争议主体的范围较广,只要是人事行政管理的相对人均属于人事争议的主体。同样人事管理行为也非常宽泛,是能够引起人事争议,即能引起人事争议的囊括全部人事管理事项与管理行为,包括具体行为与抽象行为。

（二）中义的人事争议

对于人事争议的概念从法律角度的诠释,既要体现人事争议的法律特征,而且能从实际出发,在法律基础理论和实体上与现有人事争议处理机制相吻合,并有利于符合国家人事制度改革和发展的推进。人事争议具有以下特征:人事争议主体特定,是具有公职身份的人事行政管理的相对人;人事争议的内容是人事管理事项与人事管理行为。基于此,中义的人事争议是指人事关系主体(即具有公职身份的劳动者与所在单位之间),在人事管理过程中,因录用聘用、聘用或聘任合同、职务任免、工资福利、奖励处分、辞职辞退等人事管理事项或人事管理行为所引发的权益争议和纠纷。包括公务员人事争议和事业单位(社会团体)工作人员人事争议两类。根据我国现行人事争议处理机制,公务员人事争议适用《公务员法》,具有不可诉性。事业单位与其工作人员之间人事争议和聘任制公务员的争议纳入人事争议仲裁的范围。

（三）狭义的人事争议

在实际中,不论是以前的人事政策处理,还是现行的人事争议仲裁与诉讼,人事争议处理范围内所涉及的主体与人事管理行为都不可能是广义的,同时在现阶段也不可能针对抽象的人事管理行为。从规范性文件的角度来看,人事争议的界定有两种:一是概念式,二是列举式。概念式界定体现于最高人民法院法释〔2003〕13 号《最高人民法院关于人民法院审理事业单位人事争议案件若干问题的规定》第三条:“本规定所称人事争议是指事业单位与其工作人员之间因辞职、辞退及履行聘用合同所发生的争议。”这是狭义的规定,狭义的人事争议是以是否纳入人事争议仲裁和诉讼程序为判断标准。主体方面只有国家事业单位以及工作人员,在人事管理行为方面(实体与程序方面)被限制为“因辞职、辞退及履行聘用合同所发生的”三类争议。其特征表现为,争议主体是特定的,争议事项范围是限制的。大部分人事争议事项,诸如经常出现的、直接的晋级、晋职、考核、奖惩、任免、调动、工资等争议,均不属于或不纳入人民法院的受理范围。列举式界定体现于人事部发布的《人事争议处理规定》及一些地方性规章之中。《人事争议处理规定》第二条规定:①实施《公务员法》的机关与聘任制公务员之间、参照《公务员法》管理的机关(单位)与聘任工作人员之间因履行聘任合同发生的争议；②事业单位与工作人员之间因解除人事关系、履行聘用合同发生的争议；③社团组织与工作人员之间因解除人事关系、履行聘用合同发生的争议；④军队聘用单位与文职人员之间因履行聘用合同发生的争议；⑤依照法律、法规规定可以仲裁的其他人事争议。

整体来看，目前我国关于人事争议的概念和范围较为混乱，其直接原因当然是人事争议处理相关法律法规政策依据本身的合法性问题及其相互之间的矛盾和冲突，但更深层次的原因则是正在进行中的事业单位人事制度改革。1993 年，国家决定推行国家公务员制度，在机关事业单位人事制度中剥离出国家公务员制度，并将行政机关工作人员纳入公务员制度管理之中，这之后事业单位人事管理制度才成为有一定独立性的人事制度体系。2002年，正式提出了对全国范围内的国家事业单位人事制度改革，随即国务院办公厅、人事部等联合发布了《关于在事业单位试行人员聘用制度意见的通知》。随着事业单位聘任制度改革的深入，事业单位多种用人方式并存并正在变化中，旧体制与新机制发生冲突，干部人事管理中深层次矛盾逐步显现出来。这一过程中暴露出来的诸多问题涉及历史和时间的跨度，无法一下子就制定统一的立法彻底解决问题。当前社会面对的诸多矛盾也使得对于人事争议处理机制不得不出于各种现实考虑而无法遵循法律，改用政策等更灵活的治理方式。如果正视这一人事制度改革背景，在设计界定人事争议的概念和范围时，就不会天真地用一部法律的出台或是一个解决机关一种解决方式，而必然是一种复杂的程序性机制。

二、人事争议的特征

从法学理论的角度界定人事争议性质与特征，学者们普遍认为应当依据已经制定的人事制度改革措施和公平公正原则，并且借鉴比较成熟的经济和劳动争议解决机制中的一些规范。人事争议是伴随党政机关干部制度改革、国有企业人事制度改革和事业单位人事制度改革而出现的问题，属于人事制度变革的产物。任何一项制度改革都是对人们既定利益的重新分配，由此决定了人事争议的性质是利益之争，是就业与分配权利义务关系之争。人事制度改革的核心是通过竞争机制变身份管理为岗位管理。只有雇主与雇员双方之间建立平等的关系，所有竞争性就业岗位向社会开放，才能实现人事制度改革的根本目的。据此，人事争议具有一定的劳动争议性质，但是，由于其调整的社会关系——人事关系的公法特征，使其与劳动争议存在本质上的区别。① 依据《劳动法》第二条和第十七条的规定，广义的劳动争议涵盖了《人事争议处理规定》中可仲裁的人事争议合同事项，两个法律规范之间具有交叉关系，也是司法解释适用《劳动法》的一个理由。《人事争议处理规定》与《劳动法》相互补充，不可相互替代。从构建统一的人事争议仲裁客体的角度分析，首先应当厘清"人事争议"与"劳动争议"的相互关系。

（一）人事争议与劳动争议的共同性

（1）争议常见的启动一方当事人（申诉主体），往往表现为仲裁申诉人均为劳动者。争议当事人另一方（被申诉主体）为用人单位，往往表现为仲裁被申诉人。应当说，在我国《宪法》保证下，国家机关工作人员、事业单位工作人员、军人、司法机关工作人员、国有企业职工、个体工商户、民营企业、私营企业用工、农民工、艺术工作者、自由职业者等都是我国社会主义建设的劳动者，他们之间仅仅是从事的职业岗位不同。一般来说，相对于企业、事业单位以及政府职能部门，劳动者都是弱势群体中的一员。

（2）均采用"一调一裁两审"争议处理模式。劳动争议和人事争议处理模式都由调解、仲裁和诉讼三个制度构成，并以仲裁制度为核心；调解组织均设在用人单位内部；仲裁是必经的前置程序，即要启动司法程序提起诉讼必须经过仲裁这个前置程序。不服仲裁的起诉都由人民法院民庭受理。在目前缺乏专门程序法的情况下，法院处理人事争议和劳动争议案件都适用《民事诉讼法》。根据最高人民法院的司法解释，人民法院审理这两类争议案件均适用《劳动法》，基本上是由原审理劳动争议案件的法庭来审理人事争议案件。

（3）两类仲裁委均设在国家行政机关（劳动人事主管机关）内。

（二）人事争议与劳动争议的区别

1. 调整的社会关系不同

劳动争议解决的是由劳动法律所调整的社会劳动关系。人事争议解决的是人事政策文件所调整的社会关系中的部分人事用人及其他关系等人事关系。在事业单位中存在着内部行政处分争议，而企业中一般表现为劳动关系，不表现为企业内部行政关系。

2. 建立关系的合同的表现形式不同

人事争议双方当事人之间是聘用合同关系，解决的是"国家机关、事业

---

① 黄锡生，刘丹：《我国事业单位人事法律制度研究》，中国检察出版社2007年版，第180页。

单位与其工作人员之间因辞职、辞退及履行聘用合同所发生的争议";劳动争议双方当事人之间是劳动合同关系,解决的是"因企业开除、除名、辞退职工和职工辞职、自动离职;因执行国家有关工资、保险、福利、培训、劳动保护的规定;因履行劳动合同发生的争议以及法律、法规规定应当依照本条例处理的其他劳动争议"。

2007年8月9日人事部发布《人事争议处理规定》(国人部发〔2007〕109号令),将国家机关与聘任制公务员之间因履行聘任合同发生的争议,事业单位与工作人员之间因辞职、辞退以及履行聘任合同或聘用合同发生的争议,社团组织与工作人员之间因履行聘任合同或聘用合同发生的争议,军队聘用单位与工作人员之间履行聘任合同或聘用合同发生的争议界定为人事争议处理的范围。人事争议与劳动争议范围的异同可以从两个方面考察:一是当事人方面;二是争议的内容方面。根据《人事争议处理规定》,从当事人方面来看,按照传统的干部与工人身份的划分,人事争议指国家机关、事业单位等单位中具有干部身份的人员与用人单位之间发生的争议。在我国实行劳动制度改革,逐步过渡到全员劳动合同制近20年后的现代企业组织中,一般情形下没有干部身份的人员存在,企业与职工之间是完全的劳动合同关系,即劳动用工关系。发生劳动争议只能到劳动争议仲裁委员会申诉。而事业单位中的人员情形比企业复杂得多,其中有国家事业单位干部(具有人事编制的人员)、聘用制干部(又称合同制干部,社保机构认为,这类干部应当与工人一样参加养老保险,实质上就是工人,类似于国营企业改革前的以工代干的情形;但聘用制干部仍是人事部门下达了编制的人员)、事业单位聘用人员、社会聘用人员、固定工、临时工等类别,这些人员与事业单位之间的关系由不同的合同关系所联系,其工资待遇、分配制度也有所不同,这也产生了不同的用人法律关系。发生争议后,一般是具有人事编制的人员方可到人事争议仲裁委员会进行申诉(但目前已不是单一的这种情形),其他人员应作为劳动合同关系或视为劳动合同关系到劳动争议仲裁委员会申诉。从争议的内容来看,人事争议主要指聘任合同的形成、履行、变更和解除方面的争议,而劳动争议的范围则要广得多。

3.处理机构与适用实体法律的不同

人事争议由政府的人事部门成立的仲裁机构仲裁,而劳动争议则由劳动争议仲裁委员会仲裁。对于不服仲裁裁决的,劳动争议当事人可以在法律规定的期限内向人民法院起诉。对于人事争议,《最高人民法院关于人民法院审理事业单位人事争议案件若干问题的规定》(简称《规定》)(法释

〔2003〕13 号），事业单位与其工作人员之间因辞职、辞退及履行聘用合同所发生的争议，当事人对依照国家有关规定设立的人事争议仲裁机构所作的人事争议仲裁裁决不服，自收到仲裁裁决之日起 15 日内向人民法院提起诉讼的，人民法院应当依法受理。而对于其他的人事争议，可否向人民法院起诉，以及可否绕过仲裁直接向人民法院起诉，都没有规定。同样在适用法律上，该《规定》规定此类人事争议适用于《劳动法》，对其他人事争议，现行法律也无明确规定。劳动争议处理的实体法依据是《劳动法》《劳动合同法》、劳动行政法规、劳动部门的行政规章和地方性法规。

4. 受案范围不同

人事争议仲裁争议适用于国家行政机关、事业单位与工作人员之间因人事关系建立、变更、解除等发生的争议。劳动争议的受案范围主要包括：实施公务员法的机关与聘任制公务员之间、参照公务员法管理的机关（单位）与聘任工作人员之间因履行聘任合同发生的争议；事业单位与工作人员之间因解除人事关系以及履行聘用合同发生的争议；社会团体与工作人员之间因解除人事关系以及履行聘用合同发生的争议。而劳动争议主要适用于企业与职工之间引发的争议。劳动争议的受案范围主要包括：因开除、辞退违纪职工和职工辞职、自动离职发生的争议；因执行国家有关工资、保险、福利、培训、劳动保护的规定发生的争议；因履行劳动合同发生的争议；法律、法规规定应当处理的其他争议。此外，国家机关、事业单位、社会团体与本单位工人之间以及个体工商户与帮工、学徒之间发生的劳动争议，也可参照执行。显然，劳动争议的受案范围比人事争议受案范围宽泛得多。

5. 争议的特点不同

人事争议仲裁主要是为保障推进事业单位人事制度改革和保障事业单位聘用合同的实施，维护机关事业单位与其工作人员的合法权益开展的。尤其是事业单位，各类专业技术人员相对集中、流动性大、争议发生率高、跨行业跨部门的争议多，这些特点在一定程度上决定了人事争议的特殊性。而劳动争议仲裁是为妥善处理企业和职工之间的劳动纠纷、维护正常的生产经营、提供良好的劳动关系开展的。

6. 管辖不同

劳动争议实行属地管辖，人事争议实行行政级别管辖加属地管辖。

三、人事争议的历史沿革

人事争议可以说自新中国成立以来，干部人事制度建立之始就已存在。

人事工作中存在与发生的矛盾、分歧与争议无时不在，从 20 世纪 50 年代到 80 年代中期在人事问题上发生的上级与下级之间、人员与领导之间、人员与机构之间、单位与人事机构之间、人事部与地方人事厅局之间存在与发生的争议、矛盾基本上通过党组织、行政命令、政策、甚至个人权利威望与影响力来解决，是计划经济时代下干部人事制度的衍生体。这一时期的人事争议没有任何的法律意义，其处理方式基本上是单纯的行政手段解决或政策处理机制。这些人事矛盾基本上在内部消化，几乎从未公开。

20 世纪 80 年代后期至 90 年代初期，随着事业单位体制改革的人事制度改革的逐步推进，各地人事部门扩大了人事争议处理的范围，人才流动争议演变为人事争议。20 世纪 80 年代初，我国开始建立市场经济为导向的经济体制改革，改革引起了事业单位大量的人才流动。为化解人才流动诱发的尖锐矛盾，支持经济体制改革顺利进行，各地创造性地开展了人才流动争议处理工作。这一时期的人事争议处理主要是围绕事业单位科技人员流动争议为主的人才流动争议展开的。如 1984 年 6 月，根据北京市人民政府有关规定，北京市人事局在北京市人才交流中心处理了人事争议仲裁部门，协助北京市人事局做好人才交流的仲裁工作。1988 年，沈阳市人民政府颁布了《沈阳市人才流动争议仲裁试行规定》。1989 年，辽宁省成立了辽宁省人才流动争议仲裁委员会。此间福建、吉林、湖北等省市均颁布了适用于本省市的人才流动争议仲裁暂行规定。可以说，这些省市人事部门人才流动争议仲裁工作的开展，是我国人事争议处理制度建设的萌芽阶段。

到了 20 世纪 90 年代由于政治与民主法制进程加快，以及干部人事制度改革提到国家改革部署日程上来，随着人事制度的悄然进行，这种矛盾日益公开。此时人事部认为，随着社会主义市场经济的发展和人事制度改革的深化，人事争议日益增多。这些争议如果不能及时得到解决，势必损害当事人的合法权益，影响社会的稳定和社会主义市场经济的发展。为公正及时地处理人事争议，强化人事部门的监督、保障职能，妥善处理中央国家行政机关及其直属单位和跨地区的人事争议案件，1996 年 5 月 24 日，人事部以人发〔1996〕46 号《关于成立人事部人事仲裁公正厅有关问题的通知》（该文适用人事部 1995 年 8 月 11 日关于印发《国家公务员申诉控告暂行规定的通知》）为依据，随后在 1997 年 8 月 8 日人事部又下发人发〔1997〕71 号关于印发《人事争议处理暂行规定的通知》，1999 年 9 月 6 日人事部以人发〔1999〕99 号下发关于印发《人事争议处理办案规则》和《人事争议仲裁员管理办法》的通知。这一时期，人事部公开提出了"人事争议"这一用词，真正意义上的人事争议处理实际并未开始，"人事争议"并不具有法律特征，人事部的这些文件并没有任何制定的法律依据，更无具体程序上、实体上可适用的国家法律。人事部在这方面只是下一下文，完全停滞不动。另一方面，广大国家机关事业单位以及工作人员基于内部行政文件则并不看好人事部所谓的"人事争议"来解决争议，因此这些文件仍属于政策文件或称政策性行政文件。

国务院于 2002 年 7 月 6 日颁布《国务院办公厅转发人事部关于在事业单位试行人员聘用制度意见的通知》（国办发〔2002〕35 号），指出：在事业单位试行人员聘用制度，是用人制度的一项重要改革，是建立适应社会主义市场经济体制要求的事业单位人事制度的重要措施，对实施科教兴国战略和"人才强国"战略、调动事业单位各类人员的积极性和创造性、促进我国经济建设和各项社会事业的发展具有重要作用。虽然国办发〔2002〕35 号是针对国家事业单位的，而国家机关并未"触动"，但完全可以这样认为，正式拉开了人事制度改革的序幕。此文正式下发后，各地开始制定人事争议仲裁的细则（办法）来配合这项重要改革。在此之前不少地区已出台的，也作了必要的修改。在此期间，也有极少的事业单位的工作人员依据人事仲裁规则向当地人事争议仲裁委员会提出申诉。由于人事争议仲裁委员会设在人事行政机构内，所依据的仲裁规则是人事部门根据人事部文件所制定的政策文件，人事争议仲裁没有任何法律依据，这样的人事争议仲裁完全是政策指导下的行政行为。直到 2003 年 9 月 5 日最高人民法院《最高人民法院关于人民法院审理事业单位人事争议案件若干问题的规定》（法释〔2003〕13 号）的颁布和实施，使得人事争议仲裁与司法审判有了接轨，人事争议案件诉讼方有法可依。这个司法解释的出台实现了事业单位人事争议制度与司法制度的接轨，为人事争议仲裁工作的开展创造了有利条件，也为人事争议处理提供了司法保障，标志着事业单位人事争议仲裁制度体系基本建立。另外，全国人大于 2005 年 4 月 27 日颁布了《中华人民共和国公务员法》，规定聘用制公务员（聘任制公务员仅对专业性较强的职位和辅助性职位实行）可以通过人事争议仲裁和诉讼的途径处理其与所在机关之间因履行聘用合同发生的争议，赋予部分公务员人事争议以仲裁和诉讼的"可诉性"。为配合《公务员法》的实施和事业单位聘用制的全面推进，要求人事争议处理制度也相应跟进完善，2007 年 8 月 9 日，中共中央组织部、人事部、总政治部联合颁发了《人事争议处理规定》（国人部发〔2007〕109 号令），原 1997 年的《人事争议处理暂行规定》同时废止。

通过对人事争议在各个历史发展阶段的演变分析可以看出，人事争议和人事争议处理并非从产生之初就具有法律上的意义,人事争议处理的方式历经了从行政命令、政策等计划经济时代行政手段到以仲裁和诉讼等法律途径为主要救济手段的发展过程。

第三节　我国现行制度上的人事争议处理机制

人事争议处理机制,是指由人事争议处理的各种机构和方式在人事争议处理过程中的各自地位和相互关系所构成的有机整体。它表明人事争议发生后应当通过哪些途径,由哪些机构采取哪些方式处理。

一、我国现行人事争议处理机制的两种类型

（一）我国现行公务员人事争议处理机制

党的十三大报告正式宣布,在我国建立和推行国家公务员制度。1993年4月24日,国务院第二次常务会议审议并通过了《国家公务员暂行条例》,1993年8月14日发布并于同年9月1日起实施,这标志着我国的公务员制度步入法制化轨道。2005年4月27日第十届全国人大常委会第十五次会议通过了《国家公务员法》,更进一步完善了我国公务员的科学化、民主化、法治化管理,在干部人事工作历史上具有里程碑的意义。法律的制定与实施在对国家公务员实施科学管理、保证国家公务员队伍优化与廉洁、提高行政效能等方面起到了重要的作用,是我国法治日趋健全的标志。在高度保障人权和宪政制度的背景下,《公务员法》将保障公务员的权益作为立法目的之一。虽然,相对于其他领域的民主化、法治化进程,公务员人事争议处理机制的健全和完善显得相对落后而迟缓,但事实上,我国早就认识到了公务员人事争议处理机制的重要性,建立了公务员申诉控告制度作为公务员人事争议的解决机制。只是这种救济机制主要表现为人事争议行政处理机制,而非人们更期盼的司法救济机制。

1.复核

通常意义上的复核是指公务员申诉控告制度中的复核。它是公务员对国家行政机关所作出的涉及本人利益的人事处理决定不服,而向原处理机关提出重新审查的意见和要求。复核并非公务员申诉的必经程序。《公务员法》第九十条规定,公务员对涉及本人权益的七种法定人事处理和其他法定情形的人事处理不服的,可以自知道该人事处理之日起三十日内向原处理机关申请复核。法定情形包括:①处分;②辞退或者取消录用;③降职;

④定期考核定为不称职;⑤免职;⑥申请辞职、提前退休未予批准;⑦未按规定确定或者扣减工资、福利、保险待遇;⑧法律、法规规定可以申诉的其他情形。《国家公务员申诉控告暂行规定》第五条规定,国家公务员对国家行政机关作出的涉及本人权益的下列处理决定不服,可以向原处理机关申请复核。其中处理决定包括:①行政处分;②辞退;③降职;④年度考核定为不称职;⑤法律、法规规定可以提出申诉的其他人事处理决定。

2. 申诉

公务员申诉指的是,公务员对行政机关作出的涉及本人利益的人事处理不服时,有向有关部门提出重新处理要求的活动与制度。主要包括:可以向原处理机关申请复核;有权向同级公务员主管部门或者作出该人事处理的上一级机关提出申诉;向行政监察机关提出申诉等。

3. 控告

控告是指公务员对机关及其领导人员侵犯其合法权益的行为向上级机关或者行政监察机关提出指控。《公务员法》第九十三条规定,公务员认为机关及其领导人员侵犯其合法权益的,可以依法向上级机关或者有关的专门机关提出控告。受理控告的机关应当按照规定及时处理。《国家公务员申诉控告暂行规定》专列出第三章"控告",对提出控告的主体、提出控告的条件、控告书应当载明的内容进行了明确规范,同时对上级行政机关或者行政监察机关对控告的处理程序也作了原则性规定。至于监察机关对控告的具体处理过程则规定于《监察机关调查处理政纪案件办法》之中。该行政法规对控告案件的立案、调查、审理、处理等各个环节都有详细规定。

(二)我国现行事业单位人事争议处理机制

现行人事争议解决机制是在事业单位体制改革和人事制度改革中诞生的一项人事管理创新制度。20世纪80年代初,我国开始建立以市场经济为导向的经济体制改革,改革引起了事业单位大量的人才流动。为化解人才流动诱发的尖锐矛盾,各地创造性地开展了人才流动争议处理工作。90年代初期,随着事业单位体制改革的人事制度改革的逐步推进,各地人事部门扩大了人事争议处理的范围,人才流动争议演变为人事争议,我国新型人事争议处理模式也逐渐建构起来。人事部的一系列文件,包括《关于成立人事部人事仲裁公正厅有关问题的通知》(1996年)、《人事争议处理规定》(1997年制定,2007年修订)、《人事争议仲裁员管理办法》和《人事争议仲裁员办案规则》(1999年)、《关于推动人事争议仲裁工作有关问题的通知》(2003年)等确定了我国人事争议处理模式的核心制度——人事仲裁制度。2003年9

月 5 日起实施的《最高人民法院关于人民法院审理事业单位人事争议案件若干问题的规定》(法释〔2003〕13 号),使司法诉讼制度嵌入了新型人事争议处理模式,与此同时,尝试建立了事业单位内部的人事争议调解制度。这样,经过短暂但卓有成效的建设,使事业单位人事争议解决机制由单纯的行政手段转变为由相对中立的专门仲裁机构和司法审判构成的"一调一裁两审",形成人事争议协商、人事争议调解、人事争议仲裁、人事争议诉讼相互配合的制度体系,即人事争议发生后,当事人未达成和解,或不愿申请基层调解组织调解或基层调解组织调解不成,需经人事争议仲裁委员会仲裁,才能向人民法院提起诉讼;仲裁无需当事人达成仲裁协议,一方申请即可启动仲裁程序,另一方则被动强制地参加仲裁。此即事业单位人事争议"一调一裁两审"体制。

1. 协商

人事争议协商的概念可以从广义和狭义来理解。广义的人事争议协商是指人事争议发生后,人事争议双方当事人进行商谈,达成协议解决纠纷的一种活动。这种活动存在于争议处理的各个阶段。狭义的人事争议协商制度是指人事争议发生后,人事争议双方当事人依照法律的规定进行对话、协商并达成协议,以解决纠纷的一种有意义的制度。我国《人事争议处理规定》主要从狭义上使用这个概念,如《人事争议处理规定》第三条规定:"人事争议发生后,当事人可以协商解决;不愿协商或协商不成的,可以向主管部门申请调解;不愿调解或调解不成的,可以向人事争议仲裁委员会申请仲裁。当事人也可以直接向人事争议仲裁委员会申请仲裁。当事人对仲裁裁决不服的,可以向人民法院提起诉讼。"在这里的"可以协商解决"中的协商就是狭义上使用。因为,这里的协商实际上是指一种国家制定的处理人事争议的法律制度。

相对于其他处理人事争议的几种制度,人事争议协商制度有许多自身的特点,主要可概括为:①自愿性。当事人双方自愿是人事争议协商的基础和前提,是协商第一程序得以启动的必要条件,自愿性也是协商这一制度的性质所决定的。如争议双方或一方不愿协商,协商就无法进行。如果允许仅凭借一方的请求,而不顾另一方是否愿意就可启动协商程序,就可能会出现用人单位利用自己的优势地位强迫或变相强迫劳动者一方与其达成某种只能协商解决争议的协议。这对于处于相对弱势的劳动者的权利的保护是不利的。②灵活与快捷性。人事争议的协商最能体现双方当事人的自由意志。与调解、仲裁、诉讼相比,协商具有自主、方便、灵活、快捷的特点,没有很多机构、规则、程序的约束。③非终局性。如果当事人双方选择了协商，但无法达成协议，那么当事人可以选择别的争议解决方式。

协商是一种高度自治性的纠纷解决方式，争议双方在谈判中通过互谅互让达成和解协议以解决争议，其功能发挥取决于双方当事人是否在平等的基础上进行充分沟通。协商是当事人自愿选择的程序，形式上比较随意。在不违背法律以及损害公共利益和他人合法权益的前提下，人事争议的绝大多数是可以通过协商解决的。在各地出台的事业单位人事争议处理规定中，一般都在人事争议的解决方式中第一项列为自行协商。① 但对其性质、如何开展、单位的谈判代表人以及谈判的程序等，都没有规定，显示其不足和缺乏规范。虽然，人事争议的协商制度是人事争议处理制度中的第一个程序。但由于各种原因，人事争议协商制度长期被忽略，以致许多人都不知道争议处理之中还有一个协商程序。这对于完善我国人事争议处理制度非常不利。实际上，作为人事争议纠纷解决的协商，其当事双方关注的是维护权利和索取价值，并非关注利益与创造价值，在谈判中具有对抗型的风格多于共同解决问题型的风格，具有典型回顾过去的法律特征，比较容易达成协议。尤其是在预先界定权利义务的基础性合同（如聘用合同）缺失的情况下，通过双方协商仍存在事后达成协议之可能性，而通过仲裁或诉讼等手段则缺少裁决和判决的基础。

2. 调解

调解与协商的不同之处在于中立第三方的参与，但第三方不得对双方当事人施加外部的强制力。调解是当事人自主协商的纠纷解决活动，贯穿于人事争议处理的各个环节。但作为独立的人事争议处理程序制度，这里所说的调解专指对于人事争议处理的政府行政主管机关的调解、机关事业单位调解组织的调解。人事争议的调解雏形大体出现在 2001—2003 年间，源于事业单位人事制度改革，主要用于人员聘用中的人事争议。为保证调解的公正性，调解委员会可考虑设在工会，由工会代表、职工代表和单位代表三方组成。在调解过程中，调解委员会应当尊重当事人的处分权，不得将自己的意志强加于当事人。调解有利于消除双方的分歧和隔阂，维护稳定的合作关系。人事部在《关于深化事业单位人事制度改革的实施意见》（简称《意见》）中提出了"加快建立和完善人事争议调解、仲裁制度，及时、客观、

---

① 如《福建省事业单位人事争议处理规定》第五条，《上海市事业单位人事争议处理办法》第四条等。

公正地处理人员聘用中的人事争议问题,化解矛盾,维护聘用单位和受聘人员双方的合法权益"。人事部《关于在国务院各部委、直属机构、直属事业单位开展人事争议调解工作的意见》(人办发〔1999〕2 号)中,要求国务院各部门成立人事争议调解委员会,负责调解下列人事争议:下属单位与工作人员之间因辞职、辞退、履行聘任(用)合同发生的争议;下属单位之间因人员流动发生的争议;依据法律、法规、规章可以调解的其他人事争议。《意见》中较详细地规定了调解程序、调解协议的效力和工作原则等。

3. 仲裁

人事争议仲裁制度是具有中国特色的一种权益救济制度,在我国起步较晚,它是随着社会经济的发展和人事制度改革的深化由人才流动争议仲裁发展演变而来。作为一种制度化的人事争议解决方式,人事争议仲裁的初衷是处理事业单位人员聘用中的争议问题,其产生标志就是 1997 年人事部《人事争议处理暂行规定》的出台和最高人民法院《关于人民法院审理事业单位人事争议案件若干问题的规定》(法释〔2003〕13 号)的发布。法释〔2003〕13 号的发布实现了人事争议仲裁制度与司法制度的接轨,解决了长期困扰社会的仲裁执行难和仲裁机构当被告问题,为人事争议仲裁工作的开展创造了有利条件。从制度上讲,这项司法解释解决了人事争议仲裁制度的司法保障问题,标志着人事争议仲裁制度体系基本健全,为以后人事争议仲裁制度立法打下了基础。

4. 诉讼

在人事争议仲裁制度的初始阶段,由于实行一裁终局,当事人对仲裁决定不服无法进入诉讼程序。为此,2003 年 8 月 27 日,最高人民法院公布了《最高人民法院关于人民法院审理事业单位人事争议案件若干问题的规定》(法释〔2003〕13 号),确立了先裁后审的解决机制,并对裁决的执行提供了司法保障。这个规定的公布施行是我国人事争议处理制度建设的重大突破,标志着人事争议诉讼制度的建立和人事争议处理制度体系的基本形成。人事争议诉讼制度是人事权益救济的最终保障,法释〔2003〕13 号明确了人民法院受理人事争议案件的范围、人事争议仲裁与诉讼的法律关系、人事争议诉讼的时效、仲裁裁决的强制执行等问题,为保持人民法院处理人事争议案件提供了依据。人事争议诉讼制度逐步确立。

二、人事争议处理原则

无论采用何种途径解决人事争议,争议处理机构处理人事争议案件时都必须遵循合法、公正、及时处理原则和着重调解的原则。《人事争议处理规定》第五条规定:"处理人事争议,应当注重调解,遵循合法、公正、及时的原则,以事实为依据,以法律为准绳。"

（一）合法、公正、及时处理原则

所谓"合法",是指人事争议处理机构在调解、仲裁过程中坚持以事实为根据,以法律为准绳,依法处理人事争议案件。也就是说,调解、仲裁的程序、方法和内容都不得违反法律,不得损害国家、集体和他人的权益。需要注意的是,这里"合法"一词所指的"法"是一个广义的概念,既包括实体法,也包括处理人事争议的程序法,还包括相关的人事政策文件、依法签订的聘用合同以及依法制定并经职工代表大会或者职工大会讨论通过的单位内部规章制度等,也可以作为处理人事争议案件的参考依据。与诉讼程序不同的是,由于调解、仲裁自身的灵活性,只要不违反法律规定,调解、仲裁可以依据政策文件、道德观念等促使当事人达成调解协议或者作出仲裁裁决。

所谓"公正",是指在处理人事争议的过程中,调解、仲裁、司法机构能够公平正义、不偏不倚,保证争议当事人处于平等的法律地位,具有平等的权利和义务,并对人们之间权利或利益关系进行合理的分配。坚持公正原则是正确处理人事争议的基本前提。由于劳动者和用人单位存在着隶属关系,在现实人事关系中,劳动者应当服从用人单位的管理和指挥,劳动者相对于用人单位处于弱势地位。人事争议处理机构一定要坚持公正原则,防止把这种不对等关系带到人事争议处理程序中,确保劳动者和用人单位在人事争议解决程序中处于平等地位,任何一方都没有超越另一方的特权。追求这样一种让当事人满意的"公平",就是追求人事争议处理的裁判标准公正、程序公正和结果公正。因此,必然要求严格地适用实体法,依照程序法的规定,准确地认定证据和发现客观事实、综合考虑和平衡当事人的各种权益等。

所谓"及时",是指遵循人事争议处理法律法规规定的期限,尽可能快速、高效地处理和解决人事争议。人事争议与其他争议的一个重要区别就是,人事争议与劳动者的生活、工作密切相关,一旦发生争议,不仅影响工作的正常进行,而且直接影响劳动者及其家人的生活,甚至影响社会的稳定。因此对当事人之间的争议必须及时处理,及时保护权利受侵害一方的合法权益,以协调人事关系,维护社会和生产的正常秩序。人事争议一旦发生,当事人应及时申请处理,调解委员会和仲裁委员会应及时处理,对于处理结果当事人应及时执行。对调解、仲裁不服的,也应及时提起诉讼,寻求救济。

需要注意的是，及时原则要求在法定期限或者合理期限内解决人事争议，要求参与人事争议处理的各方积极配合，反对拖延、耽误；另外，及时原则要求保证当事人充分行使其程序权利，保证劳动争议案件的处理质量，反对草率、一味求快。

合法、公正、及时可以说都是普适性的法律原则。任何争议案件的解决都必须同时遵循合法原则、公正原则和及时原则，它们虽然各自代表着不同的价值追求，但是在处理争议案件的过程中又是有机统一、相辅相成的整体，最终目的都是为了维护当事人的合法权益。

（二）着重调解原则

在处理人事争议过程中，应当注重调解方式解决争议，不仅基层调解机构应当促使双方当事人达成调解协议，而且仲裁机构在裁决前、审判机构在判决前，对于适用于调解的人事争议案件也应当先行调解，调解不成才进入下面的程序。重视调解，并采取措施充分发挥调解在解决劳资纠纷中的作用，把调解确立为审理劳资纠纷案件的重要程序制度。

调解是指在第三人的主持下，依法劝说争议双方进行协商，在互谅互让的基础上达成协议，从而消除矛盾的一种方法。人事争议属于人民内部矛盾，劳动者与用人单位不存在对立的不可调和的矛盾，经过说服教育和协商对话就有可能及时解决纠纷，化解矛盾，而且由于调解气氛平缓、方式温和、易于被双方接受，成为解决人事争议的重要手段。《劳动法》第七十七条规定："用人单位与劳动者发生争议，当事人可以依法申请调解、仲裁、提起诉讼，也可以协商解决。调解原则适用于仲裁和诉讼程序。"由此可见，着重调解原则包含两方面的内容：一是调解作为解决人事争议的基本手段贯穿于人事争议的全过程。即使进入仲裁和诉讼程序后，人事争议仲裁委员会和人民法院在处理人事争议时，仍必须先进行调解，调解不成的，才能作出裁决和判决；二是调解必须遵循自愿原则，在双方当事人自愿的基础上进行，不能勉强和强制，否则即使达成协议或者作出调解书也不能发生法律效力。

随着当前市场经济的发展，人事争议数量持续上升、快速增长，调解作为一种便捷途径对于解决人事争议的作用越来越大，而且，日益凸显出其他争议解决方法所没有的优越性：第一，人事争议通过调解解决，不仅可节省争议双方在人力、财力上的支出，同时也能够大大减轻人事争议仲裁机构和人民法院的工作压力，从而起到节约仲裁资源和诉讼资源、最大限度地减少社会成本的作用。第二，调解是解决人事争议的第一步。事业单位内部人事争议调解委员会等调解组织如果能够在第一步就把问题解决好,那么大量的人事争议就能够在基层被消化、处理。这样就可以在节约成本的同时,避免矛盾进一步扩大,大大减少人事争议带来的负面影响。第三,调解解决争议的方式是民主协商,相互不伤和气,这种氛围下争议双方不仅容易达成一致,而且所达成的调解协议也更容易让当事人遵守和履行。单位和劳动者在互谅互让中增进了解、消除隔阂,有利于维护人事关系的和谐稳定。

第三章 外国公务员人事争议
处理机制比较

我国《公务员法》于 2005 年颁布施行后,迄今仅有五年。我国虽然正步入法治轨道,但仍处于探索阶段。有关公务员人事争议的范围、救济方式和程序等具体制度的设计仍有待进一步研究。"他山之石,可以攻玉",除了逐步在实践中不断积累经验以外,参考借鉴国外先进法治国家的做法,考虑我国国情后适度引进并加以改造,以引导或加速我国公务员人事争议解决机制之发展走向,诚属不可或缺。本章从公务员受保护的权利类型,争议解决组织、方式及程序等角度,探析英国、美国、加拿大、德国、法国与日本等国公务员人事争议解决方式的特点,以作为解决我国问题之参考。

第一节 英国、美国、法国、德国、日本人事争议处理机制

一、英国

现代行政法上的国家公务员制度首创于 19 世纪的英国,而后又为其他国家所效仿。所以,英国被称为国家公务员制度的发源地。英国学者比较一致地认为,公务员的概念难以有一个简单、普适的定义,而公务员作为一个整体也没有特别的法律地位。因为英国是一个君主立宪国,英王在公法体系中的烙印总是挥之不去。拿公务员范围的界定来说,一个不容回避的概念是英王臣仆(或英王公仆)(Crown Service)。几乎所有的英国公职人员都可归于英王臣仆的名下,包括首相、大臣、武装人员、公务员、法官乃至牧师。英国学者正是在英王臣仆相区别的意义上,界定公务员的范围的。其法律标准是,公务员应当在英王的非军事部门中就职,也就是说,必须存在雇主与雇员之间的法律上的雇佣关系。① 所有的国王臣仆都受雇于国王,而

---

① 参见张越编著:《英国行政法》,中国政法大学出版社 2004 年版,第 442 页。

不是受雇于其上级。无论谁聘用公务员以实施某种行为,聘用该公务员的人也不过是国王的代理人而已,而该公务员签订的雇佣合同是他本人作为一名雇员直接与英王签订的。因此,任何寻求救济的企图都是针对国王本人的。[①] 也就是说,作为一名公务员并没有任何合同上的权利来对抗其所在部门、他的部长或者任何比他级别更高的官员。国王的特权正是在公务员系统内建立纪律约束机制的依据所在。由此产生的问题是,如果这些特权依然存在,那么是否会出现公务员的权利得不到维护的情况呢?结论显然是否定的。虽然从法律角度看,英国的公务员制度是落后的,实际上却远非如此。韦德爵士认为,与其批评公务员在法律上缺乏保障,还不如抱怨他们在实际上得到了过分的保护。

在绝大多数其他民主法治国家,国家雇员的法律地位和权利构成了行政法的重要分支,公务员的身份导致了法院必须解决许多的问题,只是有些国家是普通法院,而另一些是特别的行政法院。但是在英国,情况则完全不同。尽管公务员的数量也十分庞大而且非常重要,但主要是由历史上形成的众多在法律上看来不甚规范的和解方案来安排和调整的。虽然近年来这种情景已经发生显著的变化,现代的英国公务员更多地要受普通劳动法的影响。但总体来看,英国公务员的争议解决机制保持了不成文法的弹性,由文官枢密院令规定大原则,其他详细事项则授权文官管理规则订定。其次,为了适应政府改革计划的时代需求,对公务员管理法令大幅松绑,将其下放至各部门首长或准自主行政机构首长,由其弹性决定所属员工之任用资格、职级、俸给与工作条件。而各机关(构)首长在决定上述事项时,多采用与其员工协商方式为之,因此公务员的人事权益反而因上述协商之参与,使其意见能获得充分沟通,权益得到更大保障。英国公务人员除就个人所受不利处分有本人及其工会代表之事前参与外,对于一般管理措施之原则事项,公务人员工会亦有事前参与之机会,其体系之完备,值得我国改善公务员争议解决机制借鉴。

(一)保护范围

1. 保护对象

英国的公务员法(即文官法典 Civil Service Code,CSC)依 1995 年文官枢密院令(Civil Service Order in Council 1995,CSOC1995)规定发布,文官

---

① William Wade & Christopher Forsyth, *Administrative Law*, 8th, edn, 2000, Oxford University Press, p. 68.

法典及依该法典所订定之文官管理规则（Civil Service Management Code, CSMC）所保护的对象为国内所有文官（Home Civil Service）。所谓文官，是指服务于公共部门，执行公共任务的人员，至于哪些机关属于公共部门，则由文官部长（Minister for the Civil Service）依文官枢密院令的立法目的随时加以界定和调整。

2. 受保护权利

（1）政治权利。公务员可以自由从事政治活动，但在"禁止政治活动类"（politically restricted category）及"自由政治活动类"（politically free category）范畴之外之公务员，则须有其所属机关首长的许可，才能参与政治活动，且须遵循行政机关的有关规定。公务员如辞职参加竞选未获当选，而于当选公告一周内提出再任申请者或辞职参加竞选已获当选，并担任议员（Member）后，于离开公务员职位五年内停止担任议员并于三个月内请求再任的，其所属机关应许其再任。

（2）职务权利。具体而言，包括：公务员因公涉讼时，其所属机关应提供诉讼代理人及必要法律协助，所属机关如拒绝该项请求时，公务员可以向机关所属部门提出申诉；公务员受刑事调查或处于惩处程序进行中时，其所属机关可以将其停职但必须给予基本工资的全部或部分；公务员因工作效率受免职处分时，机关必须决定是否给予补偿金（compensation）及给予之数额。公务员有权对不给予补偿金决定及补偿金数额向文官申诉委员会提出申诉。

（3）程序权利。机关应建立申诉管道并保证公务员不因提出申诉而受不利处分。公务员不服机关管理措施，可以提出申诉。各部门及各执行机构应告知其所属人员此项申诉权利，并对该项申诉作适当安排与规范。这些申诉具体包括：

个人苦情（personal grievance）申诉。公务员在职务上遭受委曲时，可就机关管理措施提出申诉，行政机关处理此类申诉的人员，必须较原管理措施之作成官员高一层级。

依据文官法典的申诉（Appeals under the Civil Service Code）。依文官法典第十二章第一节第六项规定，公务员认为被要求从事不合法、不适当或不符合伦理准则、破坏宪政传统或专业准则、可能陷于不当恶政或与文官管理法典不符之其他情事者，应依其所属机关制定的程序提出报告。各部门及各执行机构应建立明确途径以处理此类申诉，如公务员确信所属机关的处理不合理时，可以书面向文官委员会（Civil Service Commissioners）提出报告,由文官委员会来判定机关的处理是否合理。

针对处罚决定(disciplinary action)申诉。公务员遭受文官管理法典第四章第五节第十三项所作之处罚时,必须赋予其提出申诉之机会。

各机关不准其所属公务员参加政治活动时,应给予该公务员向文官申诉委员会(Civil Service Appeal Board,CSAB)提出申诉之机会。

克扣养老金(forfeiture of superannuation)申诉。公务员领取养老金被扣留时,可以向文官申诉委员会提出申诉。

免职与提早退休(dismissal and early retirement)申诉。公务员如遭受免职与提早退休处分,可向文官申诉委员会提出申诉。

不胜任职务和补偿申诉(inefficiency dismissals and compensation)。公务员如因不胜任现职业被免职,有权向文官申诉委员会提出申诉,并且可以针对各部门或各执行机构所作有关补偿决定向文官申诉委员会提出申诉。

(4)集体劳动权。包括:团结权、团体协商权与团体争议权。团结权指公务人员可自由加入工会。公务员可以自由参与工会之活动,无须事先征求所属机关同意,也可以以工会代表之立场对政府政策自由发表评论。团体协商权是自1997年4月1日起,在文官法典规定规则范围内,内阁的监督下,各部门首长及执行机构主管可裁量决定其部属之晋升条件、待遇、职级及工作条件。团体争议权指法律并无明文禁止公务员罢工的规定,公务员如为本身待遇及工作条件进行罢工,政府机关多不采取惩处措施。

(二)处理机构

1. 文官委员会(Civil Service Commissioners,CSC)

文官委员会由九名委员(commissioners)组成,委员由皇室(Crown under the Royal Prerogative)直接任命,独立于各部门之外行使职权,任期三年,可以连任一届。文官委员会的职权是监督各部门公务员的选任切实符合功绩制及公平、公开竞争原则,以及依此项职权就公务员的选任、雇用制定有关规则,并拥有规则解释权。其次,关于公务员因违反文官法典有关行为(propriety and conscience)规定被处罚的,可以向文官委员会申诉,文官委员会就此类案件审理并作成裁决。

2. 文官申诉委员会(Civil Service Appeal Board,CSAB)

文官申诉委员会是独立于各部门之外的机关,由主任委员一人、副主任委员两人、官方代表一人、公务员工会代表一人组成。负责审理并裁决公务员有关参与政治活动之否决、退职、年金的丧失、免职及先期退休(early retirement)及基于工作无效率的免职,而未获得补偿金的给付或虽获得给付但对其数额有所争执等情形的申诉程序。

3. 惠特利（Whithly）委员会

惠特利委员会得名于 1917 年的惠特利委员会（The Whitley Committee）①报告，分全国委员会、各部门委员会及地方委员会等三级，各由官方代表及工会代表组成。全国协议会官方代表由政府就主要部门之常任次长、财政部及内阁之高级职员任命，工会代表则由国家公务员工会评议会（Council of Civil Service Union）依各种工会人数比例选出。惠特利协会参与有关公务员的工作条件（如任用、工作时间、升迁、惩处、年资、俸给、退职年金）一般原则之决定、职员的继续教育及高度行政、组织研习奖励、事务机构及组织改善，职员就此事项提出建议时应给予充分讨论机会及对于公务人员雇用地位有影响的法律提案的审议。惠特利委员会制度的优点在于它的灵活性，能为政府和公务员提供一个非正式的协商机构。

4. 文官仲裁法庭（Civil Service Arbitration Tribunal，CSAT）

文官仲裁法庭由三名法官组成，审判长依全国惠特利协议会之协议由文官首长（Minister for the Civil Service）任命；其他两名法官，则由财政部代表之官方选任法官名单，以及全国惠特利协议会为代表之工会选任法官名单中，由文官首长从中各选取一名。文官仲裁法庭管辖有关报酬水平、工作时间及休假等服务待遇方面一般事项之仲裁，但不受理涉及个别公务人员的具体案件。

（三）处理程序

1. 公务员禁止政治活动处分申诉程序

（1）公务员不服本机关依申诉程序所作决定时，可以在八个星期内，向文官申诉委员会提出再申诉。文官申诉委员会经书面审查或者直接言词审理，认为无理由者，予以驳回；有理由者，向原处分机关提出建议。

（2）原处分机关如不接受建议，提报该机关所属部门首长作最后决定，并通知文官申诉委员会及再申诉人。

---

① 第一次世界大战期间，英国政府为了处理劳资争端，任命以惠特利为首的委员会进行调查研究和提出建议。1918 年，委员会建议在各工业系统中成立由劳资双方代表参加的联合委员会，谋求劳资争议的和平解决，一般称这样的委员会为惠特利委员会。1919 年惠特利委员会制度扩大，适用于公务员。目前，惠特利委员会在英国工业界并未广泛采用，而在公务员管理上却普遍流行。参见王名扬著：《英国行政法》，中国政法大学出版社 1997 年版，第 46 页。

2.公务员免职、提早退休处分申诉程序

(1)公务员自接到处分之日起三个月内,可以以书面方式向文官申诉委员会提出申诉,文官申诉委员会应通知有关机关于二十一日内答辩,经过听证后作出决定,有理由者,建议处分机关予申诉人回复原职、再任或给予补偿金等适当处理方法。

(2)文官申诉委员会经过听证后认为无理由者,予以驳回,并通知机关及申诉人。申诉人可以在两个星期内,向所属部门首长提出请求并表明其具体意见和理由,并由该部门首长作最后决定。

3.公务员补偿金不支付处分申诉程序

(1)公务员受补偿金不支付处分时,可以在二十一日内向文官申诉委员会提出申诉,经听证后认为无理由者,予以驳回;有理由者,决定支付相应补偿金额。

(2)原处分机关须依国家公务员基本年金制度的规定,支付申诉人该文官申诉委员会所定数额的补偿金。

4.公务员退休金丧失处分申诉程序

(1)公务员可以向所属机关所属部门长官任命组成的独立委员会提出申诉,独立委员会认为无理由的,决定予以驳回;认为有理由的,撤销相应处理决定。

(2)公务员不服独立委员会所作出的决定时,可以在八个星期内,向文官申诉委员会提出再申诉,文官申诉委员会应审理并作出决定,认为无理由者,予以驳回;有理由者,则予以撤销。内阁必须接受文官申诉委员会的裁决。

5.公务人员受到侵犯其权益的管理措施后的申诉程序

(1)公务人员可以选择是否直接向文官委员会提出申诉,或者向原管理措施作成机关的上一级行政机关提出申诉。

(2)公务人员不服申诉函复时可以以书面形式向文官委员会提出再申诉。

6.公务人员集体协商程序

经过惠特利协议会进行协商,公务人员与机关无法合意时,将报酬水准、工作时间、休假等事项,交付文官仲裁法庭仲裁。对于其他事项,则依机关管理部门决定。

(四)普通法上的救济

有权利必有救济,对于这一英国式的法治格言,英国的公务员制度也许要算一个例外。但我们讨论公务员权利保障的着眼点,不应是法律规定的公务员争议解决机制是什么,而是公务员的人事权益受到威胁时其所能寻求的救济的程度。尽管传统上认为公务员是基于国王特权而任命的,应该在制定法上多规定公务员通过内部程序对不公正的处分进行申诉。但是近年来,法院越来越倾向于认为公务员也可以得到雇佣合同条款的强制力的保护。于是,国王作为最大的雇主,也要承担普通的民事雇主所应承担的责任,从而取消了国王在公务员雇佣领域中存在的特权。

在相当长的一段时间里,英国司法界不愿意就公务员的雇佣合同作出针对国王的哪怕是仅仅关于金钱给付的判决,这一态度在 1943 年的一个判决中达到了极致:国王雇佣的人甚至没有追讨欠薪的合同法上的权利。① 类似这样的判决,如同在关于解雇的案件中的判决一样,英国法院似乎下定了决心要将过往臣仆中的合同因素减少到近乎于无的程度,从而得出根本就不是合同的结论。② 但是现在这种观点已经不再正确了。虽然枢密院早在1895 年、1934 年即暗示,不适当地解雇公务员也可获得合同法上的救济,但在此后很久之后的 1970 年,枢密院才认定斯里兰卡的法律允许公务员为增加工资而起诉英王。在英国本土,直到 1988 年,法院才认为英王与公务员之间的雇佣合同在宪法上并没有限制。态度更为积极的则是在随后的 1992 年的一个判例中,法院认定无论如何,公务员与英王之间有雇佣合同。③

尽管如此,由于法院仍然清晰地表明,公务员仍可能被随意地解雇,因此,普通法上的救济手段除了赋予公务员就欠薪提起诉讼的权利以外,并没有赋予其更多的权利。

(五)小结

总体来看,英国的公务员人事争议解决机制具有以下特色。

---

① 一位印度(当时印度尚未独立)公务员未能根据分居令的要求向他的妻子支付分居期间的赡养费,其妻子遂希望通过扣押令代位取得其应得的欠薪。但是只有法律上应当取得的债权才可以代为取得,而国王一方所持的观点是,由于原告之夫不能就支付欠薪起诉,这在当时的法律上还不是其应当得到的救济,因此作为与其夫有债务关系的债权人,妻子也不能代位取得此款项。

② William Wade & Christopher Forsyth. *Administrative Law*, 8th. Oxford University Press,2000,p. 70.

③ 张越编著:《英国行政法》,中国政法大学出版社 2004 年版,第 460 页。

1. 保持不成文法的弹性

枢密院令规定大原则，其他详细事项则授权具体公务员管理规则订定；而各机关首长在决定上述事项时，多采用与其员工协商方式为之，因此公务员的人事权益并不因政府推行各种改革计划而受侵害，反而因上述协商参与方式，使其意见能获得充分沟通，权益得到更大保障。

2. 通过正当程序解决争议

公务员除就个人所受不利处分由本人及其工会代表的事前参与（行政处分程序中）外，对于一般管理措施的原则事项，公务员工会也有事前参与的机会。通过事前参与，使得各方充分沟通，将争议消除在处分作出过程中。英国政府注重各项决策与措施的事先民主参与，提高决定接受度，防患于未然。公务员因禁止参与政治活动遭受处分、免职、提早退休处分、补偿金不支付处分、退休金丧失处分、受侵犯其权益的管理措施及公务人员集体协商程序等，均定有事后权益救济的申诉程序。

3. 多元行政保障途径

公务员人事权益的保障由四个主管公务员权益保障的组织实施，即文官委员会、文官申诉委员会、惠特利委员会及文官仲裁法庭分别掌管。文官委员会负责监督各部门公务员的选任符合功绩制及公平、公正、公开竞争原则；文官申诉委员会负责审理并裁决公务员有关参与政治活动的否准、退职年金之丧失、免职及提早退休等的申诉；惠特利委员会负责参与工作条件一般原则的决定、事务机构及组织之改善及对于公务员雇用地位有影响之法律提案之检讨；文官仲裁法庭掌管俸给、工作时间及休假等一般事项的仲裁，而不及于个别公务员具体事件。

除薪金、工作时间及休假等集体争议事项最后可以交付文官仲裁法庭仲裁外，其他所有救济程序均仅限于行政系统内部。虽设有文官委员会、文官申诉委员会等准司法机关作为公务员申诉救济的审理机关，但最后并无向司法机关请求救济的权利。

另外，值得一提的是，英国并没有《公务员法》。工党政府1997年上台后，大规模的公务员体制改革得以继续并进入了更广阔的空间。在1999年发布的《现代政府》白皮书中，工党政府宣布，要明确常务次长及部门的行政领导在推进政府现代化进程方面所应承担的业绩目标，以确保核心目标的实现。该白皮书还指出，目前不仅要在公共服务领域强调公正、客观、正直等价值取向，也需要更强的创造性、大胆思考和合作精神。这些发展强化了对于一部新的《公务员法》的呼声，以取代目前通过国王特权的理论体系和惯例规范公务员的做法。但正如学者张越说的那样,基于王权制度在英国宪政体制中的地位,通过一部公务员法要将其纳入到制定法的统辖之下,其难度可想而知(见表 3-1)。

表 3-1　英国公务员人事争议解决机制

事　项	管辖机关	保障对象
政治活动之禁止、免职、提早退休	CSAB(但部会首长有最后决定权)	一般公务员
补偿金不支付	CSAB	非基于效率不佳理由受免职处分之公务员除外
退休金丧失	CSAB	一般公务员
侵犯公务员权益的管理措施	CSC	一般公务员
集体协商(有关俸给、工作时间及休假事项)	惠特利(Whithly)委员会 CSAT 仲裁	一般公务员
集体协商(其他事项)	惠特利委员会协商无合意时,由管理部门最后决定	一般公务员

　　注:Civil Service Arbitration Tribunal, CSAT, 文官仲裁法院;Civil Service Appeal Board, CSAB, 文官申诉委员会;Civil Service Commissioners, CSC, 文官委员会

二、美国

　　相对于大陆法系国家的特别权力关系理论,美国以往对于公务员与国家之间的权利义务关系也发展出一套所谓的"特权理论"(the privilege doctrine)。作为支持宪法保障一般人民基本人权的规定之所以不适用于公务员的理论,这种现象一直持续到 20 世纪 60 年代,最高法院于 1960—1970 年针对一连串的案件都否定了"特权理论",因此也肯定了公务员人事权益应受保障。

　　美国宪法于第五修正案以及第十四修正案都宣示了非经正当法律程序,不得剥夺人民的生命、自由或财产。正当法律程序(due process of law)的要求已经成为美国基本人权保障制度的特色,并且一直冲击公务员权益保障的思维。在 1972 年的一个案件中,美国法院不仅创设了一个观念认为公务员的工作应属于公务员的财产权益,更进一步说明不得未经宪法上正当法律程序而加以剥夺。

　　美国现阶段的文官制度系实行所谓的"功绩制",具体来说,对于文官的选用及管理所依循的标准是"功绩"(merit),亦即取决于个人的能力及成就,

而非政治立场、党派、种族、宗教、性别、肤色、年龄等个人能力或成就以外之因素。为确保功绩制有效施行，因此赋予行政机关可以基于公务员管理制度，单方面依法对于公务员进行不利处分，从而对公务员的权益造成影响。美国是非常重视人民权利保障的国家，在有关个人人权保护方面处于世界先进地位，这同样体现在公务员人事权益的保护上。其不仅在处理程序方面强调宪法所强调之正当法律程序，更于组织上特设独立的主管机关——功绩制保护委员会（Merit System Protection Board）。因此，将美国的公务员争议解决机制作一详细的介绍与分析，具有相当的比较和参考价值。

（一）保护范围

美国的公务员争议解决机制主要保护公务员的以下权利。

1. 宪法权利

（1）禁止不平等待遇，不因政治、种族、肤色、宗教、祖籍、性别、婚姻状况、年龄或残障等因素，对公务员或公职应征者予以不平等待遇，并应尊重其隐私权及宪法权利。

（2）免于恣意处分或政治迫害，公务员享有一定保障以免于恣意处分、个人好恶或政治迫害。

（3）保护依法揭发政府弊端。公务员有合理可信的证据，依法揭发政府违法、管理失当、浪费公物、滥用职权或对公众健康安全造成重大危害的行为时，应保护其不受报复。

2. 侵犯公务员权益的人事处分的救济

美国公务员的管理，采取"考评"与"惩处"双轨并行的制度。而"惩处"又因为作出的机关不同以及理由不同，进一步区分为"惩处"制度和"惩戒"制度，三者对于公务员人事权益影响的程度是不同的。但无论是"考评处分"、"惩处处分"或"惩戒处分"均设有在处分作出之前允许被处分公务员事前参与的规定。具体而言：

（1）考评处分。联邦机关依法应建立定期考核所属公务员工作绩效的制度，作为公务员训练、奖惩、调职的依据。凡被认为工作绩效没有达到职位所要求的"关键因素"（critical element），而被评为"绩效不佳"（unacceptable performance）的公务员，所属机关可以将其予以调任（reassigning）、留任（retaining）、降级（reducing in grade）或免职（removal）。其中降级及免职通说认为系侵犯公务员权益的人事处分，依规定在处分作出之前，必须让受处分的公务员有事前参与机会，包括：三十日之前书面通知拟受处分的公务员。通知书上应载明拟作出的处分内容、工作表现不佳的具体事实以及担任现职所应具备之"关键因素"(critical elements)。必须给予拟受处分的公务员合理期间以准备口头或书面答辩,且该公务员可以聘请律师或其他代理人参与处分的作出。行政机关应当在通知期限届满之日起三十日内以书面作成处分,处分书内应载明处分的具体内容、表现不佳的事实和证据、拟作处分之长官的上级长官的同意。拟受处分之公务员如果在先期通知的期限内,工作表现有所改进者,不得仍然给予降级或免职。公务员在接受通知之日起一年内仍维持良好工作表现者,先前表现不佳的记录应自机关档案中删除。

不利考绩处分作成后,该公务员如有不服,可选择向功绩制维护委员会(MSPB)提起复审或利用工会组织通过苦情申诉程序(grievance procedure)寻求救济。

(2)惩处处分。根据文官改革法第7503条及第7513条的规定,行政机关可以依职权自主性的以"为促进服务效率之事由"依法对公务员作出不利益处分。"惩处处分"可以再被细分为"轻微处分"和"严重处分"。其中"严重处分"可以分为五种处分,即:免职(removal)、十四日以上的停职(a suspension for more than 14 days)、降级(a reduction in grade)、减薪(a reduction in pay)、三十日以下的休职(a furlough of 30 days or less)等。至于"轻微处分",则只有一种处分方式,即"十四日以下的停职"(a suspension for 14 days or less)。"惩处处分"适用的对象依据文官改革法第7501条及第7511条的规定,适用"轻微处分"的公务员和适用"严重处分"的公务员的范围有所不同。大体上来说,适用"轻微处分"的公务员范围要大于适用"严重处分"的公务员。

同时,"轻微处分"和"严重处分"的作出程序中,公务员参与程序的规定也有所区别,体现了法律的不同保护。严重处分系指联邦机关可以依据法律及人事管理局(OPM)所制定的规则(regulations),基于促进服务效率的原因,按照法定程序对所属公务员发动的不利处分。严重处分应当在至少三十日前给予拟受处分的公务员书面通知。但有正当理由足以相信该公务员有触犯刑法有期徒刑以上的犯罪的,不在通知范围之内。通知书上应载明拟予处分的具体理由。同时,必须给予受处分的公务员七日以上合理期间,用以准备口头或书面答辩。行政机关应当提供证言及其他支持答辩内容的书证。受处分的公务员可以委托律师或其他代表人作为代表参与处分程序。轻微处分程序依据该法第7503条的规定,虽然与严重处分程序大同小异,但比较简略。主要是,轻微处分程序的先期通知不受至少三十日的限制;答辩准备的合理期间只需不少于二十四小时即可;未授权机关可以制定规则举行听证,以代替或补充口头暨书面答辩,也就是说轻微处分的作出程序不需要进入听证程序。

惩处处分作出以后,受处分公务员如果不服该处分,可向"功绩制保护委员会"(MSPB)申请复审或通过工会组织按照苦情申诉程序(grievance procedure)提起救济。但轻微处分在法律上并无可以向功绩制保护委员会提请救济的规定。换句话说,在美国,行政机关可以以促进行政服务效率为由,命令公务员停职十四日以下。

(3)惩戒处分。依文官改革法第 1215 条规定,可以进行惩戒处分的事由,主要有以下三种:第一,触犯被禁止的人事措施;第二,违反法令或从事其他被该法第 1216 条规定属于特别检察官管辖范围的行为;第三,故意拒绝或不遵守功绩制保护委员会的命令。依文官改革法第五编第 1215 条第(a)项第(3)款的具体规定,功绩制保护委员会可以针对由特别检察官主动发起的惩戒行动以命令作出:①免职(removal),②降级(reduction in grade),③五年内不得再任联邦公务员(debarment from federal employment for a period not to exceed 5 years),④停职(suspension),⑤申戒(reprimand),⑥一千美元以下之罚款(an assessment of a civil penalty not to exceed ＄1000)等处分。因此,惩戒处分的种类即为这六种。

根据文官改革法第 1215 条第(a)项第(1)款的规定,当公务员发生同款第(A)、(B)、及(C)项所规定的情形时,则特别检察官必须以书面记载发动惩戒处分控诉(complain)决定,以及支持其决定的事实说明和证据,并应将书面记载移送给功绩制保护委员会且同时应送达给该拟受处分的公务员。任何被移送到功绩制保护委员会的公务员将被赋予以下之权利:合理的期间为口头或书面答辩,并提供支持其答辩的书证及其他文件;聘请律师或其他代表人进行答辩;由功绩制保护委员会指定的行政法官举行听证;取得听证记录副本;在处分生效前取得业已说明理由的书面决定,包括给予惩戒处分最终决定的复印件。

3. 公平就业权

(1)禁止就业歧视。依美国联邦法典第五编第七章第 7702 条规定,公务员或公职应征者如认为其所受行政措施有涉及法律所禁止的歧视事项的,可向功绩制保护委员会(或直接向平等就业机会委员会)提出复审,不满意功绩制保护委员会答复的,可向公平就业机会委员会请求审查功绩制保护委员会的复审决定,最后并可向联邦上诉法院请求司法审查。

(2)男女平等保护。自1964年民权法案第七章实施后,联邦政府即大力在公、私部门推展公平就业机会政策;同时更成立了独立行使职权的平等就业机会委员会,以执行公平就业联邦法律,并受理有关的申诉案件。其中与两性工作平等有关之法律计有:1963年同酬法、1964年民权法案第七章(包括1972年公平就业机会法、1978年禁止怀孕歧视法及1991年民权法案)、1967年禁止就业年龄歧视法、1973年复健法以及1990年美国残障人保护法。

4.集体劳动权

美国联邦法典第五编第七章规范的是联邦政府的劳资关系,根据其规定,联邦政府机关,除联邦调查局、中央情报局、国家安全局,一般会计事务局、田纳西河流域管理局、联邦劳资关系委员会及联邦部门僵局处理小组的受雇者以外均受该法的规范,享有集体劳动权。具体包括:

(1)参与工会、选举工会组织并受其公平代理(fair representation)的权利。美国的联邦政府雇员,有权自由筹组、参与或协助任何劳工组织,或拒绝从事任何劳工组织的活动,而禁止报复。此外,联邦政府雇员也可以充当劳工组织的代表,而向行政机关首长、行政部门及国会表达该组织所持有的观点。工会组织如在工会选举中获得多数票选,则可成为某一特定行政机关雇员的唯一谈判代表;而被授权与雇主(联邦机关)从事有关工作条件的集体谈判进行交涉。同时,它必须公平代理谈判单位内的所有公务员,而不得对未参加该工会组织的公务员有任何歧规情形;获得唯一代表资格的工会组织,即有权参与劳资双方有关苦情申诉、人事政策与措施,或其他有关工作条件的正式讨论。同时,在联邦机关从事调查活动,而公务员本身合理认为将会有受惩戒的可能时,工会组织可以在该公务员的申请下,出席参加该项调查程序,以保护该公务员的权益。如果工会组织并没有获得整个机关的唯一代表资格,但是却获得了一定数量公务员的代表身份时,则该工会组织可以被赋予咨询的权利(consultation rights),也就是联邦机关本身提议对工作条件做任何相当程度的调整变动时,应通知该工会组织,让它有合理时间就这些调整变动提出观点及建议,而联邦机关在采取最终行动时,必须考虑工会组织所提出的建议,并提出书面理由(written resons)。

(2)集体谈判权。按美国法律规定,联邦机关与雇员唯一代表的工会组织必须以诚信的态度来会面与谈判协商。所谓诚信的态度,是指劳资双方必须以真诚的决心来参与谈判磋商,借以达成集体谈判协议(团体协约),它们必须在合理时间以及合适场所,在尽量必要的情况下经常会晤,而且也要选派经充分授权的代表参与会面和谈判，通过谈判交涉任何有关工作条件的事项。

（3）苦情申诉。美国法律特别规定所有集体谈判协议均应订有一套苦情申诉程序（grievance procedure）以提供救济，而且配套有拘束力的仲裁为解决苦情申诉的最终程序。一般而言，如果引用仲裁程序，则任何一方当事人均得在仲裁人作出仲裁裁决后三十天内，向联邦劳资关系委员会提出审查；如果在三十天内未提出审查申请，则该仲裁决定即具有终局性法律效力，拘束双方当事人。如果苦情申诉涉及的事项还可以通过其他制定法上审查程序来加以处理时，则受雇公务员可以自由选择认为合适的适用程序。举例而言，如果所提出之申诉涉及违反 1964 年民权法案第十章的就业歧视争议，则申诉人可以选择适用团体协约所规定的苦情申诉程序，或该民权法案所规定的行政程序，来处理所提出的正式控诉。此外，在涉及考绩、降级、停职或免职等人事处分，均属公务员救济程序的规范对象，在这种情形下，受雇公务员也可以自由选择适用公务员救济程序或此苦情申诉程序来加以处理。

（二）处理机构

1. 人事管理局

人事管理局不属于任何部，是行政部门内部的一个独立机构，主要负责制定政策职务和行政职务，同时作为总统文官事务的代理人。人事管理局就文官管理事务的实施和监督有权制定法规。其局长和副局长由总统提名，经参议院同意后任命，局长任期四年，随时可被总统辞退。此外还有四名助理局长，由局长任命。

2. 功绩制保护委员会（Merit System Protection Board，MSPB）

1978 年改革之前，公务员管理职权和裁决人事争议的职权统一由文官事务委员会执行，广受批评。所以在 1978 年的改革中，公务员管理职权由人事管理局继承，功绩制保护委员会则继承了文官事务委员会所执行的裁决公务员管理中的争议的职权，以确保功绩制不被破坏。功绩制保护委员会是一个独立的控制机构，不受总统的控制，由三名委员组成，委员由总统提名，参议院同意后任命。三名委员不能属于同一政党，任期七年，不得连任。除不称职、玩忽职守以及违法行为外，总统不能罢免委员的职务。

委员会具有听证和裁决权，可以受理公务员对于纪律处分或其他不利的行政决定的申诉，以及其他违反公务员管理法律和法规的争议。为了执行裁决职务，委员会具有监督宣誓，发出传票的权力，可以请求地区法院强制执行它所发出的传票。委员会具有调查证据和接受证据的权力,委员会在进行裁决时,对人事管理局所制定的法规的解释,可以咨询人事管理局的意见,作为参考。

委员会发布的命令,任何行政机关和公务员必须遵守。委员会可以主动地或根据利害关系人的请求或特别律师的申诉,审查人事管理局所制定的法规是否包含要求公务员从事法律所禁止的行为,并宣告这类法规无效。[①]

3. 特别律师办公室(Office of Special Counsel,OSC)

1978 年的文官制度改革法为落实公务人员免于受到禁止人事措施的侵害,在功绩制保护委员会内部创设一个特别律师办公室,负责调查和追诉行政机关违反文官法所禁止的行为。特别律师具有调查和追诉权力,也可以起到调解人的作用。特别律师办公室虽然是功绩制保护委员会的一部分,但独立执行职务,不受功绩制保护委员会的指挥和其他人的干涉。特别律师由总统提名,经参议院同意后任命,任期五年。特别律师只有因工作不称职、玩忽职守或有不法行为时,总统方可将其免职。为了保护特别律师的独立地位,他有权任命辅助的法律职员和行政职员,有权制定法规,就其活动直接向国会提出报告。

特别律师对于违反法律和法规的公务员管理行为,有权主动地或接受告发和申请进行调查。特别律师在调查终结时必须通知申诉人,并简单说明理由。特别律师调查后,认为有理由相信已经存在或即将发生违法的公务员管理行为时,应当把他的决定连同理由和建议,向功绩制保护委员会、有关的行政机关和人事管理局提出报告,也可向总统提出报告。有关的行政机关经过一个合理的时期后,没有接受特别律师的建议采取矫正的措施时,特别律师可以要求功绩制保护委员会考虑这个案件。功绩制保护委员会应举行听证,有关的行政机关、有关的公务员和人事管理局可以提出口头的和书面的意见。特别律师有权参加功绩制保护委员会的听证程序,功绩制保护委员会考虑各方面的意见以后,有权作出决定,包括纪律处分的决定在内,命令有关的行政机关或行政人员遵守,有关的行政机关或行政人员不服决定时,可以申请司法审查。特别律师对于功绩制保护委员会的决定无权请求司法审查。[②]

---

① 参见王名扬著:《美国行政法》,中国政法大学出版社 1995 年版,第 210 页。

② 参见王名扬著:《美国行政法》,中国政法大学出版社 1995 年版,第 210—212 页。

4.联邦劳动关系委员会(Federal Labor Relations Authority,FLRA)

联邦劳动关系委员会是一个独立的机构,负责管理行政机关与公务员之间的劳动关系。联邦劳动关系委员会由三名委员组成,由总统提名经参议院同意后任命,不能有两名以上的委员属于同一政党。委员任期五年,除因不称职、玩忽职守和违法行为外,不能免职。联邦劳动关系委员会的主要职责是贯彻执行劳动和管理关系法,完成法律的目的。具体的职权有:决定进行集体谈判的合格单位;监督行政机关职员工会代表的选举;裁决对不公正的劳动行为的申诉;解决集体谈判中的纠纷;受理不服管理和劳动关系中仲裁决定的申诉。为了执行职务,联邦劳动关系委员会有权举行听证,发出传票,发出禁止令,制定法规,设立区域机构,任命行政法官。

联邦劳动关系委员会还设有检察长(General Counsel),由总统提名经参议院同意后任命,任期五年,总统可以随时撤免其职务。他的责任是调查对行政机关或职员工会不公正劳动行为的申诉,决定是否向联邦劳动关系委员会提起追诉,并负责执行追诉。同时,亦设有联邦谈判僵局小组(Federal Service Impasses Panel,FSIP),有主席一人,成员至少六人,由总统任命,负责解决行政机关与所属职员之间的谈判僵局。

5.平等就业机会委员会(Equal Employment Opportunity Commission,EEOC)

平等就业机会委员会是依据1964年人权法(Civil Rights Act of 1964),于1965年7月2日设立的。共有五位委员,由总统提名经参议院同意后任命,任期五年,采取任期交错制。并由总统各指定一人,担任主席及副主席;主席负责管理委员会内部行政事务。此外,委员会也设有检察长(General Counsel)一人,由总统提名经参议院同意后任命,任期四年。委员会除总部外,在美国全国各地分设五十个地区办公室。

平等就业机会委员会的主要职责是确保有关禁止就业歧视的联邦法律的实施。为实现这一目的,委员会委员可以决定如何促进公平就业的政策,制定相关的法规及准则并对法规进行解释以利执行。同时,委员会负责推动联邦机构的各项反就业歧视计划,对各州及各地方政府的公平就业执行机构提供资助或者进行必要的援助,并主导整体性或技术性的协助计划。

委员若发现有歧视的情况出现,可对实施歧视的机关和有关人员提出控诉,要求其在合理期限内解决;若双方和解不成时,由平等就业机会委员会发给受歧视人书面证明,其可以据此向法院提出诉讼。

公务员如果认为联邦机构构成歧视时,可以向该行政机关提出申诉,并可以就与行政机关的争议向 EEOC 咨商人员（Counselor）进行咨商，或者通过该行政机关设立的替代性争议解决程序（Alternative Dispute Resolution ADR）进行调处。两种程序选择其一处理其申诉。如果未能得到满意结果，则该公务员可以继续向该行政机关申诉，该机构必须进行必要的调查；经调查，若发现申诉标的属于功绩制保护委员会管辖范围的（主要是指混合案件），则移请功绩制保护委员会审理；至于其他案件则该机关必须作出处理决定，申诉人不满意该机关决定时，可以向平等就业机会委员会提出再申诉，由委员会的行政法官进行听证后，认为再申诉有理由的，由委员会发执行命令强制行政机关作出适当的救济措施。

（三）处理程序

美国联邦公务员对侵犯其权益的人事处分的救济，除行政救济程序外，最后均可向司法机关请求保护。同时，美国法律中又明文规定团体协议的内容必须包含公务员的苦情处理程序（grievance procedure），且该程序必须符合法律所揭示之公平、正义等原则。因此，公务员除了行政机关救济程序和司法救济程序外，还可以通过工会依据团体协议的苦情处理程序与行政机关进行协商，呈现一种多元化的人事争议处理程序体系。具体如下所述。

1. 作出侵犯公务员权益的人事处分的程序保障及其救济

（1）考评处分。联邦机关应依法建立定期考核所属公务人员工作绩效的机制，并作为培训、奖惩、晋升的依据。凡被认为工作绩效未能达到该职位所必需的条件，而被评为不称职的公务员，行政机关可以予以调任、留任、降级或免职。其中降级及免职通说认为属于侵犯公务员权益的人事处分，按法律规定在作出处分之前，必须让受处分的公务人员有事前参与机会。具体而言，应当提前三十天书面通知拟受处分的公务员，并给予合理的期间准备口头和书面答辩，被处分的公务员可以委托律师或其他代表人代为参加行政程序，等等。对公务员不利的考评处分作出以后，公务员如果不服处分，可以向功绩制保护委员会提起复审或由工会组织按照苦情申诉程序寻求救济。

（2）惩处处分。如前所述，惩处处分分为"轻微处分"和"严重处分"。"轻微处分"和"严重处分"的作出程序中，公务员参与程序的规定也有所区别，体现了法律的不同保护。严重处分系指联邦机关可以依据法律及人事管理局（OPM）所制定的规则（regulations），基于促进服务效率的原因，按照法定程序对所属公务员发动的不利益处分。严重处分应当在至少三十日前给予拟受处分的公务员书面通知。但有正当理由足以相信该公务员有触犯刑法有期徒刑以上犯罪的,不在通知范围之内。通知书上应载明拟予处分的具体理由。同时,必须给予受处分的公务员七日以上合理期间,用以准备口头或书面答辩。行政机关应当提供证言及其他支持答辩内容的书证。受处分的公务员可以委托律师或其他代表人作为代表参与处分程序。轻微处分程序依据该法第7503条的规定,虽然与严重处分程序大同小异,但比较简略。主要是,轻微处分程序的先期通知不受至少三十日的限制;答辩准备的合理期间只需不少于二十四小时即可;未授权机关可以制定规则举行听证,以代替或补充口头及书面答辩,也就是说轻微处分的作出程序不需要进入听证程序。惩处处分作出以后,受处分公务员如果不服该处分,可向"功绩制保护委员会"(MSPB)申请复审或通过工会组织按照苦情申诉程序(grievance procedure)提起救济。但轻微处分在法律上并无可以向功绩制保护委员会提请救济的规定。

(3)惩戒处分

根据文官改革法第1215条第(a)项第(1)款的规定,当公务员发生同款第(A)、(B)、及(C)项所规定的情形时,则特别检察官必须以书面记载发动惩戒处分控诉(complain)决定,以及支持其决定的事实说明和证据,并应将书面记载移送给功绩制保护委员会且同时应送达给该拟受处分的公务员。任何被移送到功绩制保护委员会的公务员将被赋予以下权利:合理的期间为口头或书面答辩,并得提供支持其答辩的书证及其他文件;聘请律师或其他代表人进行答辩;由功绩制保护委员会指定的行政法官举行听证;取得听证记录副本;在处分生效前取得业已说明理由的书面决定,包括给予惩戒处分最终决定的复印件。对于功绩制保护委员会的惩戒命令不得提起行政救济,但可以按照美国法典第7703条的规定,对该惩戒命令向联邦法院提请司法审查。

2.法律禁止的人事措施之救济程序

联邦公务员如果因为种族、肤色、宗教、祖籍、年龄、性别、残障、婚姻状况、政治态度等原因,受到行政机关的差别待遇、强迫从事政治活动(含政治捐献或政治服务)、或者以拒绝从事政治活动为理由对公务员进行报复、欺骗或故意阻挠某人竞争公职、非法施以便利或施加影响以妨害公职竞争者;因公务员揭发行政机关黑幕,或行使申诉权而进行报复或违反功绩制度原则相关法规的人事处分决定,除了可以向功绩制保护委员会提起复审外,也可以向特别律师办公室提出指控。向特别律师办公室提出指控时,经该办公室审查科初步审查认为并无违反情事或行政机关已改正者,即应告知提出控告的公务员,并终结调查程序;如经初步审查认为有违反法律的情况的,即提报调查处调查,并于二百四十日内向功绩制保护委员会提出调查报告及建议。功绩制保护委员会应当立即进行审查,其无理由者,维持原决定;其有理由者,即命原决定机关进行改正和补救。当事人不服功绩制保护委员会的决定时,可以向联邦巡回上诉法院请求司法救济。

3. 就业受歧视案件救济程序

公务员或公职应征者如果认为他所受的人事决定有被法律法规禁止的歧视的,可以向功绩制保护委员会提出申诉,委员会应当在一百二十日内作出处理决定,并于三十日内请求平等就业机会委员会审查该决定,平等就业机会委员会应当在六十日内作出处理决定;平等就业机会委员会同意功绩制保护委员会的处理决定时,当事人不服者,可以继续向联邦地区法院请求司法救济。平等就业机会委员会反对功绩制保护委员会的处理决定时,应通知功绩制保护委员会于三十日内决定是否接受平等就业机会委员会的反对意见和理由;功绩制保护委员会接受时,当事人如不服可以向联邦地区法院请求司法救济;功绩制保护委员会不接受反对意见时,应于五日内向特别小组报告,该小组应当在十五日内作出裁决。最后,不服的当事人可以向联邦地区法院请求司法救济。

4. 苦情处理程序

公务员受有苦情时,可以按照工会团体协议的苦情程序申诉,以具有拘束力的仲裁为解决苦情申诉的最终程序。一般而言,如果引用仲裁程序,则任何一方当事人均可以在仲裁人作出仲裁决定之日起三十日内,向联邦劳动关系委员会提出审查,如果在三十日内未提出审查申请,则该仲裁决定即具有终局性及拘束性,对双方发生最终法律效力。

5. 司法审查

美国法律规定,"任何人由于机关的行为而受到不法的侵害,或者在某一有关法律意义内的不利影响或侵害时,有权对该行为请求司法审查。"[①]"一个雇员或雇员申请人受到功绩制保护委员会的最后命令或裁定的不利影响或委曲时,可获得对此命令或裁定的司法审查。"美国司法审查制度的确立,保证了"正当法律程序"对公务员权利的救济。对公务员权利的救济与对一个得力而有效的政府的权力的维护,是美国法律所关注的一个问题

---

① 阎青义:《世界各国公务员法手册》,吉林大学出版社 1988 年版,第 99 页。

的两个方面,这里必然涉及司法机关救济与行政机关救济的相互衔接问题。

　　美国的司法审查遵循着"成熟原则"、"穷尽行政机关救济原则"及"首先管辖权原则"。[①]　其中,"穷尽行政机关救济原则"的要求,突出地体现了美国制度的合理设计。该原则强调:"当事人没有利用一切行政机关救济以前,不能申请法院裁决对他不利的行政决定。"因此美国公务员为就人事争议获得司法机关的救济,可在向功绩制保护委员会和平等就业机会委员会及联邦劳动关系局或其特别顾问提出申诉后,不服功绩制保护委员会和平等任用机会委员会及联邦劳动关系局或其特别顾问作出的处理决定向法院提起诉讼。另外,按照美国法律的有关规定,对于公务员的申诉,功绩制保护委员会和平等就业机会委员会及联邦劳动关系局或其特别顾问未在法定期限内作出处理决定的,公务员也可依法向法院提出诉讼。

　　(四)小结

　　美国宪法于第五修正案以及第十四修正案都宣示了非经正当法律程序,不得剥夺人民的生命、自由或财产。正当法律程序(due process of law)的要求已经成为美国基本人权保障制度的特色,并且一直冲击公务员权益保障的思维。美国的宪法与行政法理论注重保障公务员的程序性权利,坚持程序。正当程序不仅具有程序性含义,还具有实体性含义。公务员可以通过证明机关作出决定的程序有错误或该机关的行为应予以禁止的方式,来证明行政机关的处分对自己的不利影响。特别是,在美国独特的司法审查理论影响下发展起来的司法审查制度的确立,也保证了"正当程序"对公务员权益的保障。

　　总的来说,美国公务员遭受侵犯其权益的人事处分最终都可以向司法机关请求救济。并且在法律中明文规定团体协议的内容必须包含公务员的苦情处理程序(grievance procedure),且该程序必须符合法律所揭示的诸多(例如公平、正义等)原则。因此,公务员除了行政机关救济程序和司法审查之外,还可以通过工会组织,依据团体协议中苦情处理程序与机关进行协商。一旦协商成立,将该协议书送劳资关系委员会(FLRA)认可后,即有拘束双方当事人的执行效力。若协商不成立则进入仲裁解决,仲裁之结果亦有拘束双方当事人的效力。值得注意的是,从克林顿总统就任以后,鉴于上述争议解决方式的诸多缺点,于是开始倡导公务员运用所谓的"替代性争议解决方

---

　　①　王名扬:《美国行政法》,中国政法大学出版社 1995 年版,第 642—659 页。

式"(Alternative Dispute Resolution,简称 ADR),解决涉及其权益的争议,以寻求公平与效率的统一。

总结来看,美国公务员人事争议解决机制的特点有三:一是公务员可以参与行政机关对侵犯其权益的人事处分的作出程序之中,且程序保障相对严格完善,从而使行政机关的人事处理决定可以在综合考虑所有因素后,更加合法合理而易于接受。二是完善的公务员集体劳动权制度,使得公务员可以通过工会组织与行政机关进行协商谈判,主动地预防和解决尚未出现的人事争议。三是救济程序符合正当程序要求,既维护了公务员的合法权益,又维护了行政效率(见表 3-2)。

表 3-2 美国公务员人事争议解决

保障内容	管辖机关	保障对象
侵犯公务员权益的人事处分(14 日以上之停职、降级、减俸,30 日以下之休职、免职)、OPM 之任用、不胜任决定及退休决定	MSPB	经竞争选任之职员(试用期及附条件任用者除外)
一般苦情(工作环境等各部会首长有最后决定权限之事项)	各部门	一般职员
任用歧视(如年龄、性别、种族、出身、宗教信仰等)	MSPB/EEOC	一般职员及联邦职务之应征人员
禁止的政治活动 禁止的人事措施 对内部告发者的报复	SC	一般职员(中央情报局、联邦调查局之职员除外)
任用考试之结果、官职分类、退休金等人事管理局(OPM)有最后决定权限之事项	OPM	参加任用考试之应试者及一般职员
唯一谈判代表工会的承认不公平劳动行为	FLRA	一般职员(管理、监督者、制服职、外交职除外)

三、法国

与英、美等国相比,作为大陆法系代表的法国,其行政司法权制度的发展表现出了自己的特点,也使其公务员权利救济制度得到了逐步的完善。

法国的行政机关是一个具有层次结构的系统,下层结构服从上层结构。因此,公务员制度的特点是层级服从关系(La subordination hierachique)。下级公务员必须服从上级公务员,全部公务员服从政府的领导。法国行政法学者称这种服从关系为权力原则。政府和行政机关长官对公务员不仅在工作活动方面具有命令和指挥权力,而且在职业生涯的管理方面也具有很大的自由裁量权力。

法国传统的公务员制度受拿破仑所建立的高度集权制度的影响,权力原则和层级服从关系得到高度的发展。20世纪以来在资产阶级民主思想的影响下,公务员制度的专制权力原则开始动摇,人们认为过分的权力原则不符合公共利益。另外一个削弱权力原则的因素是公务员工会的力量。工会为公务员取得很多保障,并作为公务员的代表对于公务员的某些管理行为和关于公务的组织事项提供意见。由于以上原因,法国议会先后通过了《公务员地位法》及一系列法令和条例,使法国公务员制度得以形成和完善,其中公务员权利救济制度也随之得到了逐步的完善和发展。现在看来,传统的权利原则受到一些限制,并未消失,有限制的权力原则是当代法国公务员制度的特点。① 这种权力关系是一般劳动制度中所没有的。在有限制的权力原则支配下,公务员制度中存在两方面的因素:一方面有保障公务员地位的因素,另一方面有服从上级权力的因素。这两个因素也影响了公务员人事争议的解决机制。详细分析如下。

(一)保护范围

法国公务员与政府之间的关系不同于英美国家的雇佣合同关系,1946年的公务员一般地位法第五条规定:"公务员对行政组织的关系处于法律和法规所规定的地位。"当代法国法学界一般认为公务员的职责是执行公务,公务活动受公法支配,因而公务员和政府只能处于受公法规定的地位,处于合同关系的人员不是公务员。这样规定的目的是保障公务利益高于公务员个人利益,政府可以根据公务的需要单方面制定和变更支配公务员地位的法律,不受一般合同法和劳动法的约束。但这并不表示政府拥有随意处置公务员权利的权力,因为受法律规定的地位也是受法律保障的地位,是具有救济手段的地位。公务员权利的保障和救济在法国的立法中表现非常突出。法国宪法第三十四条划分了议会和政府关于公务员制度的立法权限,公务员的基本权利保障事项属于立法权限,公务员制度的其他事项由政府以行政法规规定。此外,公务员一般地位法和特别地位法也明确了公务员权利的保障,以限制政府和行政长官的自由裁量权。法国最高行政法院也通过大量的判例,确认涉及招聘、工资、晋升、义务和纪律的公共事务争议是

---

① 　王名扬著:《法国行政法》,中国政法大学出版社1988年版,第238页。

其管辖的范围。① 具体而言,立法和判例确认以下自由和权利受公务员立法的特别保障。

1.公务员的公共自由

公务员和其他公民一样享有宪法上所规定的各种自由。另一方面,为了不妨碍公务的执行,公务员在实际行使各种自由的时候,按其职位的高低和公务的性质不同而受到不同程度的限制。主要包括:

(1)意见自由。依据《公务员地位法》第六条第一项,公务员的意见自由应受保护。

(2)平等权。依据《公务员地位法》第六条第二项的规定,不能因为公务员的政治意见、工会主张、意识形态、宗教信仰、性别、健康状态、身心障碍或种族的不同,而有差别待遇。

(3)知情权。涉及不特定公务员的行政措施,比如人事政策或命令的起草与发布,公务员可以通过咨询机关代表参与政策的制定与法令研拟程序,而在事实上达到公开透明的程度;公务员不可能对于与其人事权益密切相关的政策或措施,事前毫无所悉,或在事后找不到真正该负责而与之抗争的对象。至于针对公务员个人权益的人事处分,法国法制在透明程度的追求上,也有十分细致的规定。如果是间接影响公务员权益的重要处分,法律制度上设计了各种公告表格,定期将相关信息公之于众。人事部门必须定时公告职务缺编表,以便有意愿调动岗位的公务员了解情况;人事部门还应当公布调动排序表及晋升顺位表,使得人事调动公开透明。至于直接涉及公务员个人的所有档案数据,法国法制史上也分阶段地实现了透明和公开。首先是 1905 年 4 月 22 日的法律第六十五条规定:"凡是在纪律处分、强制调动或延后晋升职务等相关处分作出前,所有军事或民事公务员,所有行政主体所雇用的人员,都有权要求调阅所有个人档案。"同样的立法精神在 1983 年的《公务员地位法》第十九条第二项再度被确认:"公务员在纪律处分程序中,就其个人档案数据及全部附属文件,有完整的调阅权。行政主体必须告知相关公务员有调阅资料的权利。"而法国行政法院在判例上认为所谓"完整"的调阅权是指:所有行政委员会所参阅的文件都必须让处于纪律处分程序的公务员调阅。自 1949 年起,法制的演进逐步扩大了数据透明的范围,它超越人事纪律处分的范畴而遍及所有涉及公务员个人权益的人事处分。

---

① L.赖维乐·布朗,约翰·S.贝尔著:《法国行政法》(第五版),中国人民大学出版社 2006 年版,第 37 页。

2.程序性权利

参与权作为重要的程序性权利,在法国公务员立法中得到重要保障。依据《公务员地位法》第九条的规定,公务员可以通过其在咨询机关中的代表,参与公共事务的组织运作、法规拟定,以及事关公务员个人职业生涯的具体处分的审查。其中关于公务员个别处分的参与,最主要的保障措施是行政委员会(Les commissions administrative paritaires)的介入。以下分别简述其介入情形:

(1)考绩评定。法国公务员的考绩评定,以年度为单位,包含文字评定与数字评定两部分。为避免各单位评分标准不统一,行政委员会研制并拟定统一的评分标准送交各单位主管。考绩评定之后,除了通知当事人以外,还必须送交行政委员会。公务员不服考绩评定,可向行政委员会请求救济。在这种情况下,行政机关主管必须将所有相关数据移送行政委员会,该会在查阅相关数据之后,可向主管建议修改考绩。不过此项建议并不能拘束行政机关。

(2)职务调动。职务的调动可以分为申请调动与强制调动两种。前者是基于公务员自己的申请,后者则是机关主管基于公务的需要所为之人事处分。就前者而言,原则上单位主管在咨询过行政委员会后,建立"年度调动排序表"。该表依申请顺序、法定优先情况等标准而排定。调动公务员便以该表为最主要的参考数据。机关如未建立调动排序表,而造成公务员必须变更住所或对公务员之权益有具体影响的调动时,则须咨询行政委员会的意见。

(3)职务晋升。法国公务员的职务晋升包括等级晋升与工资晋升两种。每个年度,单位人事部门在参考相关公务员近三年的整体表现,并咨询行政委员会的意见后建立晋升顺位表;一旦职位有空缺,登录于该表的公务员便依次序晋升。人事部门的任命权受该晋升表的拘束。工资晋升则是以任职年限及考绩为衡量标准,不变更职务,但增加工资。工资原则上随服务年限而逐年增加,仅受考核的影响。考绩优秀的公务员可以得到较多的年资积分而加速晋升,考绩较差者则较慢晋升。

(4)纪律处分。机关作出纪律处分时,必须有纪律委员会(Conseil de discipline)参与。行政机关首先向纪律委员会提出报告,指出公务员的违纪行为和事实,并说明理由,提出证据以及具体说明拟采取的处分措施;受到处分的公务员提出书面及口头答辩,并可委托律师出席;行政机关的任何纪律处分,均应当遵守诉讼法的基本原理原则。也就是说,受纪律处分的公务员,拥有一切诉讼法上赋予当事人的权利。纪律委员会听取双方陈述,必要时可传唤证人或展开调查;由于被处分人被行政机关人事部门推定为有过失或过错,所以举证责任在行政机关一方。这些程序和一般司法审判程序基本无差别。只是纪律委员会不举行公开的言词辩论,以及有权对双方当事人没有提供的证据或提出的事实依职权主动进行调查等特点,则和一般的司法审判程序不同。

纪律委员会以出席委员过半数投票形成决议,如果是同意作出处分的建议,则必须是全程参与的委员才能参与投票决定。讨论时,先就最严厉的处分进行表决,如过半数,则以该处分为纪律委员会的处分建议;若未过半数,则可以继续就较轻微的处分进行表决,直至某一处分获得过半数出席委员投票同意。但是,纪律委员会的处分建议并不具有法律上的拘束力。行政机关人事部门可以不遵守该建议,而维持原处分或直接作出其他行政处分,但必须说明理由。

纪律委员会的人事处分建议应当在受理后一个月内作出,当纪律委员会认为有必要,必须进行相关调查,可以视情况延长至两个月。

(5)免职。免职主要包括公务员因专业能力不足而受免职及因身体状况不适任而受免职等两种。免职不同于强迫退休或撤职,它并非惩处处分,但因涉及公务员的重大权益,所以适用上述的处分程序;行政委员会及各类公务员最高公职委员会可以在不同阶段分别参与介入免职决定的作出,以保障公务员的权益。

3. 职务性权利

依据《公务员地位法》第十一条的规定,行政机关对于所属的公务员,在其执行职务期间,依刑法及特别法的相关规定,负有保护公务员的义务,使其免受恐吓、暴力、伤害、诽谤或侮辱;如发生上述情况,行政机关应补偿公务员所受损害。相关部长有权利亦有义务在公务员遭受侮辱或诽谤时,代为提出控诉。除非出于保护"公众利益",或者是公务员自身在执行职务时有过失,否则,行政机关不得不给公务员上述保障;行政法官可以审查行政机关的保障责任。当然,这种行政机关的保障义务仅适用于公务员执行职务时的行政行为,如果是公务员在执行职务时或执行职务以外时间的个人行为,则不在保障的范围之内。

行政机关可以采取多种方式来保护公务人员,例如金钱补偿、出庭作证,或于媒体上澄清等。《公务员地位法》第十一条规定行政机关在必要时候,应当补偿公务员由于暴力、威胁行为所遭受的损害;并且这种金钱上的损害补偿包含因诉讼而支出的费用以及精神损害抚慰金。

4.获得救济的权利

(1)行政救济。第一,公务员不服人事纪律处分时,可按行政组织原则,向有人事纪律处分权限的原行政机关或向其上级行政机关申诉;前者称为恩赐救济(recourse gracieux),后者称为层级救济(recourse hérarchique)。行政机关根据公务员的申诉,可以撤销、改变原纪律处分,或者维持原纪律处分。第二,如果行政机关的处分决定为强迫退休(la mise à la retraite d'offic)、撤职(la r évocation)、降级(l'abaissement d'échelon)、调职(le déplacement dpplacement d'office)、降职(la rétrogradation)或超过三天的休职停薪(l'exciusion temporaire de fonctions pour plus de huit jours)时,如纪律委员会的处分建议与行政机关最后作出的人事处分不同,公务人员可以在一个月内向法国最高公职委员会提请救济。全国最高公职委员会受理救济期间,公务员可以提出书面或口头答辩意见,并请求允许诉讼代理人协助陪同出席;全国最高公职委员会认为有必要时,还可依职权主动展开调查。全国最高公职委员会应当在两个月内作出裁决,如有调查程序时,最长可延至四个月,裁决结果可建议维持、撤销或更改原惩处处分。裁决建议并无法律上的拘束力,行政机关是否采纳,可依职权裁量后作出决定。

(2)司法救济。在法国,不论是行政机关的人事处分,或是一般措施,都可成为行政诉讼的客体,由行政法院管辖。但是对于公务员的健康保险(sécurité sociale)和家庭津贴(allocations familiales)问题作出的行政处分,则归专门负责健康保险的法院管辖,这是法国特有的司法诉讼制度。对于由总统任命的公务人员,由最高行政法院为唯一的审判机关,采用一级一审制;而对于其他身份的公务员,则采用地方行政法院(Tribunal administratif)——上诉行政法院(Cour administrative d'appel)——最高行政法院(Conseil d'Etat)三级三审模式。法国行政诉讼上有所谓的越权诉讼,其目的是向行政法院要求撤销"造成侵害的行政行为"。由于越权诉讼一直被视为是针对行政行为的合法性与否所提起的客观诉讼,其目的在于维护客观的"合法性原则",原告并非基于主观权利起诉,而是扮演类似刑法上检察官的角色。只要是造成侵害的行政行为,行为相对人都可对其提起行政诉讼以获得救济。因此,所有针对公务员的人事处分,如拒绝请假(如工会假)、在职进修申请,或其他基于公务员身份的请求权,比如考绩评定、调动、晋升、纪律等处分,都可通过越权之诉直接提起行政诉讼。法院受理以后,只有认为该处分是基于公务的利益合法作出时,才驳回起诉。法官利用"公务利益"这一概念一方面维护"层级原则"以利公务进行;另一方面以此概念作为行政权的界限,进而保障公务员的权益。一旦处分或措施不是以"公务利益"为出发点,或超出正常"公务利益"的考虑而侵害公务员权益,则该处分或措施便将为行政法院所撤销。

5. 集体劳动权

依据《公务员地位法》第八条和第十条的规定,公务员有工会权,可自由创设、参加工会,并可以担任工会的职务。工会可以进行诉讼行为,对于规范公务员人事关系的行政命令,以及针对个别公务员但会侵害全体公务员利益的行政处分,工会可向有权管辖法院提出控诉。对于公务员工资调整,工会可事先与政府进行全国性咨商,工会也可以就工作条件及分配与各机关举行谈判。

(二)处理机构

法国公务员人事争议解决的机构,分为行政法院与行政机关。

1. 行政法院

在法国,行政的司法控制被赋予了一个在专门法院里面的由专家组成的法官群体。这些法院形成了以巴黎的最高行政法院为首的三级体制,有7个地区上诉行政法院,27个位于法国的各大都市的行政法庭。法国法律规定,公务员针对行政机关造成的自身利益损失可以提出撤销之诉和损害赔偿之诉。撤销之诉应向公务员服务地区的地方行政法庭提出,由总统以命令方式任命的公务员提起撤销之诉应以最高行政法院作为初审法院。法庭审查的事项包括法律和事实两个方面,具体涉及行政机关的处分权限、程序、内容、事实认定及是否存在权力滥用等。但对于有决定权的纪律委员会所裁决的处分提起撤销之诉,行政法院的审查属于复核审,只审查法律问题。违法的处分决定被撤销后,该判决具有溯及力,公务员的地位恢复到决定采取以前的状态,在这一过程中所涉及的公务员的各种权利与利益,公务员均应享受。损害赔偿之诉是指公务员对行政机关的违法行政行为而使其受到的物质与精神损害,向行政法院提出的赔偿诉讼。损害赔偿的条件适用行政赔偿责任的一般原则,即适用公法上的赔偿规则,具体表现为损益相抵原则和过错相抵原则。①

2. 行政机关

(1)咨询机构。法国的公务员权利行政救济方式体现为申诉制度。其

---

① 王名扬著:《法国行政法》,中国政法大学出版社 1988 年版,第 298 页。

最显著的特点是建立了专门的咨询机关,在公务员申诉案件中有各级咨询机关的参与,并发挥重要的作用。咨询机构的设立,其核心是扩大公务员在人事管理和公务组织中的作用,这表现在"公务员通过他们在咨询机关中的代表参加公务员的组织和活动,参加制定公务员地位法,审查关于公务员职业生涯的某些具体决定"。

全国性咨询机构包括国家公务员最高委员会、地方公务员最高委员会和混合委员会。法国国家公务员最高委员会是一种政府与公务员工会之间的关系协调组织,于1946年建立,它"有相同数量的行政代表和公务员工会组织的代表组成",它的职责是根据总理的建议或1/3委员的请求,讨论同国家公务员有关的任何普遍性问题。它是公务员不服行政处分的最高申诉机关。它的意见只有咨询性质,不能拘束有关的行政机关。地方公务员最高委员会成立于1984年,它由数目相等的地方政府代表和地方公务员代表组成,其职责是提出与地方公务员的权益有关的法律草案制定或修改意见,对地方公务员的行政处分进行监督。混合委员会根据1984年的《国家公务员地位法》第十八条和《地方公务员地位法》第十一条的规定成立。由国家公务员最高委员会和地方公务员最高委员会双方代表组成。混合委员会的职责,是根据政府的请求,或根据国家公务员最高委员会1/3成员的请求,就与国家公务员与地方公务员有关的相似问题提出建议。

有关部门性咨询机构包括对等行政委员会和对等技术委员会。这些部门性咨询机构主要针对某个职系或某个行政相关的公务员而设立的。其中,对等行政委员会的职权是对公务员管理的各种具体规定,例如关于考核、晋升、调职、纪律处分、不胜任辞退及其他具体决定提出意见,供行政机关参考。对等技术委员会的职权是针对涉及公务员地位的公务组织、相关活动、法律法规草案等问题提出意见。

(2)纪律委员会。纪律委员会是法国公务员行政处分的咨询机关,由对等行政委员会组成。纪律委员会的人员组成有严格要求,其中不能包括地位低于受处分的公务员的成员,至少必须包括一名地位和受处分的公务员相等的成员,和行政处分案件有关的人员不能参加委员会,受处分的公务员有权要求纪律委员会中某一成员回避。根据法国法律的规定,对公务员的处分,除警告和申诫处分外,其他的处分必须经过纪律委员会讨论和建议才能宣告。纪律委员会的程序类似于审判程序,先由行政机关向纪律委员会提出报告,指出公务员的违法事实,提出证据和打算给予的处分,然后由被处分的公务员提出答辩。纪律委员会在听取双方陈述的基础上,以出席成员的多数表决通过决议。纪律委员会的决议对于行政机关没有当然的拘束力,而只具有建议的性质。

(三)处理程序

1.行政处理程序

根据法国法律的有关规定,公务员不服行政处分,可以采取的行政救济制度包括善意救济、层级救济以及向公务员最高委员会申诉三种形式。其中,善意救济与层级救济是指根据行政组织原则,分别向有行政处分权的原行政机关提出申诉或者向其上级行政机关申诉。行政机关根据公务员的申诉,可以作出撤销、维护或者修改原行政处分的决定。如果行政机关的行政处分和纪律委员会的建议不符合,而且适用警告和申诫以外的处分时,公务员对这种处分不服,可在接到处分通知一个月的期间以内,向国家公务员或地方公务员最高委员会申诉。公务员最高委员会进行调查后,向行政机关提出或维持或撤销或修改行政处分的建议。

2.司法处理程序

法国对公务员行政处分的司法救济制度的确立,其实质是强调行政法院对行政机关的法律监督。根据法国法律的规定,公务员不服行政机关的行政处分,可向行政法院提起撤销之诉和损害赔偿之诉。不论是普遍性的行政行为,还是具体的行政处理,只要对公务员的权利和利益有不利影响,都可作为诉讼对象。

撤销之诉应向公务员服务地区的地方行政法庭提出,由总统以命令方式任命的公务员提起撤销之诉,以最高行政法院作为初审法院。法庭审查的事项包括法律和事实两个方面,具体涉及行政机关的处分权限、程序、内容、事实认定及是否存在权力滥用等。但对于有决定权的纪律委员会所裁决的处分提起撤销之诉,行政法院的审查属于复核审,只审查法律问题。违法的行政处分被撤销后,该判决具有溯及力,公务员的地位恢复到决定采取以前的状态。在这一过程中所涉及的公务员的各种权利与利益,公务员均应享受。

损害赔偿之诉是指公务员对行政机关的违法行政处分而使其受到的物质与精神损害,向行政法院提出的赔偿诉讼。如因停职或撤职而被停发、扣发的工资,或者其他名誉上的损害等。损害赔偿的条件适用行政赔偿责任的一般原则,即适用公法上的赔偿规则,具体表现为损益相抵原则和过错相抵原则。这一点也是法国与其他西方国家确立行政主体的赔偿责任的最大的不同。

此外,精神损失也属赔偿范围。

行政法院受理公务员的诉讼后严格按照司法程序进行审理,最后作出的裁决对行政机关具有法律强制力。如果当事人不服判决,可以上诉到最高行政法院,其裁决为最终裁决。

3.行政程序与司法程序的衔接

在法国,行政救济与司法救济之间的联系也为法律所明确规定。首先,在一般情况下,行政救济不是司法的先决条件,但也有例外情况,如公务员提起损害赔偿之诉,不能先向行政法院提起,而必须先向行政机关申请行政救济,在未获结果时,才能向行政诉讼有效期内采取。还有,提起行政诉讼的期间,可因行政救济而延长。若公务员在能够提起行政诉讼的期间内,首先申请行政救济,则公务员提起行政诉讼的期间,在行政救济决定做出以后另行起算。可以说,行政救济与司法救济互相补充,构成了法国公务员行政处分救济制度的有机整体。

（四）小结

由上我们可以看到,法国公务员人事争议的救济方式,强调了行政模式和司法模式并行,体现了两大特色。

其一,公务员能广泛参与有关公务员权利义务的决策,公务员不仅是处分或措施的相对人,也是该处分或措施的共同作成者。同时行政机关就其公务运作、政策法规等制定时,对所属公务员的管理均须事先咨询公务员参与组织的意见,而该咨询参与组织的成员,除公务员所选出的代表外,还有同等数量的行政机关代表,因此能发挥平衡作用,兼顾公务员单方主张与行政机关任务的圆满达成。

其二,法国公务员可以就其人事权益受侵害向行政法院提出撤销（越权）诉讼;而按照法国行政诉讼法制,越权诉讼的标的包含绝大部分之行政主体公法上的法律行为（包括具体的行政处分及抽象的法规命令、行政规则）;同时法院实务和判例发展结果,只要是公务员的实质利益受到行政行为侵害,公务员即可对其提起行政诉讼以获得救济。也就是说,所有针对公务员的不利益处分,诸如拒绝请假（如工会假）、在职进修申请或其他基于公务员身份的请求权,以及如考绩评定,调动、晋升,惩戒等处分,都可以直接提起行政诉讼,其范围相当广泛。

此外,基于"客观诉讼"的特性,公务员个人或其团体（即工会）都可以成为诉讼当事人。依《公务员地位法》第八条规定,公务员的工会组织可以进行诉讼行为。对于有关公务员的人事法规,以及侵害公务员集体利益的个别性处分或措施,工会向法院提起诉讼;对于不涉及集体利益的个别处分,工会虽不得为原告,但仍可以成为公务员的诉讼代理人。

法国公务员人事争议解决机制如图 3-1 所示。

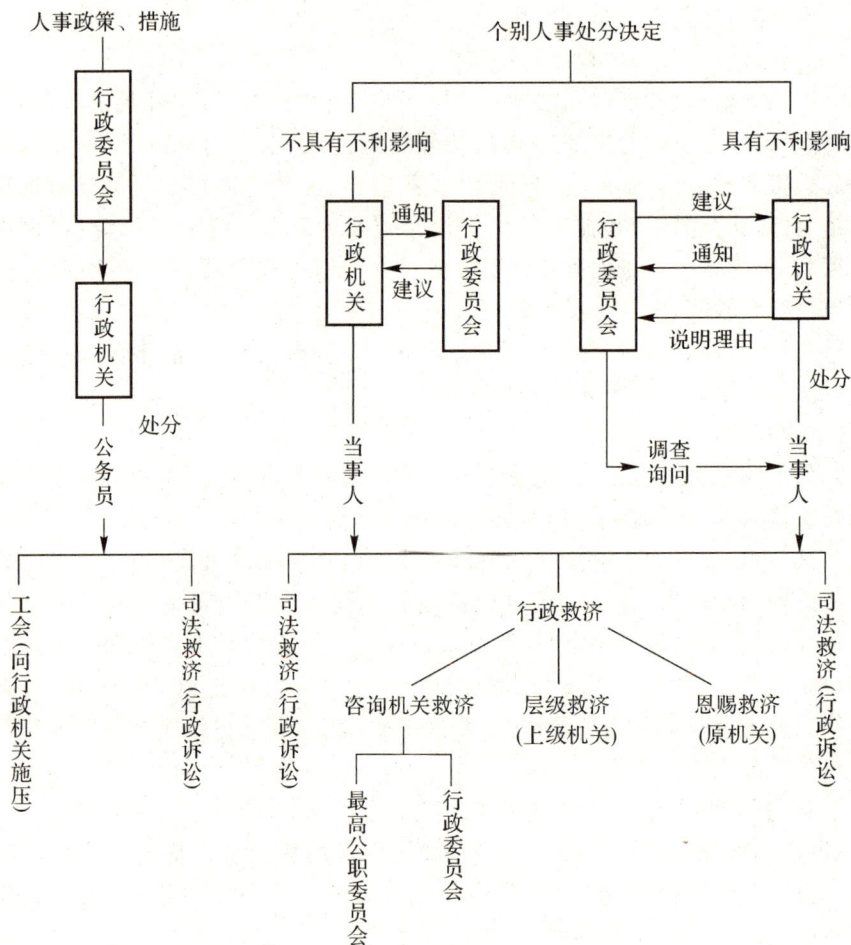

图 3-1　法国公务员人事争议解决机制

四、德国

德国公务员解决人事争议的制度是由立法救济、行政上的救济制度和司法上的救济制度紧密结合所形成的较为有效的保障制度。从行政机关处分决定做出之前的公务员及公务员代表组织参与程序,到行政机关作出处分决定后,基于请愿的申诉与异议(非正式权利救济)、基于对违法命令有疑义的命令异议程序(正式权利救济)相配合以保护公务员的人事权利;最后再加上基于司法权力保护的诉愿和诉讼制度,完成德国基本法第十九条第四项的要求:任何人的权利受行政机关侵害时,可以向法院提起诉讼。

（一）保障范围

1. 程序权利

依据德国联邦公务员法的规定,行政机关对公务员有照顾和保护的义务,在对公务员进行调动、停职、变动工资和退休金以及对公务员作出不利的人事处分之前,都必须进行听证,倾听公务员的意见和主张,并将其记录在案。同时,德国行政程序法第二十八条第一项也规定在作出影响当事人的权利的行政处分前,应给予当事人对与原决定有关的重要事实,表示意见的机会。这一规定也适用于公务员。

在行政机关制定有关工作条件和待遇的一般性人事政策和规则时,德国法律规定了公务员代表团体（工会）的参与权,以保障一般公务员的人事权利。依据德国基本法第二十条和第二十八条的"社会国原则"及第九条第一项、第三项结社权的要求,应赋予公务员一个对于工作条件的形成过程最低限度的参与机会。这种程序权利赋予了公务员职业团体对于所有与行政有关公务员规范制定的分享权。因此,联邦公务员法第九十四条规定:主管工会的领导组织可以参加公务员法一般规则的拟定。公务员基准法第五十八条规定:就联邦最高官署基于公务员关系的法律规则之拟定,主管工会与职业团体的领导组织应当参加。

基于社会国思想和基本法第一、二条与第五条第一项的规定,赋予公务员程序参与权,乃是对于其人性尊严、个人人格发展与言论自由最重要的手段。公务员人事代表应履行法律所赋予的基于社会国要求的保障委托。这种程序参与权利赋予了行政机关的公务员代表组织,有机会经由特别的程序,参与特定涉及职工的行政机关作出的个别或集体处分措施。其主要参与形式及其法律效果包括:行政机关内部的人事措施（如:任用、升迁、调职、降级、延长退休时间等）、社会事项（如:选择居所限制、贷款、补助或其他支持公务员事项）、与人事有关的机关内部措施（如:拒绝公务员兼职申请、提供宿舍等事项）、对所属公务员的补偿请求权事项等须由公务员人事代表与行政机关共同决定;准备制定或修改行政机关内部行政规则而涉及人事及社会事项、机关解散、缩编、迁移或合并、针对某一特定公务员提起的正式惩戒程序、有关提早退休等决定,在作出正式决定前,应当先与机关公务员人事代表会共同讨论,以便达成彼此互相谅解,称为协同参与权。如这些程序权利被侵犯,受侵犯的公务员可以以人事代表未参与决定措施为由,提起宪法诉愿(verfassungsbeschwerde),请求撤销该处分。

2.考评处分的保护

德国法律对于公务员的考绩评定制度,规定在联邦公务员升迁法中。行政机关或首长在进行考评前应当先告知公务员将受到考评的情况,在考评过程中应与受考评的公务员进行考评谘商(burteilungsgesprach),如果机关或首长没有进行考评谘商时,考评结果即具有瑕疵,必须重新作出;考评处分作出后必须告知受考评人所有考评的内容和结果。联邦行政法院承认公务员对于非行政处分的考评事项也可以主张救济,其主要理由基于基本法第十九条第一项:凡是公务员或人民的权利受公权力侵害时,都留有司法救济途径,以保障公务员或人民的权利。但在司法实践中,行政法院传统上仍尊重行政机关首长之判断余地(裁量)。行政法院在审理案件时,应当就考评处分所适用的概念或法规是否有自由弹性空间、所确定的事实是否有错误、是否未遵守一般有效的价值标准、是否考虑与事件无关的因素(例如:性别、种族等等)及是否未遵守程序规定等事项加以审查。

3.职务权利

(1)薪金保障。根据德国基本法第三十三条第五项规定,公务员的职务权利应通过传统公务员制度原则加以规范。所谓传统原则包括赡养原则,即公务机关应给予公务员符合一般经济与财政上生活水平之合理的生活费用。薪金按照公务员的职位等级、公务意义与责任及其一般关系相当发展等条件来加以衡量。同时,根据联邦公务员法第八十三条和八十五条规定,公务员应有领取薪金及受生活照顾的权利。

(2)救助保障。德国联邦政府于1985年依据联邦公务员法第二○○条的规定,制定有关公务员在疾病、出生、死亡时给予救助的一般行政规则。尽管救助目的在于给予公务员及其家属,在有疾病、出生、死亡事件时,对于所造成的开销进行补偿,但是这种补偿是法律权利,并非全额补偿。

(3)休假权。根据联邦公务员法第八十九条和公务员基准法第五十五条规定,公务员每年享有带薪休假权。休假的时间按服务期限确定。

4.获得救济的权利

(1)请愿权。根据基本法第十七条与有关联邦宪法的规定,任何人都有权利个别或与他人共同以书面形式向管辖机关与人民代表提出请求(bitten)与异议(beschwerden)。请求与异议两者具有请愿的性质。公务员请愿的具体途径大致有:职务途径的申诉与异议、向公务员人事代表请求与异议、对公务员联邦人事委员会的申诉与异议、对公务员数据保护官的请求(anrufung)与一般请愿及对众议员报告。公务员的请愿，一般称之为非正式的权利救济（formlose rechtsbehelfe），因为公务员就任何形式的行政行为都可以提出请愿，不受诉讼时效与形式限制，纵使不具有利害关系的第三者也可以提出。

（2）提起诉愿和诉讼的权利。德国基本法第十九条第四项规定，公务员在其权利受任何行政机关行为的侵害时，都可以经法院得到救济。公务员经法院的救济途径，一般称之为正式的权利救济。其本质是在规定的诉讼期间内，直接或间接向独立的法院请求为实质裁判的救济途径。这种经法院的救济途径大致有：行政法律救济途径（verwaltungsrechtsweg），包括诉愿（vorverfahren；widerspruch）、保全程序与行政诉讼；社会法律救济途径（sozialrechtsweg）；民事法律救济途径（zivilrechtsweg；ordentlicher rechtsweg）；惩戒法律救济途径（displinarrechtsweg）；宪法救济途径（verfassungsrechtsweg）。

5. 集体劳动权

（1）团结权。依据基本法第九条第三项关于结社自由的规定，公务员可以组织工会。另外，联邦公务员法第九十一条第二项规定，公务员不得因其参加工会或其他职业团体的活动而受到利益或不利益的行政处分。

（2）团体协商权。与英美不同，德国的公务员在法律上并没有规定直接的团体协商权，但有替代性措施，即前面介绍的"共同决定"（mitbestimmung）和"代表协同参与"（mitwirkung）制度。公务员可以通过这些机制行政机关沟通、协商工作条件和与其本身人事权益有关的事项。

（二）处理机构

1. 司法系统

德国公务员的人事争议经法院的救济途径，以宪法诉讼、行政诉讼和联邦惩戒法院诉讼为主，在此仅介绍德国的行政法院系统。行政法院法第二条规定，行政法院原则上应具有三级（dreistufig）结构，初级行政法院（VG）和高级行政法院（OVG）为州法院，共同组成行政法院系统的"中级机构"，联邦行政法院（Bundesverwaltungsgericht）是德国的最高行政法院。行政法院的裁判机关原则上是合议法庭（Kollegialgerichte），以法庭（Kammer）或者高等法院的大审判庭（Senat）的形式作出裁判。联邦行政法院以相关措施是否产生某种法律效果、足以影响公务员的个人地位作为请求司法审查的标准。①

---

① 湛中乐，朱秀梅：《试论对公务员行政惩戒的法律救济》，《法制与社会发展》1999年第 5 期。

2.行政系统

公务员对人事处分决定不服,除了可直接向所在单位的最高行政机关提出申诉外,如果申诉是针对本人直接领导人的可以把申诉呈文直接交更高一级的领导人,也可把申诉呈文送交联邦人事委员会。联邦人事委员会是根据联邦公务员法第九十五条规定,为了保证公务员法规的统一实施而设立。联邦人事委员会由七位正式(在职)与七位副(候补)委员所组成。联邦审计部部长与联邦内政部人事司司长,是固定的正式委员,且前者担任委员会主席。非固定的正式委员由其他联邦最高官署人事部门的首长与四名其他联邦公务员组成。委员由联邦内政部长提名,联邦总统签署任命,任期四年,其中有三名正式委员与三名副委员是由主管工会的领导组织以委派方式任用。联邦人事委员会在法律权限范围内独立以自己的名义行使职权,仅服从法律。

联邦人事委员会除了按照联邦公务员法的规定受理公务员的申诉和异议外,还可以共同参与制定关于公务员法律关系的一般规则,共同参与制定公务员的培训、考试与进修的行政规则,并可就没有考录公务员的异议事项陈述意见以及建议行政机关改正不合理的执行公务员法的措施。

3.立法系统

德国公务员就特定人事争议除了向最高行政当局递交申诉请求或向联邦人事委员会及相应的州人事委员会提交申请书外,还可以向议会机构和民意代表提出申诉,通过立法系统来解决争议,这是较为少见的。

(三)处理程序

1.侵犯公务员权益的人事处分的处理程序

公务员可以在两个星期内就行政机关作出的侵犯其权益的人事处分向本行政机关的行政首长提出异议,并于一星期内提交更高一级的上级或最上级行政首长裁决。更高一级的上级或最上级的行政首长认为异议理由成立的,应当裁决变更原人事处分;如认为异议理由不成立的,应作出维持原处分的裁决。当事人不服上级或最上级的行政首长维持原处分的裁决时,可以向联邦惩戒法院提请救济,联邦惩戒法院经审理可以作出减轻、撤销或驳回的判决。

2.公务员请愿程序

公务员就行政机关的行政行为,可以向上级申诉,不服申诉的函复,可以向再上一级行政首长申诉;如果仍然不服裁决,可以提起诉愿,不服诉愿决定的,可以向法院提起诉讼获得救济。

　　公务员就行政行为除了可以向上级长官申诉外,也可以向机关公务员人事代表会提出异议,机关公务员人事代表会应当立即与机关首长协商并提出建议;当事人仍不服时,也可以提起诉愿,不服诉愿决定的,可以向法院提起诉讼。

　　公务员就行政机关的一切人事行政行为,都可以向联邦人事委员会提出申诉或异议,联邦人事委员会应立即对机关表示意见或提出建议。公务员也可以就一切人事行政行为向立法机关和民意代表提出请愿,立法机关和民意代表经审查后,可书面通知请愿人解决办法。

　　德国公务员职务人事争议处理体系见图 3-2。

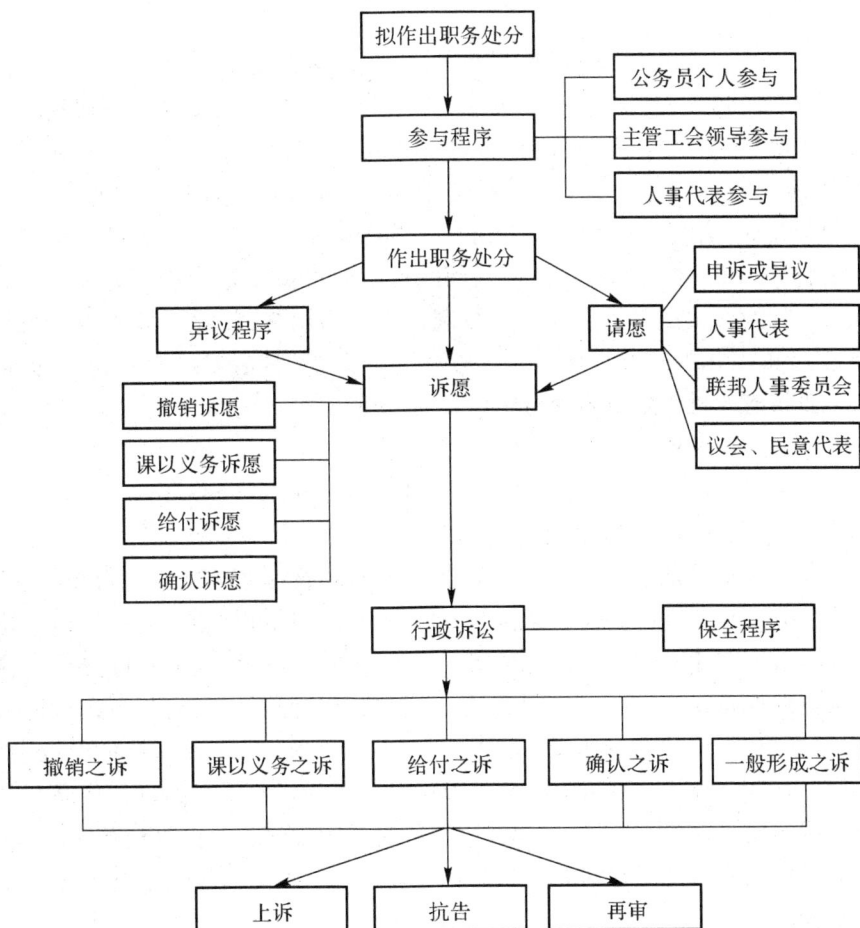

图 3-2　德国公务员职务人事争议处理体系

（四）小结

总结来看，德国公务员的人事处理首先体现了公务员充分有效的事前参与，使其参与人事处分决定的作出，兼顾了行政机关的效能和公务员人事权益的保障。其次，德国公务员人事争议解决机制涵盖了行政、司法及立法申诉救济，体系较为完整，其救济涵盖面也较广，甚至包括立法救济，而且程序严密规范。对公务员人事权利的立法救济在世界上是极为少见的，这一点反映了德国对公务员权利救济的重视，此外也反映了作为大陆法系的德国依靠立法理性来解决现实问题的精神。

五、日本

日本是深受两大法系影响的国家，由于其特殊的历史原因，其公务员的人事权利及救济也表现出两大法系的各自特点。公务员受保护的权利范围表现出明显的美国公务员权利的内容和外在表现形式上的特点。特殊权利由《公务员法》规定，一般权利则表现在《宪法》中公民的权利。但内容上，比美国更详尽，范围更广。同时，公务员人事争议的解决机制则突破了德国的"特别权力关系理论"，对公务员权利的保护救济更注重以实质为标准。只要某一行为实质侵犯了公务员的权利就可提出救济，其救济形式也相当全面，并具有英国的特点。日本法本是两大法系的集成者，这一特点在公务员人事争议解决机制中也表现出来，值得我国借鉴。

（一）保护范围

日本法学家基于法律的规定概括，认为公务员的权利应由职务执行权、财产性权利、基本人权和保障请求权等部分构成。[①]

职务执行权是基于公务员法制理念中的功绩主义为基础的，简略地说是指公务员享有官职不被随意剥夺的权利，公务员非因法定事由，不能被违背其意志而降任、休职、免职。职务执行权利中还包括：对于职位变动等身份处分的保障权，不得无故要求公务员退休的保障权，以及公务员进修的权利；财产权利，包括接受工资、退休金、退职养老金、公务灾害补偿等权利。以用于补偿公务员从事劳动以及由于执行公务的时候所受到意外伤害之时所拥有的特别补偿。当然，在日本公务员法制中，对于薪金及退休金，退职养老金已经从天皇所恩赐的制度发展成为与一般国民的养老金基本无本质

---

① 参见盐野宏著，杨建顺译：《行政法》，法律出版社1999年版，第710页。

差别的一种金钱给付。除此之外,作为社会公众中的一员,公务员也享有独立的人格权,这种独立的人格权,正是以往认为公务员法律关系是"特别权利关系"之时法律所不认可和忽略的,例如思想表达的权利、公务员集会,或者是罢工的政治权利。这种权利形式,在特别权力关系理论衰落以后,由于基本人权理论适用于公务员法律关系,而逐步得以承认的。但是,由于公务员和一般社会劳动者在事实上正是存在差别的,因此,这些权利对于公务员的适用与对于一般的社会公众适用存在差别。差别在于,公务员还应负担相应的特殊义务,这种义务是作为与一般权利所对应的特殊形态而存在的。公务员享有的第四种权利是保障请求权,这种权利的核心在于承认公务员的职务行为请求权、财产性请求权、基本权利以及其他基本人权,如果受到国家行政机关或是地方公共团体的侵害,可以通过法院获得救济的权利。值得注意的是,与前述各国一样,日本公务员亦享有集体劳动权。依《国家公务员法》第一百零八条第五项的规定,经登记的公务员职员团体,对于公务员的薪金、工作时间及其他工作条件,或附带对于社会、卫生福利的合法活动提出适法协商请求时,政府应予处理,不得拒绝。依《国家公务员法》第一百零八条第七项的规定,公务员不因加入或不加入职员团体、或依职员团体的正当行为而受不利益处分。

(二)处理机构

在机构设置上,日本《国家公务员法》第三条规定,人事院掌管关于工资及其他工作条件的改善以及人事行政的改善的建议、职阶制、考试及任免、工资、进修、资格审查、惩处、苦情处理等关于公务员人事行政的公正和关于保护公务员利益的事务。人事院作为公务员权利保障的一个重要机构,其地位非常高,直接处于内阁而非总理府的管辖之下,可以自由地独立制定任何规则。人事院自己"管辖其内部机构",日本《国家行政组织法》不适用于人事院。此外,人事院还被授予将"二重预算"提交国会的权限,排除了政府以财政权相要挟的可能性,从根本上保证了人事院独立的人事行政权力。①

人事院遇有不服申诉时则可以再组成委员会以实际担任审查工作。

1. 公平委员会

公平委员会审查"侵犯公务员权益的人事处分之声明不服"。人事院虽然是公务员不服处分案件的受理、判定机关,但实际担任审理任务的,是公平委

---

① 杨建顺著:《日本行政法通论》,中国法制出版社 1998 年版,第 248 页。

员会。公平委员会审理案件一般采取间接审理主义。人事院在受理审查请求后，应设置公平委员会，以审理该事件。公平委员会由公平委员三人或五人组成，公平委员会由人事院从人事官及人事院事务总局（秘书处）的职员中指定。公平委员会通常由人事院事务总局的职员三人组成，其中一人为公平委员长。公平委员应依据良心以及法律、规则、指令与人事院的决议，客观、独立执行职务。公平委员会就当事人、证人与鉴定人陈述及相关数据加以审查，进行审理后，做成笔录，附记公平委员会有关判定意见，向人事院提出，以便人事院完成公平、妥当的裁决。

2.苦情审查委员会

苦情审查委员会负责审查"改善工作条件的要求"。人事院通常担任这些工作条件的审查工作，但依事件性质，也可以在人事院事务总局职员中指定苦情审查委员，组成苦情审查委员会进行审查，苦情审查委员会审查后，应形成书面报告将其结果及处理意见向人事院提出。

3.灾害补偿审查委员会

灾害补偿审查委员会负责审查"有关灾害的补偿请求"。由人事院总裁于人事院职员或其他富学识经验者中任命五人组成灾害补偿审查委员会（任期一年），就公务员对行政机关公务灾害认定、疗养方法、补偿金额的处分决定有所不服的案件，加以审查，最后将审查结果以书面报告形式向人事院提出。

（三）处理程序

在救济程序的安排上，日本公务员制度建立了行政救济和司法救济两种渠道。

1.行政救济

行政救济主要指行政不服申诉制度。它是"属于行政权本身的作为行政的自我反省或行政监督手段，以比较简易的程序审查行政处分等是否适当的程序"，可称为"简式争讼"。日本《国家公务员法》规定："对职员进行降薪、降职、休职、免职和其他明显不利于本人的处分时，处分者必须向被处分者提交记有处分事由的说明书。""该说明书必须写明对该处分如有不服，有权向人事院提出不服申诉内容和不服申诉期间。"可见日本《国家公务员法》不仅规定了交付"记载处分理由的说明书"制度，而且，为防止滥用违反公务员本意的身份处分和惩戒处分，设置了通过人事院事后审查来纠正不当处分的制度。

日本公务员遭受侵犯其权益的人事处分时，依国家公务员法之规定，提出声明不服,其具体程序为:公务员可以在六十日内向人事院声明不服,无理由者,人事院驳回并通知当事人;有理由者,人事院组成公平委员会审理,经言词审理或不公开审理后作出判定。如经公平委员会判定后,当事人就法律问题不服时,可以提起诉讼;如经公平委员会判定撤销者,公平委员会可以自行或指示采取一定措施,指示任命权人(行政机关)对当事人交付说明书。

如果是公务员对工作条件等相关措施声明不服,其程序如下:申请人(公务员或其团体)向人事院要求工作条件相关措施,人事院应立即自行或组成苦情审查委员会予以受理并审查,并为判定,无理由者,予以驳回;有理由者,自行或建议实行一定改进措施。苦情审查委员会受理审查阶段中,可以征询相关意见或为言词辩论或传唤证人,并可以对申请人与行政机关进行斡旋调解。

公务员、家属及其代理人也可以因为公务或执行职务时受到损害的补偿及有关福利措施,提出申诉,其程序如下:公务员、家属及其代理人向人事院提出申诉,人事院受理后,无理由者,予以驳回;有理由者,由该院组成灾害补偿审查委员会审查后,将审查报告书提交人事院以为作成请相应行政机关为补偿措施的裁决书,并通知申诉人。灾害补偿审查委员会审查过程中,除以书面审查外,尚得请医师诊断或实地调查或请申诉人到会说明。

2.司法救济

日本公务员权利救济的司法途径通过行政诉讼实现。第二次世界大战以前日本在明治宪法的背景下,视公务员为天皇的仆从,采纳了德国的"特别权力关系理论",强调公务员对政府的忠诚和服从,认为公务员的权利是在其获得公务员身份后由政府特别赐予的,其权利的保障也应该在行政系统内部进行,排除了公务员权利保障的司法途径。第二次世界大战以后日本抛弃了"特别权力关系理论",认为公务员作为公民一员应享有宪法规定的基本人权,其合法权益应得到保障。根据日本国《宪法》第三十二条规定的"任何人向法院申诉的权利,不得剥夺"这一保障受审判的原则和第七十六条第一、二项规定的司法权为法院专有的原则,司法救济被确定为日本公务员权利救济制度的最终途径。日本法律规定,公务员如果认为其合法权益受到行政机关侵害,有权通过司法途径向法院提起行政诉讼,从日本《行政诉讼法》第三条之三的规定可以看出,它将"取消行政机关对于审查请求及异议申诉和其他不服申诉所作的裁决"均纳入行政诉讼范围之中。日本行政诉讼法将公务员提起的行政案件确定为"抗告诉讼"类型,包括撤销裁决的诉讼（即要求取消行政机关对审查请求及异议申诉的裁决、决定或其他行为的诉讼）和当事人诉讼（即当事人之间关于公法上的法律关系主要指公务员针对工资及损失补偿等提起的诉讼）。从撤销裁决诉讼的诉讼范围可以看出，其针对的是已经经过行政救济手段处理，但公务员对处理结果仍不服的案件，所以对于此类撤销裁决的诉讼，行政不服申诉应当处于前置地位，这也在一定程度上增强了行政管理的效率，维护了行政体系的独立地位。法院经过审理，可作出支持请求判决、驳回请求判决以及情事判决。

（四）小结

日本曾是奉行"特别权力关系理论"，严格排除诉讼原则的国家之一，但随着法制化进程的深入，目前已作了适当调整。日本以是否直接影响国民生活作为检验标准，认为如果行政行为的实际效力不仅限于行政组织内部，对国民生活有巨大影响的话，就可以对其提起诉讼。如对公务员的开除处分，使公务员的身份转化为一般市民是属于直接影响国民权利义务的行为，是可诉的。在日本的行政救济体系中，亦将公务员的工资及损失补偿的请求诉讼作为实质性当事人诉讼的典型纳入行政案件诉讼的范畴中。关于职务行为的请求权、财产性请求权、劳动基本权及其他的基本人权，如受到雇佣者国家或地方公共团体的侵害，最终通过法院获得救济。

同时，日本公务员人事争议的行政解决机制具有准司法特色，强调由独立、公正的人事院裁决。公务员对人事院所作侵犯其权益的人事处分声明不服的判定，除直接向法院提出诉讼外，其他关于工作条件的请求及公务灾害有关请求均可以向人事院提出。人事院对于不利处分的声明不服，究竟采用言词审理或审讯审理，公开审理或不公开审理，原则上都可以由公务员决定。对于改善工作条件的要求，还允许公务员以个人名义或通过团体提出，可以兼顾公务员的立场与方便。除此之外，诸多程序方面的规定，例如不利处分必须交付说明书，说明书上应记载处分理由与告知声明不服的救济方式，以及人事院在审查改善工作条件的要求的案件过程中，得对当事人进行劝导或斡旋，均体现了对公务员人事权益的实质维护。

第二节　总　评

由前述之介绍分析，可知各国多能应民主宪政之时代潮流，以法律规定明文保障公务人员之权益。

在权利保障范围上，保障公务员的任用、升迁、调职、惩处、免职、公法上财产请求权、退休、集体劳动权等，从传统的身分权利保护，一直到随时代公共管理新思潮而谋求良好工作环境的塑造。同时也因应信息时代一般人对知情权与数据保护的高度要求，行政管理当局除对有关公务员权利义务的信息应当对当事者透明化外，对于公务员个人人事数据也应给予适当保护，并让公务员就其本身人事记录有表达相对、平衡意见的机会。此外，以宪法上的人性尊严、民主参与等原则为出发点，使公务员就其本身权益攸关事项，无论是一般性者（如工作条件、管理规则等）或是个别性者（如考绩、惩处等），均有事前参与表达意见或共同决策机会。

在争议处理组织上，为具体落实公务员的人事权利保障，除特定司法机关外，大部分国家都在行政系统内部设立了独立行使职权的准司法机关，除监督行政部门能切实依照法令管理公务员外，也受理公务员人事权益受行政部门侵害时的救济事项。其组成人员多半地位较高（经国会同意后由最高行政首长任命）、任期较长（四年、七年或十年，并可连任）、法律予以特别的保障。在审理公务员人事争议案件时，均有准司法权，依据法律独立行使职权、可以传唤证人、进行必要的证据调查、并有权决定和命令有关机关合法且合理的处理。更进一步的，美国的功绩制保护委员会对人事管理局就其管辖范围内（掌管公务人员有关管理法令及退休、职位分类事项）所定规则的有效性加以审查。

在处理程序上，公务员权益受行政机关侵害除行政系统（包括保障组织）之救济外，大部分均有司法救济途径；而集体劳动权的苦情申诉，则以行政仲裁机关的仲裁为最终决定。至于具体的人事争议处理的正当程序，各国亦十分重视；除律师为代理人外，工会代表也可出席进行必要的协助或代表；当事人有答辩、听证的权利。对于前述行政部门的人事决定，亦有不少国家有再审议的规定（如美国、日本），且当事人双方（即公务员与行政机关）均可提请再审议。

关于原处分或措施是否可停止执行，大部分国家以不停止执行为原则，以停止执行为例外。这是因为公务员的职务是与公共利益有关的公务行为，行政机关对其所作的人事处分或措施应当推定是基于公益考虑或为达成公务目标所致，除非公人员人事权益有难以恢复等例外情形，行政的效率原则要求在公务员人事争议的救济制度上采取不停止执行原则。

最后要归纳的是：由以上各国制度来看，其制度结构、形态总体上可分为三大类：第一，英美国家充分显现不成文法国家的特色，根据需要设立任务不同的争议解决机构以发挥不同的功能；除英国仅有行政系统内部的申诉外,美国除集体劳动权的苦情申诉外,其余均可最终诉请司法机关救济。第二,大陆法系的德国和法国,其解决人事争议的制度注重公务员深入参与行政管理运作,因此有各种公务员代表组织的参与程序规定,虽然不像英美一样特设保护机构,但在实际上也发挥了不少作用。德法公务员人事争议的救济途径在制度上十分丰富多元,虽无类似英美国家的特设救济组织,仍无损于其对公务员的完善保障。第三,日本特设了独立的人事院综合管理公务员人事争议事项及公务员的保障,事权统一明确。但其对公务员人事争议的救济稍嫌保守,除不利行政处分涉及法律问题可向法院请求救济外,其余工作条件、管理措施、灾害补偿等均以人事院的决定为最终决定。

第四章　我国公务员人事争议处理
机制现状和重构

第一节　我国公务员人事争议处理机制概述

在我国的传统社会观念中,"官"历来就是一个强势名词,官本位是人们的普遍价值取向。经过几千年封建官僚统治的支配,普通民众对"官"的向往和敬畏已经成为一种遗传基因流淌在民族的血脉之中,即使到了法治化的今天,人们依然认为"官"的权利基本不存在遭受侵害的可能性,即使有受到损害的事实发生,也是内讧式的政治斗争,人们对此的态度是漠然而憎恶。但这显然是一种误解,人们混淆了古代官吏与现代国家公务员的区别。当代的民主立法,尤其是我国的行政立法,遵从马克思主义关于公务员是"人民公仆"的经典理论,认为公务员的宗旨是"全心全意为人民服务",把公务员定位于社会大众的公共服务者和无私的奉献者,应该认真履行国家赋予的职责,因而在立法上重点规范对公务员权利的限制,着重强调公务员的义务,以义务为本位对公务员进行管理。同时,我国相关立法受到特别权力关系理论的影响,认为公务员管理是脱离于司法管辖的内部行政行为,从而忽视了对公务员权利的司法救济和保障。① 事实上,公务员无论作为有着特殊身份的社会管理者还是作为普通公民,都应该享有相应的权利,这是基本人权理论的合理延伸。公务员的双重身份决定了其不应拥有凌驾于普通民众之上的特殊权利,同时当其自身的身份权益和公民权利受到侵犯,特别是公务员身份权益受到来自行政机关公权力的侵犯时,同样应当拥有依照法定程序和方法寻求保护与救济的权利。虽然,相对于其他领域的民主化、法治化进程,公务员人事争议处理机制的健全和完善显得相对落后而迟缓,但事实上,我国早就认识到了公务员人事争议处理机制的重要性,只是这种救

---

① 　杜润森:《论我国公务员权利救济制度》,郑州大学硕士学位论文,2007年。

济机制主要表现为人事争议行政处理机制,而非人们更期盼的司法救济机制。其亦在我国的人事行政管理逐渐从人治走向法治,保障国家公务员的合法权益方面,起到了重要的作用。

一、我国公务员人事争议处理机制的历史沿革

公务员人事争议处理机制在我国经历了一个逐渐发展的过程。自新中国成立以来,国家颁布了一系列相关的法律、法规,形成了我国现行的公务员权利法律救济体系,主要是公务员人事争议的行政处理机制。

1952 年中央人民政府制定了《国家工作人员奖惩暂行条例》。该条例第一次确立了我国国家工作人员的申诉制度,但申诉的范围仅限于奖惩决定。1954 年 3 月,政务院人民监察委员会制定了《关于惩戒工作中应当注意的几个问题》,5 月递交对申诉制度实践中存在的问题进行了纠正,指出:扣留申诉或"怕"影响干部情绪而不转告处分者,或一律认为申诉就是思想和做法不老实,都是不对的。1954 年颁布的《宪法》为国家工作人员的申诉控告确立了宪法依据。其中明确,我国公民对于违法失职的国家工作人员,有向各级国家机关提出书面或者口头控告的权利,有依法取得赔偿的权利。国务院 1957 年颁布了《国务院关于国家行政机关工作人员的奖惩暂行规定》,规定对行政处分行为不服的,可以在行政系统内部寻求救济。由于缺乏必要的法制基础和社会环境,规定中救济的范围和方式仍具有一定的局限性,但公务员权利救济制度的重要性得到普遍重视。1982 年《宪法》第四十一条明确规定,中华人民共和国公民对于任何国家机关和国家工作人员,有提出批评和建议的权利,对于任何国家机关和国家工作人员的违法失职行为,有向国家机关提出申诉、控告或者检举的权利。但不得捏造或者歪曲事实进行诬告陷害。1990 年颁布了《中华人民共和国行政诉讼法》,该法第十二条第三款明确规定,人民法院不受理公民、法人或其他组织对行政机关对行政机关工作人员的奖惩、任免等决定所提起的诉讼。这就将针对公务员的惩戒行为排除在行政诉讼受案范围之外。1993 年颁布了《国家公务员暂行条例》,对申诉制度作了比较具体的规定。该条例第十六条规定,"国家公务员对涉及本人的人事处理决定不服的,可以在接到处理决定之日起三十日内向原处理机关申请复核,或者向同级人民政府人事部门申诉,其中对行政处分决定不服的,可以向行政监察机关申诉。"还规定,对行政机关及其领导人员侵犯公务员合法权益的行为,后者可向其上级行政机关或行政监察机关提出控告。这是第一次将宪法规定的公民的申诉权和控告权具体化,专章

对申诉和控告制度进行规定,也标志着我国公务员申诉与控告制度的基本确立。之后,人事部又颁发了《国家公务员申诉控告暂行规定》和《国家公务员申诉案件办理规则》等配套文件,对公务员申诉控告制度作了具体规定。1997 年颁布了《中华人民共和国行政监察法》(简称《行政监察法》)。该法第三十七条规定,"国家公务员和国家行政机关任命的其他人员对主管行政机关做出的行政处分不服的,可以自收到行政处分决定之日起三十日内向监察机关提出申诉,监察机关应当自收到申诉之日起三十日内做出复查决定,对复查决定仍不服的,可以自收到复查决定之日起三十日内向上一级监察机关申请复核,上一级监察机关应当自收到复核申请之日起六十日内做出复核决定。"这一规定同样没有规定相应的司法救济途径。人事部 1997 年发布了《人事争议处理暂行规定》。该规定第二十七条规定,当事人对裁决不服的,可以向作出裁决的人事争议仲裁委员会申请复议。依此规定,公务员与所在行政机关因人事关系发生纠纷的,可以就人事争议的事实和当事人的责任,申请人事争议仲裁机构作出有约束力的裁决。1999 年颁布了《中华人民共和国行政复议法》,该法与行政诉讼法配套实施,在某些具体制度上它对行政诉讼法虽有超越,但在救济制度上由于该法本身的性质所限,它在公务员人事争议这方面,没能超越行政诉讼法的规定。2005 年颁布了《中华人民共和国公务员法》,该法基本沿用了《国家公务员暂行条例》有关申诉、控告的规定,并在申诉范围、程序和体制方面有所创新,是我国宪法确立的公民申诉权和控告权在公务员制度中的具体体现。

实践证明,我国公务员申诉控告制度对于维护广大公务员的合法权益,正确处理公务员与行政机关发生的矛盾起到了重要作用,对于促进机关依法行政,实现依法治国方略起到了积极作用。

但从上述有关公务员人事争议的法律规范发展过程我们可以看出,我国对公务员权利的法律救济主要集中于行政手段,行政手段救济的具体救济渠道有两个:一是复核、申诉、控告,二是人事争议仲裁。

二、我国公务员人事争议处理机制的保护范围

我国公务员的人事争议保护范围受法定的公务员权利范围约束,并受到人事行政行为的类型影响。

(一)公务员权利类型

公务员的权利,是指法律基于公务员的身份和职责,对于公务员有资格享受的某种利益和有做出或者不做出某种行为以及要求他人或组织做出或不做出某种行为的许可和保障。公务员权利规定着公务员与国家的关系，规定着公务员相对于国家的法律地位。我国《公务员法》第二章第十三条前七款明确规定了公务员所享有的七项权利，第八款补充说明公务员享有法律规定的其他权利。其中的七项权利分别为：获得履行职责应当具有的工作条件；非因法定事由、非经法定程序，不被免职、降职、辞退或者处分；获得工资报酬，享受福利、保险待遇；参加培训；对机关工作和领导人员提出批评和建议；提出申诉和控告；申请辞职。上述公务员的权利从内容上分析，可以归纳为三个方面。

1.身份保障权

所谓身份保障权是指公务员通过国家录用取得合法身份之后，其身份受到法律的严格保护，非因法定事由和非经法定程序不被免职、降职、辞退或受其他行政处分，其强调的是公务员身份的法律性。只有在具备法律依据，遵循法律程序的前提下，才可以免去公务员的身份。公务员享有的其他任何权利，离开身份的保障权均会失效，身份保障权是公务员享有各项权利的源泉。关于身份保障权，各个国家以不同的形式确立。法国的任职保障权即公务员任职情况有在职、外调、出职、停职、服兵役、抚育假等几种形式，但非经法定程序及法定权力机关的核准，公务员不得被选任其他职务。公务员地位的变化（升迁或降级）也必须通过相应的程序来进行，包括考核、晋升、工作调动等法定形式，通过这些步骤和形式，也能够保护公务员相应的任职权利。可见，法国对公务员身份保障权有着特别具体而细致的规定，这无疑使得保障公务员这一群体的身份和职务的稳定有着可操作性和可行性的法律依据。我国虽然没有像西方各国那样明确提出公务员身份保障权的概念，但是《公务员法》第十三条第二款规定："非因法定事由、非经法定程序，不被免职、降职、辞退或处分。"此处明确界定了我国对公务员身份保障的内容，表明公务员的身份是一种法律身份，这在本质上可以被视为我国公务员法定的身份保障权。公务员的身份保障权是建立在政务官和事务官分类的基础上的，只有事务官才享有身份保障权，适用公务员法。而我国公务员分为领导职务公务员和非领导职务公务员，领导职务公务员中一部分相当于西方国家的政务官，剩下的领导和非领导职务的公务员则相当于西方国家的事务官，但都适用《公务员法》。显然，在我国包括领导职务和非领导职务的全部公务员都享受实际的身份保障权，这有利于维护整个公务员队伍的稳定，使其更好地为国家各类机构服务。公务员的身份保障权可以理解为其基于获得公务员身份而获得的法定保障，重点体现在公务员作为"自然人"和公务员身份的分离,国家专门针对公务员这一特定的身份提供了法律意义上的保护。这在根本上否定了基于个人意志的非制度化的特权对公务员身份的肆意剥夺和恣意处置。

2.政治权利

公务员政治权利主要有信仰自由、言论自由、结社自由等。如在法国,公务员法规定,公务员有个人信仰自由,任何人都不因其宗教、哲学、党派信仰而妨碍他成为一名公务员。在美国,政府雇员享有美国宪法及其第一修正案、第五修正案所规定的最基本的宪法权利,即个人信仰自由、言论自由、集会自由以及参加工会组织的权利。可见,西方国家公务员的政治权利主要包括信仰自由、言论自由以及结社自由等权利。但在执行职务以外,公务员也要保持一定的克制态度,因为"公务员激烈的态度,足以破坏政府的威信"。结社自由,包括组织会社和组织工会的自由,但不能组织反政府的团体。显然,即便是在西方国家,公务员的言论自由和结社自由等政治权利也要受到诸多限制,这些政治权利也由于公务员的特殊身份而异于一般公民。我国公务员的政治权利保障与公民的权利保障基本一致,所不同的主要是体现在公务员的劳动权上。劳动权是宪法上规定的政治权利,公务员当然也应该享有这项权利。由于劳动权包括了公务员为保护自身利益而结社并采取特定的行动的权利,如果不对公务员行使该权利进行限制,则可能威胁国家的行政管理秩序。因此,虽然我国宪法规定公民有结社、集会、游行、示威等自由,但《公务员法》明确禁止公务员"组织或参加旨在反对政府的集会、游行、示威等活动,组织或参加罢工"。不过,我国公务员有参加和组织工会的权利,而且公务员工会可以参加政府及部门涉及公务员利益的重大问题和事项的研究制定工作。

3.财产性权利

公务员财产性权利,也即公务员的经济利益权,包括公务员任职时的劳动报酬权、福利以及保险在内。财产性权利是公务员最为核心的权利,直接关系到公务员及其家人的正常的生存和健康。在法国,公务员财产性权利又称为公务员的物质利益,主要包括:薪俸请求权、享有社会保障津贴和经济补助的权利,以及享有退休金的权利,如果从广义上讲,公务员享有各种假期,也可以概括为其享有的物质利益。在日本,公务员的财产性权利包括接受工资、退休金、退职养老金、公务灾害补偿等权利,即用于补偿公务员从事公务以及由于执行公务之时受到意外伤害所拥有的特别补偿。当然,在日本公务员法中,有关薪金及退休金、退职养老金的规定已经从天皇所恩赐的制度发展成为与一般国民的养老金基本无本质差别的一种金钱给付。可见,国外公务员的财产性权利不仅包括获得正常工资报酬的权利,还有退休金、养老金、津贴、保险以及各种特殊补偿等。这些具体的权利为公务员生存和健康提供了较为全面的保障。我们可以借鉴其经验在为公务员支付基本的工资报酬基础上提供其他的福利待遇,并且将保险等从国家负担转移到社会负担。我国《公务员法》第二章第十三条第三款规定,公务员享有"获得工资报酬,享受福利、保险待遇"。这是《公务员法》对公务员财产性权利的直接规定,其中包括三项具体的权利即获得工资报酬权利、享有福利的权利、获得保险的权利。此外,《公务员法》第十二章第七十三条至第七十九条对公务员的工资、福利以及保险作出了详细的规定,如将工资细化为基本工资、津贴、补贴以及奖金。工资权是公务员财产性权利的核心内容,是公务员在正常劳动中所获得的国家支付的报酬,但这又与私人之间的雇佣关系不同,因为在工资标准方面公务员没有和国家的协商请求权与决策权,而是由政府单方面确定公务员的工资标准。享有福利的权利是在工资报酬之外为满足公务员生活方面的共同需要和特殊需要,在工资之外给予工作和生活上的附加待遇。这有利于调动公务员工作积极性并保证公务员以良好的精神状态投入工作中,而且有利于吸引优秀人才进入公务员队伍,从而提高整个公务员队伍的素质。获得保险的权利不仅对公务员正常生活和身体健康等提供了保障,而且可以将公务员的医疗等费用从国家保障逐渐转变为社会保障,无疑将减轻国家财政的负担。

(二)人事行政行为类型

1. 人事行政处理决定

人事行政处理决定,是指行政机关依法对特定公务员的权利义务所作的单方、要式人事行政行为。《国家公务员暂行条例》第八十一条规定:"国家公务员对涉及本人的人事处理决定不服的",都可以依法请求行政救济。根据该条例的规定,人事行政处理决定有以下几种:确定公务员级别方面的决定;录用公务员方面的决定(例如,省级以上人民政府工作部门对新录用的公务员安排到基层工作的决定,行政机关对新录用的公务员经试用后是否合格的决定);考核(如年度考核结果的决定)、奖励(如对奖励等级不服等)与行政处分方面的决定(包括监察决定和监察建议及为作出行政处分而采取的措施);职务升降与职务任免方面的决定;交流方面的决定,包括调任、转任、轮换和挂职锻炼方面的决定;回避方面的决定;工资保险福利方面的决定;辞职辞退和退休方面的决定;其他人事行政处理决定(如关于收受礼品方面的决定,财产申报方面的决定等)。其后,《公务员法》第九十条的规定,基本上延续了暂行条例的做法,并在此基础上增加了:试用期公务员取消录用;公务员免职;申请辞职、提前退休未予批准和未按规定确定或者扣减工资、福利、保险待遇。

2.人事行政侵权行为

人事行政侵权行为,一般是指非法侵犯特定公务员合法权益的人事行政行为。从这一意义上说,违法或不当的人事行政处理决定,也往往是人事行政侵权行为。但是,对人事行政处理决定的侵权已有相应的救济形式,并不按人事行政侵权行为进行救济。因此,这里的人事行政侵权行为,特指行政机关及其领导人员运用职权,以非人事行政处理决定的形式,侵犯特定公务员合法权益的非要式单方行政行为。它包括作为和不作为两种形式。作为的人事行政侵权,是指积极、主动实施的人事行政行为,侵犯了特定公务员的合法权益。例如,行政机关首长对公务员的打击报复,在晋升时向公务员索贿等,都是作为形式的侵权。不作为的人事行政侵权,是指对一定行为的抑制侵犯了特定公务员的合法权益。例如,应当确定公务员的级别却不予确定、应与奖励而不予等不作为形式的侵权。①《公务员法》第九十三条规定:"公务员认为机关及其领导人员侵犯其合法权益的,可以依法向上级机关或者有关的专门机关提出控告。"这就是说,国家公务员对侵犯其职务关系上合法权益的任何具体人事行政行为,除依人事行政处理决定的规定申请救济外,都可依这一规定请求救济,弥补了人事行政处理决定救济规定的不足,把具体人事行政行为都纳入了人事行政救济的范围,并杜绝了行政机关及其领导人员利用非书面决定形式规避人事行政救济的可能,从而具有重要意义。

三、我国公务员人事争议处理机制的具体内容

(一)复核

通常意义上的复核是指公务员申诉控告制度中的复核,它是公务员对国家行政机关所做出的涉及本人利益的人事处理决定不服,而向原处理机关提出重新审查的意见和要求。《公务员法》第九十条规定,公务员对涉及本人权益的七种法定人事处理和其他法定情形的人事处理不服的,可以自

---

① 叶必丰:《我国人事行政救济制度探讨》,《法商研究》1996 年第 3 期。

知道该人事处理之日起三十日内向原处理机关申请复核,法定情形包括:①处分;②辞退或者取消录用;③降职;④定期考核定为不称职;⑤免职;⑥申请辞职、提前退休未予批准;⑦未按规定确定或者扣减工资、福利、保险待遇;⑧法律、法规规定可以申诉的其他情形。《国家公务员申诉控告暂行规定》第五条规定,国家公务员对国家行政机关做出的涉及本人权益的下列处理决定不服,可以向原处理机关申请复核,包括:①行政处分;②辞退;③降职;④年度考核定为不称职;⑤法律、法规规定可以提出申诉的其他人事处理决定。

对比《公务员法》第九十条和《国家公务员申诉控告暂行规定》第五条,可以看出这两个规范性法律文件的规定是基本一致的,作为高位阶法和新出台法律,《公务员法》中关于可复核的人事处理范围规定更广泛,法条行文更加规范严谨。法律中对于复核范围,采取列举和概括相结合的半开放式规定,这样有利于增强法律的适用性和稳定性。

除此之外,行政监察制度之中也有复核的相关规定。《行政监察法》第三十七条规定,国家公务员和国家行政机关任命的其他人员对主管行政机关做出的行政处分决定不服的,可以向监察机关提出申诉,对监察机关做出的复查决定仍不服的,可以向上一级检察机关申请复核。第三十九条规定,对监察决定不服的,可以向做出决定的监察机关申请复审,对复审决定仍不服的,可以向上一级监察机关申请复核,上一级监察机关的复核决定为最终决定。之所以提到第三十九条,是因为通过第二十四条的规定可以看出,监察机关所做出的监察决定对公务员的权利有很大影响,所以可以认为《行政监察法》第三十九条中的"复审"、"复核",也属于公务员人事争议的救济方式。同时,《检察机关处理不服行政处分申诉的办法》第十三条规定,国家行政机关工作人员和国家行政机关任命的其他工作人员对监察机关行政处分决定不服的,可以向做出决定的监察机关申请复审;对其主管部门行政处分不服的,可以向有管辖权的监察机关申请复审;对监察机关行政处分复审决定仍不服的,可以在收到复审决定后向做出复审决定的上一级监察机关申请复核。在这里有些特别之处需要阐明,行政监察相关法规中有"复审"、"复核"两种行为,相互之间具有一定区别,并不完全相同。其主要区别在于行政监察中,"复审"的请求对象是做出监察决定的原监察机关,而"复核"的请求对象是做出监察决定的原监察机关的上一级监察机关,这种区别有必要明确。

上述的公务员申诉控告制度中的复核与行政监察中的复核,在诸多方面存在差异。首先,两者涉及的受理范围不同。前者针对《公务员法》第九十条规定的七种法定人事处理和其他法定情形的人事处理,后者的对象是公务员对监察机关或主管部门做出的行政处分决定不服向监察机关申诉后,监察机关做出的行政处分复审决定或复查决定。其次,两种复核的处理机关不同。前文已经论述,行政监察中有"复审"与"复核"两个行为,其中,行政监察中的"复审"与公务员申诉控告制度中的"复核"意义相近,都是对原处理机关提出申请,而行政监察中的"复核"是对原监察机关的上一级监察机关提出申请。再次,法律规定的处理时限不同。《公务员法》第九十一条规定,原处理机关应当自接到复核申请书三十日内做出复核决定,《行政监察法》第三十七和第三十九条规定,上一级监察机关应当自收到复核申请之日起六十日内做出复核决定。最后,两种复核的法律效力不同。公务员申诉控告制度中的复核不是必需途径,公务员可以选择复核,也可以直接向上一级机关提出申诉,并且此种复核不具有最终效力,公务员对复核结果不服的可以向上一级机关提出申诉。而《行政监察法》第四十一条规定,上一级监察机关的复核为最终决定,具有最终效力。

（二）申诉

1.申诉制度概要

公务员申诉,指的是公务员对行政机关作出的涉及本人利益的人事处理不服时,有向有关部门提出重新处理要求的活动与制度。主要包括:可以向原处理机关申请复核;有权向同级公务员主管部门或者作出该人事处理的上一级机关提出申诉;还可以向行政监察机关提出申诉等。国外公务员法一般也将公务员申诉称为"个人的不满和争议"。其必须满足以下几个方面的条件:

（1）申诉的主体是公务员,即依法履行公职、纳入国家行政编制、由国家财政负担工资福利的工作人员。以公民身份报考公务员的人,在被录用之前不能提起公务员申诉;在试用期内的新录用的公务员可以提起申诉。

（2）申诉的客体是涉及公务员本人利益的已经生效的人事处理。人事处理决定是指国家机关以书面形式作出的有关公务员考核、奖惩、交流、职务升降、职务任免等方面的决策。包括:处分、辞退或者取消录用、降职、定期考核定为不称职、免职、申请辞职、提前退休未予批准等。考虑到涉及公务员权益的人事工作,除了作出相应的人事处理决定外,也存在人事不作为的情形,如不按规定变更公务员工资福利待遇等。因此,《公务员法》用"人事处理"的概念代替了原《国家公务员暂行条例》中的"人事处理决定",既包含了人事处理决定,也包含了人事不作为的内容,这样表达更为精确。①

(3)申诉的原因是公务员认为人事处理不合法或者不合理,对自己的合法权益构成侵犯。公务员提起申诉,并不要求人事处理确实违法或不当,只要是公务员主观上认为其违法或不当即可;至于人事处理决定在客观上是否违法或不当,还有赖于受理机关的审查与判断。这也正是人事处理在公务员申诉期间不停止执行的原因所在。②

(4)申诉的目的在于公务员维护自己的合法权益。公务员通过维护自己的合法权益,进而也可以对作出决定的机关形成监督与制约。

(5)申诉的受理机关是法律明文规定的。根据《公务员法》的规定,我国受理申诉的机关只有四个:原处理机关、同级公务员主管部门、作出人事处理决定的机关的上一级机关和行政监察机关。

(6)申诉的期限是自公务员知道人事处理决定之日起三十日内。如果无正当理由超过期限提起申诉,受理机关可以不予受理。

2.申诉受理机关

(1)原处理机关。原处理机关有权改变或撤销本机关所作出的处理决定,同时也可以保证案件及时处理。大部分申诉案件应以原处理机关解决为宜。这是因为:一是原处理机关对案情最了解,容易查清事实。二是程序简便直接,解决问题及时快捷,给行政机关和公务员个人造成的损失小。

(2)同级公务员主管部门。各级公务员主管部门是综合管理公务员事务的职能部门。公务员主管部门有权处理公务员申诉案件。其处理决定有些可由党委组织部门或政府人事部门直接作出,有些需报同级党委或人民政府作出。对这些处理决定有关部门必须按照执行。

(3)作出该人事处理决定的机关的上一级机关。上一级机关一般有权改变或撤销原处理机关作出的处理决定,或者有权向原处理机关提出改变或撤销原处理决定的意见;同时,其行政层级也与原处理机关比较靠近,比较了解或熟悉相应的业务和人员状况。

(4)行政监察机关。《行政监察法》第十八条规定:"监察机关的职责包括受理公务员不服主管行政机关给予行政处分的申诉。"公务员对行政处分不服时,可以向行政监察机关提起申诉,行政监察机关应该按照规定受理申

---

① 详见《中华人民共和国公务员法》第九十条。

② 参见徐银华,周佑勇著:《公务员法新论》,北京大学出版社 2005 年版,第277—278 页。

诉,并有权直接或建议行政机关纠正错误的行政处分决定。①

3.申诉程序

申诉的程序,是指申诉案件的当事人以及受理机关在审理申诉案件时进行的,即分阶段又相连贯的活动顺序。目前,公务员的申诉程序基本上依照《国家公务员申诉控告暂行办法》的相关规定进行。同时,依据《公务员申诉案件办案规则》的有关规定,受理申诉的机关决定立案后,成立临时性的公正委员会,负责案件的审理和对案件提出具体处理意见等工作。公正委员会成员的人选,由受理申诉的机关中负责公务员申诉工作的机构提出,报受理申诉的机关审定,或由受理申诉的机关直接指定。公正委员会在案件审查结束后,要根据审理情况提出处理意见,写出审理报告,并将审理报告提交受理申诉的机关。受理申诉的机关,应当对公正委员会提交的申诉审理报告进行审核,作出不同决定。具体而言,根据做出人事处理决定的机关不同,公务员申诉的程序可以分为两种。

(1)原处理机关为公务员管理机关时的申诉程序

第一,复核。公务员对人事处理决定不服时,自知道该决定之日起三十日内向原处理机关申请复核,并提交复核申请书以及原处理机关处理决定的复印件。原处理机关应当在接到复核申请书后的三十日内作出复核决定,并以书面形式通知公务员。复核并非公务员申诉的必经程序,公务员也可以直接向同级公务员主管部门或者作出该人事处理决定的机关的上一级机关提起申诉。② 复核程序的特点是:一方面,受理机关是原处理机关,因此对案情比较了解。这种特点带来两种可能,一是解决问题快、处理得当;二是不容易改变原处理决定。另一方面,公务员可以要求复核,也可以直接提起申诉。这种特点使公务员可以自主决定有无必要向原处理机关申请复核。

第二,申诉。公务员对复核结果不服,可以自接到复核决定之日起十五日内,向同级公务员主管部门或者作出该人事处理决定的机关的上一级机关提起申诉;也可以不经过复核,自知道人事处理决定之日起三十日内直接提起申诉。因不可抗力等正当理由在规定的期限内未能提起申诉的,经受理机关批准可以适当延长期限。公务员提起申诉时,应当递交申诉书、原处

① 林戈主编:《公务员法立法研究》,中国人事出版社、党建读物出版社 2006 年版,第 456—457 页。

② 参见《公务员法》第九十一条。

理机关的人事处理决定书复印件或者复核机关作出的复核决定的复印件。①

受理机关应当自受理之日起六十日内作出处理决定；特殊情况需要延长期限的，延长的时间不能超过三十日。受理机关应当组成专门的机构，负责审理公务员申诉案件，调查公务员申诉的事项，审查被申诉机关提供的证据和文件，并提出案件的具体处理意见。受理机关根据不同的情况，可以作出维持、撤销、重新处理、变更原处理决定等决定，并制作公务员申诉处理决定书，及时送达申诉人和原处理机关，由原处理机关将其存入公务员的个人档案。

公务员申诉期间原处理决定不停止执行，原处理机关也不得因此而加重对公务员的处理。

在受理复核和申诉的机关未作出决定之前，公务员可以书面形式要求撤回复核申请和申诉。受理机关在接到撤回申请之后，可以停止相关案件的审理工作。

第三，再申诉。如果公务员对省级以下机关作出的申诉处理决定仍然不服，可以向作出处理决定的上一级机关再次提起申诉。在制定《国家公务员暂行条例》及其配套法规时，考虑到我国的公务员申诉制度还是一项较新的制度，尚需在实践中探索，受理申诉工作的机构、人员还不足，因此只规定了一级申诉制。如果公务员对最终决定仍然不服，只能按照国家有关信访工作的规定，继续向有关机关反映。从实践看，这一申诉制度不利于申诉案件客观、公正地解决。因此，在制定《公务员法》时，变一级申诉制为二级申诉制，使我国的公务员权益保障更加行之有效。

第四，行政监察机关的复查、复核。公务员对主管行政机关作出人事处理决定的复核不服的，可以自接到决定之日起三十日内申诉，行政监察机关自收到申诉之日起三十日内作出复查决定；对复查决定不服的，可以在收到复查决定之日起三十日内向上一级行政监察机关申请复核，上一级行政监察机关应当自收到复核申请之日起六十日内作出复核决定。复查、复核期间不停止原决定的执行。②

（2）原处理机关为行政监察机关时的申诉程序

第一，复审。公务员对监察决定不服的，可以在收到监察决定之日起三十日内向作出决定的监察机关申请复审，监察机关应当在接到复审申请三

---

① 参见《公务员法释义》第九十条。
② 参见《公务员法释义》第九十条。

十日内作出复审决定。

第二,复核。公务员对原处理机关作出的复审决定不服,可以自接到复审决定之日起三十日内向原处理机关的上一级行政监察机关申请复核。上一级行政监察机关在接到复核申请之日起六十日内作出复核决定,此决定具有终局性。[①]

人事争议的申诉程序如图 4-1 所示。

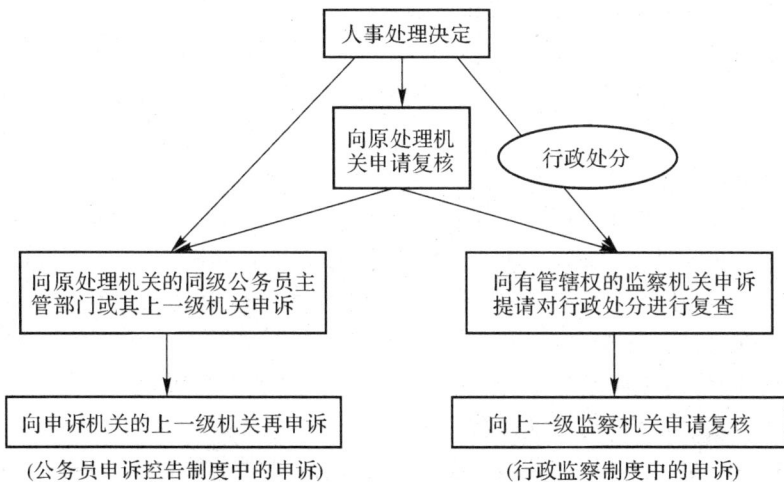

图 4-1　人事争议的申诉

(三)控告

1.控告制度概要

控告,是指公务员对机关及其领导人员侵犯其合法权益的行为向上级机关或者行政监察机关提出指控。《公务员法》第九十三条规定,公务员认为机关及其领导人员侵犯其合法权益的,可以依法向上级机关或者有关的专门机关提出控告。受理控告的机关应当按照规定及时处理。《国家公务员申诉控告暂行规定》专列出第三章"控告",对提出控告的主体、提出控告的条件、控告书应当载明的内容进行了明确规范,同时对上级行政机关或者行政监察机关对控告的处理程序也作了原则性规定。至于监察机关对控告的具体处理过程则规定在《监察机关调查处理政纪案件办法》之中。该行政法规对控告案件的立案、调查、审理、处理等各个环节都有详细规定。

———————————

① 　参见徐银华,周佑勇著:《公务员法新论》,北京大学出版社 2005 年版,第 282 页。

立法者之所以将"控告"确认为公务员权利救济的方式之一,在于这种救济方式具有更大的灵活性和包容力。行政立法中对于申诉这种权利救济方式,是以列举加概括的半开放式来限定其受理范围,这样的立法模式虽然明确且具有一定的扩展能力,但不能完全适应包罗万象的社会生活的实际需要,不能穷尽一切应该受到救济的情形。在日常行政工作中可能会出现种种无法预料的行政机关及其领导人员对公务员权利进行侵害的状况,需要有一种内涵更丰富的方式来进行救济。同时从《公务员法》的具体条文中我们可以看到,申诉的救济方式针对的对象是人事处理,但是使公务员合法权利受到侵害的并不一定都是人事处理行为,机关及其领导人员有可能挟私报复、栽赃陷害、假公济私,等等,这些行径并不一定通过人事处理的方式表现出来,但一样会给公务员的权利造成损害,此时便凸显了控告这一救济途径的重要作用,只要是机关及其领导人员侵犯自己合法权益的行为,无论是何种表现形式,公务员都能通过控告来进行救济,这显示了立法的相对完备性,也进一步说明由控告来对其他救济方式进行兜底和补充的重要性。控告必须满足如下要求:

(1)控告的主体是公务员。控告应当由受害者本人提出,如果本人丧失行为能力或者死亡,则由其近亲属提出。

(2)控告的原因是公务员自己的合法权益受到了机关或领导人员的不法侵害。

(3)控告的目的是公务员为了维护自己的合法权益,而不是保护他人的合法权益。

(4)控告的受理机关是上级机关或者行政监察机关。

(5)控告的形式是书面的,即要递交控告书。其应该包括以下内容:控告人的基本情况、被控告人的基本情况、控告的理由和要求、控告的证据、受理控告的机关名称和日期。

2.控告受理机关

公务员行使控告权的目的,一方面是要保障自己的合法权益不受侵害,另一方面是使侵犯其权益的机关和有关人员受到应有的惩罚。因此,接受控告的机关必须是有权查处控告案件并追究相关人员和组织法律责任的机关。

根据这一要求,受理公务员控告的机关为实施了侵权行为的机关的上级机关、监察机关和其他有关机关。因为:①上级机关既有责任也有权力纠正其下级机关及其领导人员的错误行为,也有权力惩处犯错误的机关和人员。②监察机关既有受理行政机关中公务员控告的职责,也有直接惩处和建议有关部门惩处违法违纪人员的权力。③其他有关机关,主要指如审计、法院、检察院等有权处理的专门机关。

3. 控告的程序

公务员的控告程序一般包括:

(1)提出控告。当公务员认为自己的权益受到不法或不当侵害时,向上级机关或者专门机关提出对实施侵害的机关或人员的控告。公务员提出控告,应向上级机关或者有关专门机关提供明确的被控告人、自己的权益受到侵害的事实以及侵害人实施侵害的具体行为,为受理机关进行调查提供情况。

(2)立案,受理机关对控告人提供的情况进行初审。公务员向上级机关或者专门机关提出控告以后,上级机关或者专门机关要对控告人提供的情况进行初步审查并作出判断。当认为被控告人有可能违法违纪,并需追究法律责任时,应当立案。重要的立案,应向上一级机关备案。

(3)调查。上级机关或者专门机关决定立案以后,应立即进行认真调查,听取被调查人的陈述和辩解,全面搜集证据。根据调查工作的需要,受理控告的机关可以聘请有关机关、团体、单位的人员和具有专门知识、技术的人员参加检查和调查工作。

(4)作出处理决定。上级机关或者专门机关经过调查,分不同情况作出处理决定。当认为被调查人没有违法违纪行为,或虽有违法违纪行为但不需要追究法律责任时,应当依照立案时的批准程序销案,并告知被调查人及其所在单位;当认为需要依照有关规定对被控告机关或人员作出处理决定时,上级机关可以直接作出;行政监察机关需要作出监察决定或监察建议时,应提请被监察机关的监察委员会讨论,重要的监察决定和监察建议应报经本级人民政府和上一级监察机关同意。监察机关的处理决定,应当以书面形式送达有关机关或者人员。其他职能机关,可以受理公务员提出的与本机关有关的控告案件,并依法作出处理决定。

第五,执行处理决定。有关机关或者人员在收到上级机关或者专门机关作出的处理决定或处理建议以后,应在一定的期限内执行,并将执行情况通报给上级机关或者专门机关。

(四)人事争议仲裁制度

人事争议仲裁制度指的是由政府授权人事争议仲裁机构,根据争议当事人(基于聘用关系产生的公务员)的申请,依据有关法律法规,对国家行政机关与其聘用制的工作人员之间因履行聘任合同发生的争议,事业单位与工作人员之间因辞职、辞退以及履行聘任合同或聘用合同发生的争议等所作出公正裁决的活动和制度。根据《人事争议处理规定》第二条规定,人事争议仲裁委员会受理以下人事争议案件:①实施公务员法的机关与聘任制公务员之间、参照《中华人民共和国公务员法》管理的机关(单位)与聘任工作人员之间因履行聘任合同发生的争议。②事业单位与工作人员之间因解除人事关系、履行聘用合同发生的争议。③社团组织与工作人员之间因解除人事关系、履行聘用合同发生的争议。④军队聘用单位与文职人员之间因履行聘用合同发生的争议。

人事争议仲裁制度只适用于聘任制公务员与聘任机关之间因履行聘用合同而发生的争议。在本书第六章将详细叙述。

第二节　我国公务员人事争议处理机制存在的问题

不可否认,我国由复核、申诉、控告和人事争议仲裁制度共同构成的人事争议纠纷解决机制在保障和救济我国公务员人事权利方面发挥着巨大的作用。但正如我国的国家公务员制度建设尚处于改革摸索阶段一样,作为国家公务员制度重要组成部分的人事争议解决机制还谈不上完善,仍有进一步改革的余地。现阶段我国的公务员人事争议解决机制还存在着一些问题,现简述如下。

一、立法问题

(一)立法体系不完善

从 1957 年的《国务院关于国家行政机关工作人员奖惩暂行规定》出台,到 2005 年《公务员法》正式实施,公务员的权利救济制度不断发展,日益成为行政法治的重要组成部分。国家先后出台了一系列的法律法规来保障公务员的合法权益不受侵害,但是这些法律法规的立法层次有高有低,出台时间相差较久,导致法律在某些问题的规定上存在差异甚至冲突,缺乏一部统一、全面的法律法规来具体保障公务员的权利救济问题。目前有效的涉及公务员权利救济的法律法规在法律层次上包括《公务员法》、《法官法》、《检察官法》、《警察法》、《行政监察法》等;在部门规章层次上包括《国家公务员申诉控告暂行规定》、《公务员申诉案件办案规则》、《人事争议处理规定》、《监察机关调查处理政纪案件办法》、《监察机关处理不服行政处分申诉的办法》、《国家公务员考核暂行规定》、《国家公务员录用暂行规定》等。《公务员法》作为法律层次的救济依据,其对公务员权利救济的规定是概括性、原则性的。而具体的关于公务员权利救济的各项制度则散见于各行政法规、规章,位阶较低。

在这些法律法规中,有关公务员人事争议解决机制的规定以零星法条的方式存在,无法形成系统的法规体系,同时各部门规章和法律、法规之间的规定交叉重复,法条表达和法律术语存在细微差异,不能形成完全一致的表达方式,没有系统法律规范的状况给公务员人事权利救济保障工作带来诸多不便,不利于实现立法的科学性和合理性,也不利于依法行政和推进我国法治化进程。再者,各个法律法规对于管辖的范围规定很模糊,同一事项可能会有几个管辖的机关,是只能取其一,还是意味着寻求救济的公务员可以把这些程序都走一遍? 那么紧接着的问题就是如果各个机关作出的结果相冲突怎么办? 可见,目前法律体制上存在的问题仅凭孤立的、零星的修补是不能解决的,只有建立完整的、体系性的规定才是解决问题的出路。

(二)立法救济范围有限,实践中存在空白地带

我国法律、法规对公务员可以申请复核、申诉、控告及提起人事争议仲裁的侵犯其合法权益的人事行政行为作出了具体的规定。国家公务员对涉及本人权益的行政处分、辞退、辞职、年度考核定为不称职和法律、法规规定可以提出申诉的其他人事处理决定可以申请复核或者申诉。国家公务员对于行政机关及其领导人员侵犯其合法权益的行为,可以提出控告。国家公务员对与国家行政机关之间因录用、调动、履行聘任合同发生的争议可以申请人事争议仲裁。从对公务员权利救济的全面性而言,我国目前的规定并未涵盖全部的公务员权利。或者说,一部分人事管理行为被排除在公务员权利救济制度的审查监督之外了。

当前,我国对公务员权利救济的受案范围基本上采取了概括加列举的规定方式。这有一定的合理性,但也存在一个不容忽视的问题。即在概括加列举的情况下,具体的列举排除抽象的概括,最终,实际的受案范围也仅以列举的为限。这种方式有利于立法者依政策变化及实际需要而添加或缩减列举项,从而达到扩大或限缩受案范围的目的,在当前固然对保护人事行政管理的灵活性有好处,却在一定程度上不利于对公务员权利的全面救济,也在一定意义上反映了国家公务员救济权的有限性。

从实践来看,法律法规所规定的公务员申请救济案件的受案范围实际上却受到了限制:救济案件的受理机关只受理公务员对行政机关侵害其合

法权益的具体行政行为不服而提出的救济申请,公务员对行政机关侵害其合法权益的抽象行政行为不服则被排斥在公务员申请救济的受案范围之外。大量的人事管理活动是以抽象行政行为的方式做出的,其中难免有侵害公务员合法权益的情形存在。通常,抽象人事行政行为往往成为具体人事行政行为的依据。如果对作为依据的抽象人事行政行为的合法性不能进行审查,又如何能保证对具体人事行政行为审查的有效性呢?这样一来,行政机关抽象行政行为侵害公务员合法权益的范围便成了"法治国阳光尚未照到的丛林地带",成了我国公务员权利救济司法实践中的空白地带。而且,在现实生活中,抽象的行政行为发挥的作用之大、产生的影响之广,都是不容忽视的。在此背景下,如何将侵害公务员合法权益的抽象行政行为纳入公务员权利救济的行列,使依法治国的阳光能够照到所有的丛林,是摆在我们面前的一项刻不容缓的艰巨任务。

(三)缺少对于违法人事决定的行政赔偿制度的规定

我国《公务员法》中的一个条文提到了对于错误处分的公务员要进行精神上的抚慰和物质上的赔偿,其他法律、法规中对此都只字未提。但它的规定也是极为简单,一笔带过,对于赔偿程序和赔偿标准则完全没有涉及。可见,对于公务员错误处分的赔偿制度还没有引起大家的关注,但权责一致,侵权必须赔偿,作为行政法的一个原则在公务员权利救济领域同样是适用的。

对公务员权利保障的最终目的是纠正违法行政行为,恢复公务员的合法权利并对公务员受损的合法权益给予及时而有效的赔偿。可见能否得到有效的损害赔偿是公务员权利保障制度的一个重要问题。我国《公务员法》第一百零三条规定:"机关因错误的具体人事处理对公务员造成名誉损害的,应当赔礼道歉、恢复名誉、消除影响;造成经济损失的,应当依法给予赔偿。"这是我国目前法律对公务员权利保障的损害赔偿的直接规定,但此规定过于概括、笼统,对于赔偿机关、赔偿程序、赔偿范围、赔偿的计算标准及赔偿的执行等问题缺乏明确的规定,在现实中不具有可操作性,而且由于其救济机关是行政机关本身或者其上级机关,其权利保障程序基本上是行政程序,没有相应的赔偿制度作保障,所以,以上关于损害赔偿的规定在现实中难以发挥真正的救济作用。

那么因违法的内部惩戒行为致使国家公务人员损害的是否属于《国家赔偿法》的受案范围呢?虽然国家赔偿法并未明确将行政机关内部的行政赔偿问题排除在外,但一般认为,按照我国《行政诉讼法》第十二条关于行政机关对其工作人员的奖惩、任免决定不可诉的规定,违法的内部惩戒行为致使国家公务员损害的自然不能提出行政赔偿请求。① 在我国的司法实践中也对这一观点予以肯定。

内部行政法律关系与其他行政法律关系一样具有不平等性,即工作人员作为被管理者处于被支配的地位,行政机关以单方面意思表示所作的任何人事行政行为对工作人员都具有约束力、确定力和执行力,而这种人事行政行为并非都是合法、适当的。一旦有违法或不当的人事行政行为发生,就会损害工作人员的合法权益。在这种情况下,国家应当承担行政侵权赔偿责任,否则,就违背了国家赔偿立法的原则。随着国家赔偿制度从人治逐渐走向法治,随着对公务员权利保障的法律观念逐渐加强,应该在立法者及司法者的心中确立这样一种认识:即行政机关对其工作人员的违法奖惩、任免等内部人事管理行为侵犯公务员合法权益的,应由国家赔偿。②

二、具体制度问题

(一)行政申诉体制分析

行政申诉,是指国家公务员对国家行政机关作出的涉及本人权益的人事处理决定不服,依据国家公务员法律规定,向原处理机关、政府人事部门或行政监察部门提出重新处理意见和要求的行为。与此相类似的还有复核,控告等救济方式,在此仅分析行政申诉的体制问题。行政申诉在纠正内部行政行为方面是一个常用而有效的途径,它通过对行政权力不当运行的纠正来实现自身目的,客观上有助于对行政机关的监督,提高了行政效能效率,起到了监督国家及其领导人与工作人员自觉遵守法律和纪律、保护公务员正当权利不受侵犯,避免制造冤假错案等重要作用。但是在解决人事行政争议方面,现有的行政申诉制度就显得力不从心了。第一,公务员申诉制度本身尚不十分完善。对提起申诉的受理机关、时限要求、处理结果的送达和执行等具体事宜还没有制定出明确单项法规或相应的实施细则。第二,受理机关的管理权限尚未具体化。尽管规定了申诉受理机关为原处理机关、同级政府人事部门、行政监察机关,但现有法规没有明确受理机关各自

---

① 杨海坤,章志远著:《中国行政法基本理论研究》,北京大学出版社 2004 年版,第533 页。

② 马怀德:《制度变迁中的国家赔偿》,载:《宪法与行政法论文选萃》,中国法制出版社 2004 年版,第533 页。

具体的管理职责和权限。第三,公务员申诉的内容规定较为笼统。《公务员法》第九十条具体规定了对人事处理决定不服的申诉和对侵权行为的控告,但并未对"人事处理决定"和"合法权益"作出明确界定。第四,行政机关及申诉受理机关自身运作的影响。行政机关实行首长负责制以保证其效率,而公务员申诉控告在一定程度上与行政机关追求效率相矛盾,行政机关的运作更离不开行政首长强有力的影响,从而使公务员之申诉控告流于形式,得不到事实上的效果。

其次,由于我国长期以来受到僵化思想和官本位思想的影响,人们法制观念相对淡漠,对复核、申诉、控告等救济方式在认识上有偏差。公务员的申诉控告等本来是维护公务员合法权益的一种机制,具有"民告官"的性质,但由于上述原因人们对这一行为在认识上存在一定的偏差,从而使一些公务员不敢提出申诉控告,使其流于形式;同时,政府人事部门对申诉控告的处理则表现出政治、道德评价意味较浓而法律适用不足的缺憾。① 此外,也有一些受理机关,因为不愿意"得罪"作出处理决定的有关部门,对公务员申请救济持消极态度,导致公务员的申诉控告工作在实践中没能普遍执行。②

(二)行政监察制度分析

行政监察制度,是指国家在行政系统内部设定专门的行政机关,对国家机关及其工作人员和国家行政机关任命的其他人员是否遵守国家法律和纪律予以检察、调查、处理或提出建议的法律制度。《行政监察法》第一条规定,行政监察的立法目的和宗旨是:"加强监察工作,保证政令畅通,维护行政纪律,促进廉政建设,改善行政管理,提高行政效能。"法律明确规定了行政监察的内容,包括:"监察国家行政机关在遵守和执行法律、法规和人民政府的决定、命令中的问题;受理对国家行政机关、国家公务员和国家行政机关任命的其他人员违反行政纪律行为的控告、检举;调查处理国家行政机关、国家公务员和国家行政机关任命的其他人员违反行政纪律的行为;受理国家公务员和国家行政机关任命的其他人员不服主管行政机关给予行政处分决定的申诉,以及法律、行政法规规定的其他由监察机关受理的申诉;法律、行政法规规定由监察机关履行的其他职责。"行政监察机关作为政府负责监察工作的专门机构,是对国家行政机关及其工作人员的行为表现进行

---

① 湛中乐著:《法治国家与依法行政》,中国政法大学出版社 2002 年版,第 304 页。

② 王存福:《关于公务员申诉控告制度法制化思考》,《成都行政学院学报》2001 年第 1 期。

监督、检查、执行纪律的职能机关。在行政机关内部专门设立机构对行政机关及其工作人员进行监督，是保护国家整体利益和实现行政目标的客观要求，是提高行政工作效率和实现科学管理的有效途径，是惩罚行政机关及其行政人员违法犯罪行为和保持正常的行政秩序的重要手段。

但行政监察制度的先天性弊端也不容忽视：第一，领导体制错综，监察机关缺乏独立性。《行政监察法》第七条规定："县级以上地方各级人民政府监察机关负责本行政区域内的监察工作，对本级人民政府和上一级监察机关负责并报告工作，监察业务以上一级监察机关领导为主。"同时，该法第三十四条规定："监察机关作出的重要监察决定和提出的重要监察意见，应当报本级人民政府和上一级监察机关同意。"行政监察机关被置于上级监察机关和所在地人民政府双重领导体制之下。行政监察机关本身是受本级政府领导，而监察机关本身的人事权和财权都掌握在本级政府手中，有关案件又要报请政府审批，对其的监督工作不得不受其牵制，这样就使得监察机关独立执行权力监督任务的作用和力度受到很大影响。第二，职能交叉分工不明，监察权威淡化。自从行政监察机关与党的纪律检察机关合署办公后，整体监督力度增强了，提高了监督的质量和效率，但是也弱化了行政监察职能。监察机关也不再直接向同级的人民政府和上级监察机关负责，而直接向同级的党的纪委常委会负责，纪委成了监察机关的直接领导机关，实际上形成对行政监察的"三重领导"，直接造成了以党代政、职责不明、权限含糊的情况，行政监察流于形式，处于附属地位。在三重领导的制约下，行政监察的权威自然无法提高。第三，监察权限范围缩小，力度不够。除了执行和配合中央的专项治理或特别规范的事项外，监察机关实际只履行了受理申诉、举报的职责，但也很少就此类问题提出监察建议，更少就此类问题作出监察决定和给予行政处分。再加上与检察系统、党纪系统的职能交叉，造成了"空监"与"漏监"现象，削弱了行政监察的实际权限。而且，由于现行公务员晋升机制的限制，监察机关在其具体的运行过程中，考虑更多的是某些领导的长官意志，而不是宪法和法律规定，许多查处的案件也往往以注意社会影响为由，内部处理完毕仍不为社会所了解，其监察运行过程及结果的公开化更是无从谈起。

同时，根据《行政监察法》第二十三条和第三十八条的规定，监察机关根据调查结果，认为对公务员的行政处分决定明显不适当、应予以纠正的，大多只能以监察建议的方式结案，建议原决定机关变更或者撤销处分决定。而监察建议并无强制执行力，法律只规定有关部门无正当理由应予采纳，实质上的主动权和决定权仍把握在作出行政行为的机关手中。因此,行政申诉和行政监察是不可能公正客观地解决人事行政争议的全部问题的。

（三）行政诉讼救济途径的分析

行政法学界将行政行为划分为内部行政行为与外部行政行为,意义在于行政相对人不服内部行政行为不构成行政复议和行政诉讼的理由,世界各国的普遍做法也是内部行政行为原则上不受司法审查,发生违法或失当主要依赖行政机关自身的救济手段。

我国《行政诉讼法》第十二条规定,人民法院不受理公民、法人或其他组织不服"行政机关对行政机关工作人员的奖惩、任免等决定"而提起的诉讼。《若干解释》第四条认为"对行政机关工作人员的奖惩、任免等决定是指行政机关作出的涉及该行政机关公务员权利义务的决定"。一般学界认为这是行政诉讼受案范围对内部行政行为的排除性规定,但这种理解有扩大化的嫌疑,在行政诉讼法建立之初,由于审判能力的局限,对法条中"等决定"的"等"字作了扩展解释,认为这是同类行为的省略列举,这是可以理解的;但在法治逐步发展的现阶段,这种扩大化的限制解释已不再适应形势,一个"等"字排除了所有的内部行政行为,是不符合法律的严密性和行政诉讼法的立法意图的。从上述分析来看,这条规定主要是将人事行政行为排除在行政诉讼的受案范围之外,公务员的人事权利受到侵害只能提起行政体系内救济而不能纳入司法救济体系中提起行政诉讼。

人事行政行为被排除在行政诉讼法的司法救济之外,在当时的历史条件和法治背景下是有其原因的。当时我国的《行政诉讼法》之所以如此规定,主要是基于以下三个原因:一是从立法背景看,当时受到德、日特别权力关系理论的影响,认为行政机关对其工作人员的处理行为属于机关建设问题,乃是一种特别权力行为,行政机关可对其所属工作人员的宪法权利进行必要的限制,而作为被管理对象的工作人员则不能对机关的惩戒行为提起司法救济。二是认为当时我国行政诉讼刚起步,经验很不够,而外部行政行为比内部行政行为更涉及社会公共利益,因此行政诉讼解决纠纷的重点应放在外部行政法律关系为宜。三是认为"行政机关作出的涉及该行政机关公务员权利义务的决定"是行政机关的内部行政行为,为了追求行政的权威和行政的效率目标,同时基于行政机关和司法机关的分工不同、行政诉讼资源有限等诸多原因,有必要将行政人事管理及其权利救济保留在行政系统内部。但是随着法治程度的提高和社会的发展,这种状况日益受到质疑。

通过前一章的论述可以了解到,美国、法国等西方行政立法先行国家都把司法救济作为公务员权利救济的重要途径,原来因信奉"特别权力关系"理论而把司法诉讼排除在公务员权利救济制度之外的德国、日本和我国台湾等国家和地区重新审视了公务员权利救济的根本目的,现在要么对特别权力关系理论进行重大修正,要么摒弃了特别权力关系理论对本国行政立法的指引,从而都把司法救济纳入公务员权利救济的途径。公务员不能因其公务员的身份获得超越普通公民的特权,同样公务员也不能因其公务员的身份而使其合法权利得不到司法诉讼这种最权威的保障。既然特别权力关系理论的创始国和先行国都认识到人权保护应高于对行政权威和行政效率的追求,都修正或放弃了将司法救济排除于公务员救济途径之外的做法,我们自然也不能抱残守缺,理应顺应法治前进的必然趋势。新出台的《公务员法》似乎开了一个小口子,赋予了聘任制公务员特定条件下的司法救济途径,这个现象值得肯定,同时更应当解放思想,在公务员权利救济的司法途径方面走得更远。

三、程序问题

行政机关行使人事行政权力对公务员进行人事管理,继而作出相应的人事管理行为;公务员如认为这些人事管理行为侵害了自己的合法权益,继而依循一定的救济途径寻求救济。这都反映着行政机关与公务员之间的冲突及双方为解决冲突而互动的过程。"在现代社会,许多互动过程的进行是借助某种程式化和类型化的做法……这一特点还进一步体现在诸如程序正义这样的制度安排中,也就是说,价值理性(如公平、平等)的实现经常要依循程序的方式才能获得保证。"然而,我国"重实体、轻程序"的观念是如此根深蒂固。在行政领域,程序要么被视为束缚手脚的东西而被忽视,要么沦为行政机关我行我素的办事流程,从而忽略了程序在民主社会中所具有的开放性、参与性、平等性及保障权利实现的功能。

在我国公务员人事争议解决领域,"重实体、轻程序"的观念也有深刻的影响。现阶段我国公务员人事争议解决机制虽对公务员人事权利的救济作出了原则性的规定,但具体如何操作,遵循什么标准,却并不明确。主要表现如下。

(一)立法缺少相关的程序性

我国《公务员法》在惩戒一章中明确规定行政机关在对公务员处分过程中要履行告知、通知程序,并赋予公务员在此过程中陈述和申辩的权利,这反映了我国公务员权利事中救济程序的进一步完善,但其中仍存在诸多不足。首先,在通知程序中只规定了"处分决定应当以书面形式通知公务员本人",而并未要求将公务员不服处分决定的救济途径、救济受理机关及申请救济的期限等内容通知公务员本人,这些内容对于公务员寻求权利的救济则是至关重要的。这也是现实中很多公务员由于申请救济的期限问题,及不清楚救济途径、救济机关等问题而使自己受损的合法权利最终无法得以救济的原因之一。其次,在惩戒程序中虽明确赋予了公务员陈述和申辩权,但并未规定公务员在一定范围内申请正式听证程序的权利,这也是难以保证公务员权利救济实效的一个程序性缺陷。由于听证程序在我国公务员权利救济制度中的缺位,使得公务员在受到惩戒及其他人事处理决定过程中,不能充分陈述、申辩自己的意见,不能在程序上保证自己受到公正、透明、规范的行政处理,而只能等到行政机关对自己的处理决定做出并公告后才能通过事后救济程序来寻求解决。

而我国大多数法律、法规中涉及公务员人事权利的救济时,其程序规定大多十分笼统,缺少程序上的详细规定,即使偶有规定,不是操作性不强,就是流于形式,这对于公务员人事争议的解决是极为不利的。例如《行政监察法》第三十条对违反行政纪律的行为进行调查处理的程序作了规定,该条规定包括四个阶段:立案、调查搜集证据、审理决定。从每一阶段所规定的内容来看,行政监察程序完全是监察机关独自操作,缺乏被处理人的陈述和答辩。从形式上看,这种程序设计没有给被处理人充分的申诉机会,监察机关在案件的处理过程中完全是"背靠背"地进行,这使得公务员的申诉权利流于形式。还有就是,《行政监察法》并没有对公务员向上级监察机关申诉的复查、复核程序作出规定,上级监察机关在复查或复核时一般也会按照上述程序进行处理,必然导致政府资源的浪费。

(二)复核、申诉、控告等具体救济的程序不够完善

《公务员法》虽对这些问题有所阐述,但是其具体内容和程序仍不完善。尤其是对提起申诉、复核、控告的缘由、受理机关、时限要求、处理结果的送达和执行等具体事宜,只有一些原则性规定,还没有制定出明确的单项法规或相应的实施细则。在申诉、复核、控告程序中,《公务员法》的规定极为简略,人事部没有制定一个与之配套的规则,这样导致程序上的许多缺陷。比如《公务员法》第九十一条规定"对省级以下机关作出的申诉处理决定不服的,可以向作出处理决定的上一级机关提出再申诉。"这里虽然明确了可以再申诉的权利,却没有制定上一级机关应在多少日内作出申诉决定,这就可能使主管机关私自延长时间,最终损害公务员权益。又比如《公务员法》第

九十三条规定:"公务员认为机关及其领导人员侵犯其合法权益的,可以依法向上级机关或者有关的专门机关提出控告。受理控告的机关应当按照规定及时处理。"这里只规定了可以向有关机关提出控告,但是却没有明确到底什么机关才是有关的专门机关,这就使虽然法律规定了救济机关的救济义务,事实上却造成各机关互相推诿,导致公务员权利得不到真正有效的保障。《公务员法》同样对在认定原人事处理有错误后,原处理机关不愿纠正或不能及时纠正时,如何强制纠正,由谁来强制纠正等程序问题并未作出规定,这些都是《公务员法》中程序规定得不足。

就规章层面来看,同样存在具体救济程序不够完善的情况。如在控告程序中,《国家公务员申诉控告暂行规定》对控告程序规定得极为简略,并且,人事部没有制定一个与之配套的"控告案件规则",这样导致程序上的许多缺陷。再比如,在控告中,只规定控告案件的受理机关是上级行政机关或监察机关,但究竟哪些案件由上级行政机关受理、哪些案件由监察机关受理,职权划分并不明确,这极有可能导致案件管辖方面的冲突。在时限方面,现有法规对控告的时限只作了笼统的规定,如《国家公务员申诉控告暂行规定》第三十二条规定:"上级行政机关或监察机关接到国家公务员提出的控告书后,要按照国家有关规定对控告人提供的情况进行初步审查、判断。对需要立案的,应当及时立案。"此处,"及时"是一个不确定概念,因为没有明确的期限,而且也没有具体详细规定受理机关超过时限时如何追究相关机关和责任人的法律责任,很可能致使主管机关在立案时长期拖延,最终损害公务员的合法权益。这些对申诉、复核、控告的处理方式没有法定明确的程序和制度,是一种极不正式的做法,处理机关执行起来弹性很大,拥有过多的自由裁量权,再加上暗箱操作手段的运用,这样就为行政腐败提供了滋生的土壤,从而使公务员的权益得不到应有的保障。

法律程序是规定法律主体行使权利(权力),承担义务(职责)时所应当遵循的方法、步骤和时限等所构成的一个连续过程。它具有:完善沟通,提高人事行政行为社会可接受性的功能;建立和维系一个可持续性发展的行政系统的功能;确保行政实体法实施,并展示自身独立法律价值的功能。①因此,我国公务员人事争议解决机制的程序问题值得引起我们反思和重视。

---

① 章剑生著:《行政程序法基本理论》,法律出版社 2003 年版,第 22 页以下。

四、制约我国公务员人事争议解决机制发展的原因

我国公务员人事争议解决机制的"非司法化",诸多学者认为是因为受到了大陆法系国家行政法中"特别权力关系"的理论影响。

特别权力关系理论源于德国行政法,在概念上可以作如下表述:"国家或公共团体等行政主体,基于特别之法律原因,在一定范围内,对相对人有概括的命令强制之权力,而另一方面相对人却负有服从义务者。"[1]对于传统特别权力关系理论的描述,各位学者见仁见智,但基本都认为其主要内涵应该包括以下几层意思:第一,特别权力关系不是一种行政法律关系。它是在一般权力关系的基础之上进一步建立和发展起来的一种特殊的权力关系。第二,特别权力关系的建立在于实现特定的行政法目的。第三,特别权力关系要遵守特别的法律规定,不适用一般的法律规范。第四,特别权力关系是以特定范围内的相对人为对象的,而且其相对人通常要具备一定的资格条件。如公务员必须与行政机关建立一定的职务关系。第五,特别权力关系具有特殊的权利义务内容,且这种义务是不确定的或概括性的。只要出于实施特别行政目的需要,特别权力主体就可以要求其相对人履行特别义务,不以法律的规定为限。在特别权力关系下相对人与行政主体之间产生的争议,不能诉之行政诉讼。这是特别权力关系理论的基本结论之一。"在德国早期'法主体密闭理论'下,特别权力关系属于国家这个公法人之内部领域,而基于人之内部领域根本无法律关系存在之可能,故其非属法律争议而自始不为司法权所及。"[2]但是,在第二次世界大战之后,特别权力关系在德国的根基开始动摇,传统特别权力关系下的若干行政争议开始进入了行政诉讼程序。先后出现了"区分'基础关系'和'管理关系'说"和"重要性理论说",其中后者的观点逐渐被学理和实务所认可。该理论主张将特别权力关系区分为重要性关系和非重要性关系,只要涉及公民基本权利的重要事项,不论是干涉行政还是服务行政,必须由立法者以立法的方式而不能由行政权自行决定。因此,即便是在管理关系中,如果涉及人权的重要事项,也必须由法律规定,公民在基本权利遭到侵犯时均可以请求法律救济。"如今,

---

① 翁岳生著:《行政法与现代法治国家》,台湾大学法学丛书编辑委员会 1990 年版,第 131 页。

② 翁岳生主编:《行政诉讼法逐条释义》,台湾五南出版股份有限公司 2004 年版,第 39 页。

有关发生（设定）、终止或变更特别权力关系之行为，法院之判例亦与通说一致，视其为行政处分，亦即对违法处分，得诉请行政法院救济。例如，公务员法中之任命、免职、命令退休、撤职等行为视为行政处分固无异议；此外，判例亦将转任、派遣、禁止执行职务、命令为职务上之宣誓、给予兼差、兼职或本职外从事其他业务之许可、给予或拒绝休假、禁止政治活动、阅览个人之人事文件或拒绝职务证件、年资之确定等归类于行政处分。"①可见，在德国法上，特别权力关系在公务员法的领域中已经进行了重大修正。这种行政法上的现象同样发生在日本的公务员法律制度中，对于人事院的裁定，公务员也是可以提起撤销之诉的。②

　　从表面上看，我国的行政法学并没有明确提出"特别权力关系"理论，但是在我国的行政法理论中以及我国具体的行政法律制度和司法实践中是渗透了这一理论的。我国在理论上将行政法律关系区分为内部法律关系和外部法律关系基本已属通说。所谓内部法律关系，系指双方当事人均属国家行政系统的行政法律关系，这种关系反映了国家的自身管理。③ 对内外部行政法律关系的区分实质目的则在于对内部行政法律关系进行特别的管制和约束。在我国，公务员与行政机关之间的关系作为最为典型的内部行政法律关系，同样也要受到这种特别的管制，最为明显的就是对公务员人事权利救济途径的限制。公务员对行政机关对其的惩戒、任免等人事处分或其他人事处理行为不服的，不得申请行政复议，也不得提起行政诉讼，只能通过行政机关内部的申诉和控告来获得救济。由此可见，我国《行政诉讼法》和《公务员法》的相关规定"可能均自觉或不自觉地受到'特别权力关系'理论的影响"。④

　　然而，奇怪的是，在第二次世界大战后各国对特别权力关系理论进行修正的大浪潮下，我国的行政法却并未受其影响。正如前文所述，即便是在传统特别权力关系起源的德国，这种理论也已经发生了翻天覆地的变化，已经不再是原来意义上的特别权力关系理论了，而是吸收了法律保留原则和司法审查原则的崭新的"特别权力关系"理论，我国现在还在死守着传统特别

---

①　翁岳生著：《行政法与现代法治国家》，台湾大学法学丛书编辑委员会1990年版，第147页。

②　盐野宏著，杨建顺译：《行政法》，法律出版社1999年版，第719页。

③　应松年：《行政法学新论》，中国方正出版社2004年版，第41页。

④　胡建淼：《"特别权力关系"理论与中国的行政立法》，《中国法学》2005年第5期。

权力关系的阵地,显然是非常的不合时宜。因此,笔者以为,我们应该尽快地通过完善我国的公务员权利救济制度,将司法审查引入内部行政法律关系,来实现对传统特别权力关系理论的突破与升级。

第三节　我国公务员人事争议处理机制的完善

"法治应包括两重意义:已成立的法律获得普遍的服从,而大家所服从的法律又应该是制定的良好的法律。"考察我国公务员人事争议解决机制的现状,分析各公务员人事争议处理比较成功的国家的制度,反思我国的缺陷以及内在的原因,在此基础上对我国公务员权利救济制度进行完善和创新是必然选择。

一、完善公务员权利保障相关制度的法规体系

公务员实体权利的实现,就是要求建构完善的公务员权利保障的法律法规体系。从现实情况看,我国以《公务员法》为核心,包括若干配套法规以及有关实施细则在内的公务员制度的法规架构已初步建立,公务员管理的基本的主要的方面已经有法可依。公务员制度作为一种对公务员依法进行科学管理的制度体系,必然也必须以法律的形式加以确认和保护,并依据这些制度对公务员进行管理,建构科学严密的公务员法规体系,即实现公务员管理的法制化。加强公务员制度的立法工作,构筑作为公务员制度的基础的法规体系,是建立和推行公务员制度的必要一环。我国公务员权利保障制度体系由《公务员法》和若干补充法规、条例以及实施细则构成。

（一）法律内容的完善和法律地位的逐步升格

经过多年的酝酿,我国公务员法千呼万唤终出来。此法的出台使公务员申诉控告制度的立法层次极大提高,权威性也得到加强。但同时也应当看到,仅仅依靠一部公务员法是无法解决公务员人事争议救济的全部问题的。其他配套法,如《国家公务员申诉控告暂行规定》、《公务员申诉案件办案规则》均属行政规章。立法层次低的现实仍十分突出。因为国家不仅在立法的价值取向上真正以个体的自主地位作为自己统治的基础,而且同时应建立完备的法律规范体系。所以,应当通过立法对公务员的权利义务及其权利救济的种类、方式等内容进行统一确认,弥补目前保护公务员权利的有关法规规定过于原则、缺少细致刚性准则的缺陷。

日本在这方面为我们树立了良好的典范,其法律规范较中国健全。日

本在第二次世界大战后进行了一系列的政治改革,根据新宪法确立了主权在民、议会内阁制等原则,于 1947 年 10 月颁布了《国家公务员法》,此后制定了《职阶制法》、《工资法》、《津贴法》、《退职法》等几十部法律,这些法律与人事院规则、指令等一起构成了完备的公务员法律体系,加之其他相关法律的健全,使日本公务员的权利及保障落到实处。所以,我国应加快与《公务员法》相关的配套法规的制定。事实上任何一个法治国家都不可能用一部公务员法解决公务员管理中的所有问题,公务员权利救济制度的良好运行离不开公务员制度其他环节的密切配合。这也凸现了我国公务员立法的艰巨性。所以,在公务员管理的基本规则确定后,制定一系列主从有序的法律法规,方能使公务员的管理、救济纳入法制化的轨道。

(二)做好各项配套法律法规之间的衔接

要使公务员权利得到切实保障,必须健全和完善与公务员权利相关的制度和规定,加强配套制度的改革及制度的衔接,完善从公务员权利内容到公务员权利的落实再到公务员权利保障的整个系统建设。针对目前我国在权利保障方面制度间衔接性差,甚至出现制度相矛盾的特点,如《劳动法》与《公务员法》中劳动者权利内容的冲突等,建议首先明确中国公务员身份以及公务员的特定身份所具有的权利适用于我国的哪些法律法规,然后以《公务员法》所规定的公务员权利内容为核心,重新规划其他涉及公务员权利的各项规章制度,使《公务员法》与其他各项规章制度的衔接性更强,各项规章制度作为《公务员法》的细化,重新审视法律间的矛盾之处,并在实践中加以修正,使《公务员法》和涉及公务员权益问题的法律法规能够真正成为一个系统。只有加强各项相关制度的衔接,才能最大限度地使公务员人事权利得到真正的保障。"这样可以减少法规实施中的阻力或成本,保证法律的严肃性和稳定性。"①

(三)立法确立国家赔偿

通过对现行法律的修改,适用《国家赔偿法》的相关规定,使其在公务员权利救济方面与《公务员法》一起发挥作用。在把保障公民合法权益视为首要任务的现代民主法治国家里,尽可能地将违法侵权损害行政职权行为纳入行政赔偿轨道,以充分保障其合法权益是必要且必须的。我国公民担任国家公务员并非国家的恩赐,而是宪法所赋予的一项公民权。同样,此公民

①　金太军:《从法制到法治——我国推行公务员制度的深层思考》,《学海》2003 年第 3 期。

权,包括行政赔偿救济权的实现,必须得到行政机关的尊重和保障,并不因为其加入公务员队伍而丧失。在本质上而言,对公务员实施的赔偿和一般意义上的行政赔偿并无什么区别。既然如此,对该类案件的处理就应当适用相同的规则和原则。同时,在公务员权利意识、维权观念高涨以及国家法制化建设快速发展的情况下,应当适应这种现实需求,及时调整赔偿的范围,将行政机关对公务员实施的侵害行为纳入赔偿范围就显得十分必要。因此,应当适用国家赔偿法的相关规定,明确公务员要求赔偿损失或挽回影响的权利,使公务员获得赔偿的权利从书面走向现实。

（四）实现公务员权利管理过程的法治化

公务员的权利保障的落实,离不开《公务员法》以及各项规章制度在工作中的执行,而且中国的现实情况证明了我国存在的问题不是法律的不完备,而是相对完备的法律的落实情况不尽如人意。具体行政实践当中影响公务员权利的情况有很多种,如录用、考核、辞退等等。而如何在公务员管理过程当中保障公务员权利,从管理过程的角度来考虑的话,一方面需要领导人人本意识的增强以及公务员个人自身维权意识的提高,另一方面,还应该在具体的法律落实的环节上加以考虑,使涉及公务员权利的各个环节的管理都能够依法进行。①

二、完善人事争议行政救济制度

目前,对于公务员而言,内部行政救济是其人事争议解决的唯一途径。现实中,内部行政救济在促进行政机关依法行政、维护公务员合法权益等方面也发挥了有益作用。而且,我国《公务员法》在原《国家公务员暂行条例》的基础上也对内部行政救济制度作了一定的修改和完善,但现有人事争议的行政解决途径仍存在诸多不足,已不能完全适应人权、法治理念的需求,所以,首先应加快完善公务员的内部行政救济制度。

（一）设立独立的人事争议解决机关

实施救济的机构独立,是所有纠纷解决制度共同的特点。在所有需要裁决权的地方,裁判权行使的公正性最为重要。英国著名的丹宁勋爵指出:"不仅要主持正义,而且要人们明确无误地、毫不怀疑地看到是谁在主持正义,这一点不仅是重要的,而且是极为重要的。"②公务员人事争议解决机关

① 张志文:《中国公务员权利保障问题研究》,吉林大学硕士学位论文,2006 年。
② 丹宁勋爵著,杨百揆等译:《法律的训诫》,法律出版社 1999 年版,第 98 页。

应当具有中立的性质,从而使得救济机制在运作时不偏袒任何一方,才能保证裁决的公正性,避免不必要的干扰。另外,根据我国的实践情况,受理公务员人事争议的机构也比较复杂,这往往造成相互之间的推诿和公务员的无所适从,因此,公务员权利救济机构的设置应该统一、专业。我国目前受理公务员权利救济的机关包括上级机关、人事部门和监察部门等,这些部门的独立性都不够强,而且缺乏足够的权威。因此,我们可以借鉴国外的成功经验,设置一个相对独立的公务员人事争议解决机关,并用法律保证其权威。不仅应在《组织法》等法律中明确规定受理申诉的机关的地位相对独立,而且还要在体制上、经费安排、组成人员的任免等方面保障其中立、权威的地位,并赋予其维持或变更或撤销原处理决定的权力。同时,我们还可以在其组成人员中设置一定比例的公务员代表,以保证对公务员救济的客观公正性。而且,设立相对独立的人事争议解决机关,使其能够履行准司法性职能,以保证公务员人事权利得到有效保障。这也是符合国外权利救济理念的,如福兰克斯委员会 1957 年的报告,对英国行政裁判所的定性。该报告认为:"任何行政裁判所都不应当看上去仅仅是中央政府的部门结构中的一个组成部分而已,因为正规的行政裁判所行使的职能在本质上具有司法的属性,虽然其司法属性具有某种特殊性。行政裁判所应当正确地被视为议会提供的一种司法裁决机制,而不是行政体制的一个组成部分。议会所有的授权建立行政裁判所的立法,都是为了确保行政裁判所能够在相关的政府部门之外独立地作出自己的决定。"①由此可见,在一个法制国家中,独立的司法救济机关以及相对独立的行政救济机关对于解决公务员的人事争议是非常必要的。

(二)扩大人事争议的救济范围

我国公务员申诉的范围太窄。尽管与《国家公务员暂行条例》相比较,《公务员法》扩大了公务员申诉的范围,增加了免职、申请辞职和提前退休未予批准、未按规定确定或者扣减工资、福利、保险待遇三项申诉内容;另外,《公务员法》还增加了公务员申诉的次数,即对省级以下机关作出的申诉处理决定不服的,可以向作出决定的上一级机关提出再申诉。但是,根据我国现有的法律法规,公务员对年度考核基本称职、职务任免、回避等人事处理决定以及停发工资、福利等方面的人事行为不服,不能提出申诉。而对年度

---

① 　参见张越编著:《英国行政法》,中国政法大学出版社 2004 年版,第 605 页。

考核不称职不服的,必须先经过复核程序,未经复核,不能提出申诉。我们认为,应当进一步扩大申诉的范围,可以通过立法规定,公务员对涉及本人权益的任何人事处理决定不服都可以直接申诉。

同时,抽象人事行政行为同样可能侵害公务员的合法权益。无论是从公务员管理的统一性着眼还是从全面保护公务员权益考虑,都有必要建立对抽象人事行政行为的审查制度。考虑到我国的现实国情与一些实际通行的做法,可以借鉴《行政复议法》的规定,允许公务员在具体个案中,要求案件受理机关对作为依据的规范性文件进行合法性审查。当然,就当前的情况而言,对抽象人事行政行为的审查亦应限于其他人事规范性文件,而不包括人事法规与规章。但从长期来看,对抽象人事行政行为的审查则有进一步扩展的必要和动力。

(三)完善人事争议行政处理程序

严格内部行政救济程序,制定体现正当程序原则的程序制度。行政救济作为一种法律制度,包括一系列使救济得以实现的程序。程序越严格、规范越明确,救济就越有效;反之,救济的效果就不免打折扣,甚至有落空的危险。现代行政运作过程应当充分体现理性化的要求。这种理性化具体表现为一种技术上的理性化,也就是说,是以技术性规则的严格规定,使行政系统的运作摆脱了行政官员可能出现的随意性和任意性,并使诞生于近代的科层制越来越充沛了法理念的因素,法治与任意性在严格的程序性规则支配下泾渭分明,从而使申诉控告制度的功能在保障由法律预先设定的公务员权益方面得到了充分的发挥。在公务员不服人事处理等影响公务员权利的决定而寻求救济时,其程序性规定是极为重要的。我们认为,很有必要进一步严格非诉讼申诉控告的程序,从受理、审理、重新作出裁决直至将结果送达申诉人,都应当建立更为规范的程序,规定更为严格的时限要求,使得申诉控告这一特别针对公务员权利救济而设立的制度真正发挥作用。

借鉴国外的经验,我们认为可以从以下几个方面完善我国公务员人事争议处理的程序。

1. 事前救济程序的完善

事前救济更恰当地说是一种预防措施,通过一定的监督机构和程序使行政处理决定的作出更加科学和公正,更加令人信服,从而在根源上减少侵害公务员合法权利行为的出现。在作出涉及公务员权利的各种行政行为时,可由数量相等的行政方面的代表和公务员方面的代表组成临时性的协调机构,提出意见,供机关参考。要作出决定的机关必须慎重考虑并在无正当反对事由的情况下采纳该意见,尽可能地减少行政决定的失误,防止行政机关的专断、徇私及其他不合法、不正当的行为。

同时,我们应该在公务员的惩戒及申诉制度中引入听证程序,并详细规定其适用的条件,以保证其在实践中的可操作性。听证程序可使行政机关在作决定之前听取来自其他主体的意见,以获知充分、全面的信息,保证最终决定的准确,同时可以减少行政机关自行调查的时间、降低成本,提高行政效率,更为重要的是听证可以保障相对人平等、有效参与行政权力的运作,实现程序正义,增强最终决策决定的可接受性,使行政决定为相对人自觉执行,降低事后成本。① 我们认为,在现行听证制度立法背景下,逐步在内部行政行为,如涉及公务员重大利益的惩戒、人事处理决定及申诉中引入听证程序,是切实可行的,也是符合听证制度的发展趋势及人权法治观念的要求。有学者认为,应以个人利益与公共利益均衡及成本不大于效益作为确定听证程序适用范围的基本原则;同时在确立听证程序适用范围时,应以发生不利行政行为作为首要前提,当事人权益遭到何种损害则作为具体标准。② 依此标准来看,公务员在受到不法行政以惩戒或其他人事处理决定侵犯其重大合法权益时,完全符合适用听证程序的标准。

我国《公务员法》第五十七条对公务员的陈述、申辩权及处分机关在处分前的告知义务,处分后的通知义务的规定其实已经是关于非正式听证的具体规定。非正式听证是指以听证会之外的方式听取意见的制度。③ 非正式听证虽然程序简单,但其适用范围远远大于正式听证,尤其在公务员权利救济制度中还未引入正式听证程序,那么对现有非正式听证程序加以具体完善,对保护公务员权利同样具有非常重要的意义。但是,《公务员法》没有具体规定公务员如何陈述、申辩及其责任问题,而且对处分机关告知和通知的规定也不完善。虽然,非正式听证较之正式听证程序简单,但是并非不遵循一定之规,非正式听证力求程序简便、灵活适应行政管理的实际需要,但必须符合公正的要求。所以,应对《公务员法》中规定的非正式听证程序加以细化,使之具有可操作性。具体应从以下几方面考虑:④

---

① 参见张越编著:《英国行政法》,中国政法大学出版社 2004 年版,第 605 页。
② 参见马怀德:《论听证程序的适用范围》,《中外法学》1998 年第 2 期。
③ 王万华:《行政听证》,载:应松年主编《当代中国行政法》,中国方正出版社 2005 年版,第 1446 页。
④ 陈建军:《我国公务员权利救济制度探讨》,中国政法大学硕士论文,2006 年。

（1）在处分机关作出惩戒决定前告知公务员的具体事项应包括：当事人的基本情况，行政决定的事实、理由及依据；当事人陈述意见的要点、期限及逾期不陈述的法律后果。

（2）当事人陈述意见以书面方式为原则，如当事人书写有困难，可以采用口头方式陈述意见，行政机关应制作笔录，由当事人阅览确认后签名盖章。

（3）行政机关没有采纳当事人主要意见的，应当说明理由，当事人没有在限定期限内陈述意见的，视为放弃陈述意见的权利。

（4）在处分机关作出惩戒决定后通知公务员的具体事项应包括：处分决定的理由、依据及具体结果；没有采纳当事人意见的理由；当事人不服处分决定寻求申诉的期限、受理机关等。

2. 事中程序的完善

事中程序就是指人事争议的审理程序。这个阶段的程序法应该包括以下内容：首先，关于受理机关是否受理申诉和控告，法律上必须有明确的界限和详细的规定，不能以受理机关、受理人员或提起申诉控告的公务员的主观意识来决定；其次，明确规定设立案卷、核实审查等环节的程序规范，使申诉控告的全部活动都处于程序法的规范之中；最后，程序法还必须包括作出裁决的期限、效力发生的期限等时限规定。

公务员人事争议解决机关对案件的审理，尤其是在对申诉案件的审理时，其性质近似于行政司法。因而，其审理当以口头公开审理（我国当前多采用书面审理）这种近似于对审构造的程序进行，其程序应被作为准司法来定位。这种程序定位对保证公务员权利救济机关审理的客观性、公正性、中立性是较为有利的。应当明确规定当事人的相关程序性权利。我国在公务员的申诉程序中应当充分给予申诉人陈述与答辩的权利，每个环节都注重当事人说话的权利，这也是诉讼法律制度给我们的启发。在人事争议的处理过程中，应当使双方当事人展开辩论，"兼听则明，偏听则暗"，这样更有利于查清事实真相，避免暗箱，让纠纷的解决成为阳光下的程序。另外还应当确立如获取行政机关答辩书的权利、提出证据的权利、聘请律师的权利等。这些权利的赋予可以平衡行政机关和受处分公务员的地位，避免受理机关的暗箱操作，符合公平的理念，也有利于维护公务员的合法权利。

3. 事后程序的完善

事后程序就是指执行程序。由于申诉控告制度，既不属于诉讼程序，也不同于民间的私了程序，而是国家行政机关内部对公务员进行管理的一种准司法程序,因此程序法必须将申诉控告处理结果的执行程序以法律法规的形式确定下来,以保障申诉控告裁决的实际执行。

三、确立公务员人事争议司法救济制度

在人类文明史上,当私力救济过渡到公力救济以后,诉讼便不可否认地成为解决纠纷的最为重要的方式。司法救济不同于其他的救济方式,不能以其他的救济途径来否定司法救济,没有司法救济制度的公务员权利保障制度终究是不完整的。完善我国公务员权利保障制度,必须建立司法救济制度,使行政救济制度与司法救济制度相互衔接,既要"尊重行政机关的首次判断权",又要保证"法院有说最后一句话的权利"。①

(一)建立公务员人事争议司法救济制度的必要性及其局限

1.建立公务员人事争议司法救济制度是履行国际义务的要求

以《世界人权宣言》、《公民权利与政治权利公约》为代表的一系列国际条约都对此进行了确认。《公民权利与政治权利国际公约》第十四条确立了公正审判权。《世界人权宣言》第十条规定:"人人完全平等地有权由一个独立而无偏袒的法庭进行公正的和公开的审判",现代法治理论主张司法终审,任何影响公民权利的裁决必须经过司法机关的最终审查才能生效。我们国家已加入了这些条约,要求我们必须遵循这一法治原则。并且,司法终审也是世界贸易组织对各成员国政府的要求,我国已加入世界贸易组织(WTO),我们也必须遵守这一要求。

2.建立公务员人事争议司法救济制度是推进行政法治建设的要求

依法行政,建设法治政府是我们国家近期的战略任务之一,也是建设社会主义法治国家的必然要求。政府行为(包括内部行政行为)接受法院依法进行的审查是依法行政的应有之义。

3.建立公务员人事争议司法救济制度是依法保护公务员权利的要求

"有权利就有救济",只有救济制度健全才能切实保护权利。单纯的内部行政救济不足以保护公务员的合法权利,要加强公务员权利的保护只能按照法治要求建立司法审查制度。由行政机关以外的中立的司法机关按照法律来保护公务员的权利自然会比行政救济更有效。

作为个体的公务员,当其基本权利遭受行政机关侵犯时,无力去抗衡巨

---

① 张德瑞:《关于完善我国公务员权利保障制度的构想》,《法律适用》2003年第5期。

大的国家行政权,因此,必须寻找一个有效的法律武器来保障权利、制约权力,而独立行使司法权的法院就成为监督行政权不能擅权专横的首选。行政机关的救济程序不及司法程序严密,对公务员权利保障的效果不及司法救济充分和稳定,因为法院以其地位的独立和超然,更有利于避免裁决者的个人偏见和排除法外因素的干扰,从而作出相对公正的判决,而且,法院地位的独立性和程序的严密性也能增加公务员对裁决公正性的信任程度。没有司法的最终救济,任何救济机制都是不完善的。公务员的权利同公民的权利一样神圣不可侵犯,当公务员认为其权利受到所属行政机关违法侵害时,应允许他们有获得司法保障和救济的权利。

尽管司法救济在公务员人事争议解决中表现出以上的优势,但法院也并非具备包治百病的功能,它在某些方面也具有一定的局限性。首先,法院的法官在行政管理的相关经验和专业知识方面存在欠缺,这就决定了他们在专业性特别强(例如考核评定)的行政行为的审查上显得无能为力。其次,司法审查要介入行政领域,对行政权行使的连贯性和高效性的影响是客观存在的,这也是设置司法审查制度所应付出的代价。我们以为,应该理性地看待司法救济的这种局限性,并不能因此而否定司法救济的巨大作用。正如任何事物都是具有两面性的,司法审查制度也不可能十全十美。但是我们可以采取一定的措施,在司法审查的介入时间、审查范围等方面做一些限制来弥补这些局限性,使其不利影响降到最低。

(二)审查范围

这里强调的公务员权利司法救济的范围是指公务员对哪些涉及自身的内部行政行为可以提起司法诉讼,通过司法救济手段解决纠纷。对于法院来说,该救济的范围也就是其有权予以审查的内部行政行为的范围。行政权与司法权的关系问题是司法审查要恰当处理的一个至关重要的问题。此处司法审查的范围,即法院对公务员人事争议案件的受案范围,实际上就是要确定行政权与司法权之间的横向关系。它要解决对于涉及侵害公务员权利的行政行为哪些可以纳入司法审查的范围,哪些不能纳入司法审查的范围。从某种意义上讲,司法审查范围的边界就是公务员的权利受到司法保护和行政权得到司法豁免的临界点。因此,确定司法审查的范围不仅是一个法律问题,而且也是一个政策性问题。有鉴于公务员与国家之间的特殊法律关系,在行政权的行使过程中,公务员不能动辄行使司法救济权,牵制行政权的有效行使。正如有学者所言,"司法权对行政权的监督不管有多么充分的理由,必须为行政主体保留出一部分司法审查豁免的领地"①。只有当公务员权利受到的损害达到了司法救济的程度和司法救济对此明显有效时,公务员才能发动司法救济程序,申请对行政权的司法审查。

行政法学比较流行的观点,是根据行为的性质把内部行政行为分为两类:第一类是工作性质的,如上级机关对下级机关或行政首长对其所属工作人员工作上的指示、命令、批复等;第二类是行政机关内部对所属工作人员的奖惩、任免、考核、调动、工资、福利待遇等。也有学者以内部行为是否涉及公务员的公民基本权利为标准,把内部行政行为分为纯粹的内部行为和准行政行为的内部行为两种类型。前者指行政机关在内部管理过程中依法作出的不直接涉及公务员具体权益的行为,包括前述传统行政法学分类中第一类工作性质的行为和第二类人事性质行为中的奖励、考核、调职、任职等行为。后者是指行政机关对其所属公务员作出的影响其公民法律地位的行为,主要包括行政机关对其所属公务员的培训、工资、福利待遇、免职、降职、行政处分、辞退、离退休、申诉、控告等事项作出的内部行为以及行政机关依据国家赔偿法对公务员的行政追偿行为。

以上分析可见,并非所有内部行政行为都直接涉及公务员的具体权益,而且为了保证行政内部秩序的维持和行政功能的实现,司法对内部行政关系的介入就应该是有限的,公务员只能对涉及其重大人身权、财产权及其他受到重大影响的权益提请司法救济。具体而言,目前公务员人事争议审查范围可包括以下内容:②

(1)违反法律的规定,侵害或限制公务员宪法上的基本权利的行为;

(2)涉及公务员职务关系产生和终止的行为,如对公务员的录用、辞退、开除、强令退休等行为;

(3)影响到公务员作为公民所具有的其他重要权利的行为,如对公务员的工资、保险、福利的确定或给付行为,涉及个人法律地位的范围,且对公务员的利益影响较大。

而对于有些内部人事行政行为,如履行职责的考核、职务的变更等,由于不直接涉及公务员的基本权利或对公务员权利影响较小,应通过行政内部救济手段解决,不宜全部提起司法诉讼。

---

① 刘善春:《行政诉讼原理及名案解析》,中国法制出版社 2001 年版,第 157 页。

② 参见董鑫:《我国公务员人事权利诉讼救济的可行性探究》,《政法论丛》,2004 年第 4 期。

(三)司法救济的介入时机

引入司法审查,确立公务员人事争议的司法救济制度,必然会涉及司法权介入时间的问题。司法介入行政的适时性,其实质在于如何正确处理司法审查中司法权与行政权之间的复杂关系。对这一问题的解决,既要考虑行政的效率问题,也不能忽视对公务员合法权益的保护。"司法权过早地介入,必然会不当地干扰行政过程,造成两种国家权力资源的无谓消耗;过迟地介入则不利于保护公民(公务员)的合法权益免于违法行政之侵害。"①关于此点,我们认为可以借鉴美国的做法。美国在处理行政救济与司法救济的关系时遵循着"首先管辖权原则"和"穷尽行政救济原则"。所谓"首先管辖权原则"是指在司法审查中,遇到依法应该由行政机关解决的问题,即法律规定行政机关对此享有初审权的,应该由行政机关先行解决,然后再由法院审查。"穷尽行政救济原则"则指相对人对其所受的损害,在没有利用一切可能的行政救济以前,不能申请法院审查。

具体到我国的人事行政诉讼,我们可以结合我国现有的有关案件行政复议前置程序的规定,在人事行政诉讼中设置相应的"行政内救济前置"程序,这个程序应该包括以下两个方面:一方面规定公务员在对权利遭受侵害的行政行为申请司法救济之前必须先行向有关部门申请行政内救济,只有对行政内救济不服时方可申请法院司法审查,不经行政内救济不得启动司法审查;另一方面,当该受理的行政机关迟迟不作出裁决超过一定时限时,应该允许公务员申请法院的司法救济,以利于保护公务员的合法权益。作出这样的前置规定也可以在一定程度上弥补前面所提的司法审查的局限性:一是可以保障行政机关首先运用自由裁量权和专门知识与技能解决其所主管的问题;二是保障行政政策的一致性和连贯性,防止由于司法的介入造成的政策不统一和不连贯。

(四)审查强度和审查形式

对内部行政行为的司法审查同所有行政诉讼一样,法院在审理过程中会面临同样的问题,即"法院对行政行为的审查强度,即法院对进入司法领域的行政行为介入和干预的纵向范围"②。这体现着行政权与司法权相互制

---

① 汪栋:《行政案件司法审查适时性问题研究——兼论行政诉讼中的权力关系》,《广西公安管理干部学院学报》2003年第4期。

② 杨伟东:《行政行为司法审查强度研究——行政审判权纵向范围分析》,中国人民大学出版社2003年版,第7页。

衡的程度,也涉及其相互内在的界限。现行《行政诉讼法》规定,"人民法院审理行政案件,对具体行政行为是否合法进行审查"。这一规定构成了我国行政诉讼区别于民事、刑事诉讼的特有原则——合法性审查原则,确立了在我国行政诉讼中司法权与行政权的基本界限。因此,目前我国在确立公务员权利司法救济制度中,对内部行政行为的司法审查也应遵循合法性审查原则,以符合我国现行行政诉讼法对司法权与行政权的基本界限规定。

合法性审查的内容可以概括为以下几项①:①针对其他行政行为应该进行四项审查,即主体是否合法;是否超越职权;是否符合正当法律程序;内容是否合法。②针对行政不作为应该审查,即是否违反法定作为义务。③针对不成立行政行为应该审查,即是否不成立行政行为。④针对行政裁量行为应该审查,即是否有裁量逾越。根据合法性审查的以上内容可见,在这样的审查前提下,所应该适用的审查标准必须适应审查内容的要求。有学者进一步提出了合法性审查前提下的审查标准,即权限、程序正当和适法正确标准。② 对于内部行政行为接受司法审查的情况,法院也应依据合法性审查原则,对其相关内容(主体是否合法、是否超越职权、是否符合正当法律程序、内容是否合法、是否违反法定作为义务、是否不成立行政行为、是否有裁量逾越),根据权限、程序正当和适法正确标准进行审查,以维护公务员的合法权利。

随着我国民主法制、尊重人权以及依法行政理念的不断深入,司法对内部行政行为的审查强度也必将不断深入和扩大。仅适用合法性审查原则是不够的,合理性审查、合目的性审查必定和合法性审查共同构成司法对行政行为(包括内部行政行为)审查所依据的全面审查原则,这种完全审查的形式终将成为我国公务员人事争议司法救济制度中的主要审查形式,并对我国公务员的合法权益发挥更大的保障作用。

---

① 参见解志勇:《论行政诉讼审查标准——兼论行政诉讼审查前提问题》,中国人民公安大学出版社 2004 年版,第 109—110 页。

② 参见解志勇:《论行政诉讼审查标准——兼论行政诉讼审查前提问题》,中国人民公安大学出版社 2004 年版,第 120 页。

第五章　我国事业单位人事争议调解
的现状和制度创新

第一节　我国人事争议调解制度概述

一、我国人事争议调解的概念和特征

人事争议调解,是指人事争议调解组织对双方当事人自愿申请调解的人事争议在查明事实、分清是非的前提下,依据法律、法规、政策、聘用合同的约定,通过说服、劝导和教育,促使当事人双方在平等互利、互谅互让的基础上自愿达成解决人事争议的协议。在人事争议处理体系中,它是一种普遍适用的重要形式。

调解是由第三者居间调和,通过疏导、说服,促使当事人互谅互让,从而解决纠纷的方法。它可分为诉讼和仲裁中调解与诉讼和仲裁外调解两种。诉讼和仲裁中调解是指审理和仲裁程序已经开始,当判决或裁决作出之前,在司法、仲裁机关及其工作人员的主持下所进行的调解,它是依法解决纠纷的一种活动。调解达成的结果,具有强制效力。而诉讼和仲裁外调解是一种民间调解,包括调解委员会的调解以及进入仲裁、诉讼程序经说服疏导后,当事人自行达成的和解。诉讼和仲裁中调解与诉讼和仲裁外调解相比较,两者的相同点有:①都是解决争议的一种手段。②都有第三者参与。③都依法(或政策)进行。④都着重说服教育。但两者又具有不同的性质和法律特征,两者的不同点有:①主持者不同:诉讼和仲裁中调解的主持者为人民法院或仲裁委员会及其工作人员,诉讼和仲裁外调解的主持者为社会组织(包括调解委员会)或公民。②性质不同:前者属于诉讼活动,后者为非诉讼活动。③程序约束不同:前者须依严格的程序进行,后者可不拘程序和形式。④结果的表现形式和效力不同:前者形成的调解书为法律文书,具有强制效力,后者的调解协议书无此效力。

人事争议处理机制中的调解程序属于民间调解,它与官方调解(行政调

解和司法调解）相比主要有以下特征：①其调解机构是社会组织，而不是国家机关；②其调解活动具有任意性，基本不受固定程序和形式的约束；③调解书具有合同性质，不具有强制执行的效力。

"着重调解"原则是人事争议处理中最重要的原则之一，作为"温和"解决当事人纠纷的调解制度通过各当事人双方彼此进行沟通和协商的方式来消除他们之间的对立和对抗，因而在"修复"已被冲突和纠纷所破坏的社会关系方面，具有以当事人之间的直接对抗的"决断型"裁决和审判方式所不可比拟的天然优势。从当事人角度来看，由于调解的自愿性特征凸显了各方当事人在纠纷解决过程中的主体地位和主导作用，有助于消除导致仲裁和诉讼的紧张，同时，在调解过程中，也不必过分拘泥于狭义的法律法规规定，调解依据和方式相对比较自由和宽松，可充分体现当事人的意思自治。因为调解是以当事人行使处分权为主导，通过相互之间的互谅互解来缓和和解决彼此之间的矛盾，调解本身就蕴含有对某些不便或不易查明的事实和是非予以模糊处理、含糊对待之意义，只有这样才有可能突破表层的就事论事而深入到纠纷的内部找寻出产生纠纷的内在根源，而达到既解决了当事人之间的纠纷，又不伤及彼此之间和气的目的。从社会角度看，调解可以又好又快地解决纠纷，大大节约了人事仲裁和诉讼的社会成本，有利于和谐人事关系的建立和维护，进而达到维护社会稳定、保持社会和谐的目的。

二、我国人事争议调解制度的产生与发展

人事争议的调解雏形大体出现在 2001—2003 年间，源于事业单位人事制度改革。人事部、各省地市政府部门在其文件，如福建省人事厅的《关于在事业单位试行人员聘用制度的实施意见》中提出"受聘人员与聘用单位在公开招聘、聘用程序、聘用合同期限、定期或者聘期考核、解聘辞聘、未聘安置等问题上发生争议的，应当协商解决。协商无效的，可申请调解、仲裁。聘用单位要成立聘用争议调解委员会，负责受理本单位聘用争议的调解申请。调解委员会由职工代表、单位代表和工会代表组成，调解委员会主任由工会代表担任。聘用单位的上级主管部门成立由纪检监察、组织人事、业务部门和工会组织组成的聘用争议调解委员会，负责受理所属聘用单位聘用争议的调解申请"。人事部在《关于深化事业单位人事制度改革的实施意见》中提出了，"加快建立和完善人事争议调解、仲裁制度，及时、客观、公正地处理人员聘用中的人事争议问题，化解矛盾，维护聘用单位和受聘人员双方的合法权益"。人事部《关于在国务院各部委、直属机构、直属事业单位开

展人事争议调解工作的意见》(1999年1月6日,人办发〔1999〕2号)中,要求国务院各部门成立人事争议调解委员会,负责调解下列人事争议:下属单位与工作人员之间因辞职、辞退、履行聘任(用)合同发生的争议;下属单位之间因人员流动发生的争议;依据法律、法规、规章可以调解的其他人事争议,并较详细地规定了调解程序、调解协议的效力和工作原则等。

大致设立人事争议调解最早的是中国科学院,1997年8月12日,科发人字〔1997〕0443号《中国科学院人事争议调解试行办法》,该《试行办法》经人事部审核同意中科院下发。2005年6月6日成立了中国科学院北京分院人事争议调解指导委员会。有意思的是,《中国科学院人事争议调解试行办法》出台10余年仍在试行;在同日下发的《中国科学院北京分院人事争议调解指导委员会工作规则》第一条规定:"为保障《中国科学院人事争议调解试行办法》的顺利实施,参照《中华人民共和国劳动争议处理条例》及中华全国总工会《工会参与劳动争议处理试行办法》制定本规则。"也就是说,该《工作规则》依据了劳动法律法规以及人事部的规章两部分所制定。

地方上设立人事争议调解模式的,可见于《江苏省事业单位人事争议调解委员会组织及工作规则》(苏人发〔2003〕29号),其规定事业单位原则上应当设立调解委员会,调解委员会的工作接受同级政府人事争议仲裁委员会(下简称仲裁委员会)的指导。调解委员会调解单位与职工之间发生的下列争议:事业单位与职工之间因辞职、辞退发生的争议;事业单位与受聘人员之间因公开招聘、聘用程序、聘用合同期限、定期或聘期考核、解聘辞聘、未聘安置、聘用合同履行等发生的争议;法律、法规、规章规定可以仲裁的其他人事争议。

完整设立人事争议调解模式的是深圳,2005年4月18日深圳市人事局下发《关于加强事业单位人事争议调解与协调工作的意见》(深人发〔2005〕14号),该《意见》规定:"部门所属事业单位发生的人事争议,由其行政主管部门的人事争议;调解委员会负责调解或协调;市政府直属事业单位发生的人事争议由本单位的人事争议协调委员会负责协调"、"人事争议调解委员会可以由工会、人事、监察等方面的代表组成,同时可以聘请有关方面的专家参加。人事争议协调委员会可以设在职工代表大会或工会委员会,由职工代表大会或者职工大会推举的职工代表、工会代表或法定代表人指定的代表组成"、"人事争议调解委员会负责调解本部门所属事业单位与其工作人员之间因履行聘用合同、聘任协议书所发生的争议;协调本部门所属事业单位与其工作人员之间除履行聘用合同、聘任协议书外发生的人事争议;市政府直属事业单位与其工作人员之间因履行聘用合同、聘任协议书发生的人事争议,由双方当事人协商解决,在协商的过程中,协调委员会可以提出建议"、"当事人提出调解申请。当事人自知道或应当知道其权利受到侵犯之日起三十日内,向人事争议调解委员会提出调解的书面申请"、"对于人事争议仲裁委员会或者人民法院已经受理或者解决的人事争议,调解与协调组织不再受理"。虽然深圳市人事局的该《意见》,仅属于政府职能部门的规范性文件,且能够调解的范围也仅限于"因履行聘用合同、聘任协议书所发生的争议",同时也与现行人事争议仲裁规则存在着一些致命的冲突,即使如此,《意见》无疑确立了深圳地区人事争议的调解处理机制,为人事争议当事人提供了一种获得争议处理的救济方式。

三、人事争议调解制度的内容

（一）人事争议调解组织

为及时、有效地开展人事争议调解工作,事业单位内部可按照三方性原则成立人事争议调解组织:人事争议调解委员会。人事争议调解委员会由下列人员组成:职工代表（由职工代表大会推举产生）;单位法定代表人代表（由单位法定代表人指定）;单位工会代表（由单位工会委员会指定）。以上各方推举或指定的代表,只能代表一方参加人事争议调解委员会。人事争议调解委员会的人数由职工代表大会提出并与单位法定代表人协商确定。单位代表的人数不得超过人事争议调解委员会成员总数的三分之一。人事争议调解委员会主任由单位工会代表担任。人事争议调解委员会的办事机构设在本单位工会。人事争议调解委员会的职责:依照法律、法规调解本单位发生的人事争议;检查督促争议双方当事人履行调解协议,对职工进行人事法规的宣传教育,做好人事争议的预防工作。

人事争议调解委员会是群众性自治组织。我国大力提倡把争议放在基层单位就地解决,它具有及时、易于查清情况、方便争议当事人参与调解活动等优点,起着预防争议发生,把大量争议消除在起始阶段,防止矛盾激化的"第一道防线"作用。因此,调解委员应由为人正义、办事公道、能密切联系群众,并具有一定劳动法律知识和实际工作能力者担任。

（二）调解原则

调解委员会调解争议,除应遵循前述的一般原则外,还应特别遵循自愿原则、协商原则。

1. 自愿原则

所谓自愿原则,是指在调解的全过程中都应依当事人的意愿进行,具体包括下列三项内容:

(1)争议事项是否申请调解,由当事人自愿,不得强迫。具体而言,调解程序的启动必须以各方当事人的真实意愿为前提,即以当事人明确提出调解申请为原则。在例外情形下,如果调解人员认为确有必要而欲主动进行调解时,也必须先征求各方当事人的意见,在他们均不表示反对的基础上方能进行调解。

(2)调解方案需以当事人自行提出为原则,以主持调解的调解人员提出为例外,调解人员提出的方案只能供当事人协商时予以参考,不能作为既定的方案。

(3)调解协议的达成也必须出于各方当事人的真实意愿,由当事人自主,不得强加。

2. 协商原则

所谓协商原则,是指解决争议运用的基本方式,甚至唯一方式是平等协商,即排除任何权力的干预;当事人之间亦不得依凭本方的某种优势企图支配对方意志或压服对方。

(三)调解程序

人事争议调解委员会一般按下列程序进行调解:及时指派调解委员对争议事项进行全面调查核实,调查应作笔录,并由调查人和被调查人签名或盖章;调解委员会主任主持召开有争议双方当事人参加的调解会议。调解委员会应听取双方当事人对争议事实和理由的陈述,在查明事实、分清是非的基础上,依照有关人事法规以及本单位的规章制度和聘用合同,公正调解;经调解达成协议的,制作调解协议书,双方当事人应当自觉履行;调解不成的,应做记录,并在调解意见书上说明情况。人事争议调解委员会调解人事争议,一般应当自当事人申请调解之日起三十日内结束;复杂的人事争议可适当延长,但最多不得超过六十日。到期未结束的,视为调解不成。人事争议当事人应遵守调解纪律,维护调解秩序,不得有激化矛盾的行为。

(四)调解内容

人事争议调解的内容法律无明文规定,较为宽泛和灵活,从制度层面理解,应与人事争议仲裁的内容相当,主要包括:用人单位与签订聘用合同的职工之间的人事争议,即因履行、变更和解除聘用合同发生的争议;因执行国家有关工作时间和休息休假、工资、劳动安全卫生、职业培训、社会保险和福利的规定发生的争议;法律、法规规定的其他人事争议。

（五）调解效力

人事争议发生后,当事人应当协商解决;不愿协商或者协商不成的,可以向本单位人事争议调解委员会申请调解;当事人对调解不服的,可以直接向人事争议仲裁委员会申请仲裁。

第二节 我国事业单位人事争议调解制度存在的问题

处理人事争议应首先进行调解,先行调解是人事争议处理中的一项主要原则。人事争议处理的实践证明,这是一种十分有效的机制。调解也是各国在处理纠纷中普遍重视的解决纠纷的重要方式。正如法学教授昂纳德·瑞斯金所言:"与对抗性的纠纷处理方法相比,调解具备一些明显的优势:它更为经济、快捷,并更倾向于那些更周全考虑当事人非物质利益的独特解决方案。它能够教育当事人关于另一方的需求以及他们自己的社区（在此可转化为单位）的需求。因此,它能够帮助当事人学会如何共事,并帮助他们看到通过合作,他们都能获得积极的收益。调解之所以具备这些优势的一个原因是调解较少受制于那些支配对抗性纠纷解决方法的程序规则、实体法律和某些假定。在调解中,最终的权威握在争议的当事人手中。"调解可以大大降低解决争议的社会成本和经济成本,程序简便灵活,同时若调解成功使当事人之间的人事关系得以维系。因此在当前人事争议法律缺失的情形下,调解应是人事争议解决的首选方式,有利于将矛盾化解在基层,将问题解决在萌芽当中,为顺利推进事业单位人事制度改革创造良好环境。目前在我国,由于各种制度层面上的缺陷,使调解这一解决人事争议最具优势的制度未能发挥其应有的作用。主要表现在以下几个方面。

一、立法缺失

人事争议调解制度,是解决人事争议矛盾纠纷坚实可靠的"第一道防线"。近几年来,随着社会主义市场经济的发展和人事制度改革的深化,国务院各部门下属单位的人事争议逐步增多。人事争议仲裁的实践证明,大多数争议均可通过调解解决。但是相关的法律、法规和政策却没有制定。从现有立法来看,有关人事争议调解的法律、法规、规章几乎空白,实践中的人事争议调解基本模仿劳动争议调解。而不论是劳动争议调解还是人事争议调解,当事人的满意程度均较低。其原因一般归咎于两方面:一个是程序制度即调解规则、调解机构及调解程度的不完善,使人们对其认同不高;另一方面是调解的实体规则,如规章制度、聘用合同等具有较强公信力又具有内在约束力的实体规程尚不完善,聘用合同也未全部实施,在法律上聘用合同的法律效力也未明确,使大部分争议一旦发生,就直接申请仲裁,导致了矛盾的激化。

现有关于人事争议调解的制度,主要有:《关于在国务院各部委、直属机构、直属事业单位开展人事争议调解工作的意见》(1999 年 1 月 6 日,人办发〔1999〕2 号)等程序性规范,《深化干部人事制度改革纲要》(中发办〔2000〕1 号)、《关于加快推进事业单位人事制度改革的意见》、《关于深化科研事业单位人事制度改革的实施意见》(人发〔2000〕30 号)、《关于在事业单位试行人员聘任制度的意见》(人事部 2002 年 7 月 3 日发布)和国务院办公厅转发《〈人事部关于在事业单位试行人员聘任制度的意见〉的通知》(国办发〔2002〕3 号)等实体规范性文件,这种先程序后实体的做法虽然不符合我国立法惯例,但为其后进行的人事制度改革所产生的纠纷起到了积极作用,也为地方性立法起到了指导作用。从制度的普适性来看,还是存在较大的缺陷,突出地表现在制度规定的法律位阶低,相关规定不完善,人事争议调解制度的基本框架尚未建立起来,多表现为行政规范性文件的形式,而且一些重要的制度如证据制度等缺失,一些规定太原则或不严密,操作起来有问题。

相对于我国,世界上许多国家在这方面的立法较为完善。例如美国于1947 年由国会通过了《劳资关系法》,根据该法成立了联邦调解停局,该局起一个中立方的作用,以一个由调解人员组成的基本构架随时向劳动者和管理者提供帮助。这些调解人员的工作是不借助经济上具有破坏性的罢工或停工等手段的情况下帮助工会和雇主解决双方的劳资争议。瑞典于 1906 年制定了《调解法》,瑞典劳动争议调解是行政调解,调解机关是国家调解办公室,调节对象是雇员或雇员组织与雇主或雇主组织之间的利益争议。新西兰《雇工关系法》就劳工部调解服务的介入、调解员的角色、举行调解会议、举行调解会议的通知、顾问或代理人、自我代表、选择代理人、准备调解会议、调解会议的程序、速决程序、协议达成之后、协议未达成的处理、调解员决定调解结果的权力、达成协议的时机、调解的保密问题、群体谈判中的调解、特别行业里的调解问题、劳工部以外的调解、雇工关系局的定位、解决问题的指南进行详尽的法律程序规定。

从理论上来讲,对于人事争议调解的合法性,应当理解为,广义地说只要不违反法律、国家政策以及公序良俗都具有合法性。但从其是否能引起或启动司法审判程序，进而产生法律效力上讲，现行人事争议调解制度是存在问题的。理由是目前仍没有此类法律规定可以适用，包括劳动争议调解也没有此类可供适用的法律规定。由于人事争议调解不属于法律规定的范畴，对于当事人之间达成的调解文书也不具有相对应的法律属性，无法（可能无法）向人民法院申请强制执行的不利后果。制度缺失带来的另外一个后果是，被某些非诚信的当事人恶意利用调解故意拖延对方当事人提起仲裁的时间，其结果不但影响对方当事人诉权的实现或仲裁成本的增加，损害仲裁活动的顺畅开展，而且还会导致双方当事人对立情绪的扩大。由于我国人事争议调解所依据的法规、规章缺失，调解协议没有法律效力，使得原本就比较弱化的人事争议调解更加雪上加霜，当事人对调解不予理会，更不愿把时间和精力浪费在调解上，导致了调解程序的虚化。

二、调解组织机构存在缺陷

目前人事争议基层调解由于事业单位内部调解委员会定位不准确和公信力不强而几乎虚化，而社会化调解几乎空白的现状，导致调解效果不好，大量案件进入裁审程序。不论按照深圳市人事局《关于加强事业单位人事争议调解与协调工作的意见》人事争议调解委员会设在事业单位内，还是将其设立在事业单位的主管行政机关内，其调解都具有强烈的不公平的行政属性。最主要的原因是事业单位人事争议调解组织内部所实施的"三方性原则"存在逻辑冲突。根据"三方性原则"，人事争议调解委员会可以设在工会，由职工代表大会或者职工大会推举的职工代表、工会代表或法定代表人指定的代表组成。从表象上看，在这三方代表中，工会的代表就是工会的代表，职工的代表就是职工的代表，这两者似乎没有关系。但是，按照《中华人民共和国工会法》（简称《工会法》）的有关规定，工会就是职工的代表，因此在单位调解委员会中既然有了职工的代表，那么工会代表就没有存在的必要。《工会法》第二条也规定："工会是自愿结合的工人阶级的群众组织，中华全国总工会及其各级工会组织代表职工的利益，依法维护职工的合法权益。"它的含义就是说工会是劳动者利益的当然代表者和维护者，职工的利益就是工会的最高利益，工会本身的利益也是围绕着职工利益设置的，由职工利益派生的。再说职工代表大会制度，它作为职工参与单位管理的重要制度，也是单位民主管理的重要内容，职工代表大会讨论的议题不仅仅是职工自身的权益问题，还包括单位的其他管理方面的问题。但职工代表大会不能等同于工会,工会只是职工代表大会的工作机构。两者之间实际上是权力机构和执行机构的关系,由职工代表大会和工会同时产生人事争议调解委员会,不能成为代表不同利益或角色的两方,而应是一方。国际惯例启示,一个单位内部可能有代表不同职工利益的工会存在,但针对雇主而言,劳工方的利益应该是一致的。职工代表大会推选的代表和日常工作机构的工会委员会指定的代表被认定为实施"三方性原则"的两方,这种人为设置不同利益主体的做法,非常牵强。硬让职工代表大会推选的代表和工会代表作为不同的利益主体,存在逻辑冲突。

三、工会在人事争议调解中的作用发挥不明显

《工会法》确立了工会作为职工单方面利益代表的地位,从理论上讲,工会在单位内部人事争议调解中不是简单的和事佬,应当纳入独立的作为职工集体的利益代表,在人事争议调解中发挥更积极的作用。但由于历史的原因,工会工作的开展基本受制于行政,在机关事业单位中基层工会组织几乎已深深融入行政中,工会主席基本上由单位行政任命,代表行政意志,能担当劳动者代言人的可能性很小,工会在人事争议调解中的地位很尴尬,要做到公平处理争议也不现实,这也是我国各级工会组织亟待解决的问题。

四、人事争议调解时效与仲裁、诉讼时效的冲突

对人事争议调解的时效规定使得人事争议调解的合法性受到质疑。各地实施的人事争议调解有关规范性文件对调解时效的规定一般为 60 天。如深圳市人事局《关于加强事业单位人事争议调解与协调工作的意见》规定:"对于人事争议仲裁委员会或者人民法院已经受理或者解决的人事争议,调解与协调组织不再受理",调解效力较低。从"调解或协调人事争议,一般应在受理申请之日起 60 日内完成。逾期未完成的,视为调解或协调不成"的规定看,凡选择调解的则再无可能向仲裁机构提出申诉,因为其规定的调解时限与申请仲裁时限均为 60 天,若加上"提出调解申请的"30 天,调解过程总时限为 90 天,已将提起人事争议仲裁的 60 天申诉时限淹没,如果当事人对仲裁申诉时效不清楚或者理解有误,就会因超过申诉时效而被仲裁机构驳回申诉。因此,这项调解时限规定存在着重大致命问题,反映的实质是可能造成剥夺当事人提起仲裁与诉讼的权利(因设立前置,不能提起仲裁也就无法提起诉讼)的严重后果,无法与法律规定相适应,即没有法律依据,自然不具有合法性。而自 2006 年 1 月 1 日施行的《福建省事业单位人事争议处理

规定》规定："对申请调解的人事争议，人事争议调解委员会应当自收到申请之日起 3 日内予以受理并成立调解小组。调解小组调解期限为 30 日，自收到申请之日起计算。"显然考虑到这一重大致命问题，因此将调解期限设定为 30 天。由于仲裁申诉时效 60 天是底线，考虑到提出调解申请前的期间，因此 30 天调解仍存在问题，解决方案有二：一是将调解期限缩短到 15 天，并且以 60 天申诉时效为底线，调解组织（委员会）应当审查争议发生日至受理调解已过的日期天数，不足 20 天的不再受理调解申请。二是仲裁机构将调解期限排除在 60 天申诉时效之外，如"自调解终结之日起 60 天"，但第二方案操作较为麻烦，也可能引起程序合法性方面的质疑纠纷。由于人事争议调解不属于法律规定的范畴，对于当事人之间达成的调解文书也不具有相对应的法律属性，也就无法（可能无法）向人民法院申请强制执行。

五、事业单位规章制度、聘用合同制度不完善

随着我国社会主义市场经济体制的建立，人事制度进行了重大改革，事业单位普遍实行了聘用制。聘用制的推行，使单位和个人之间从传统的行政关系转为聘用合同关系，使计划经济体制下的依赖关系（身份关系）转变为相对独立的权利主体关系。基于聘用合同产生的人事争议，是聘用合同双方当事人之间的争议。人事争议处理制度，正是适应人事制度的变革而建立的一项制度。具体说，人事争议，是聘任制公务员和事业单位工作人员与单位之间因辞职、辞退和履行聘用合同发生的争议。但是，实践中，由于法律对聘用合同的法律效力并未明确，使大部分争议一旦发生，就直接申请仲裁，导致了矛盾的激化。

目前对于聘用合同的法律性质主要存在两种不同的观点：一种观点认为是行政合同，事业单位与聘用者之间的关系是人事关系而非劳动关系；而另一种观点则认为，聘用关系和劳动者与企业之间的劳动关系并无实质区别，聘用合同就是一种劳动合同的性质。这两种观点的博弈在《劳动合同法》的制定过程中得到了明显的体现。在讨论劳动合同法草案过程中，有学者建议将劳动合同法适用范围扩大到事业单位及其劳动者。《劳动合同法》草案三次审议稿第二条第二款规定："国家机关、事业单位、社会团体与公务员和参照公务员法管理的工作人员以外的劳动者建立劳动关系，订立、履行、变更、解除和终止劳动合同，依照本法执行。"对此，人事部和一些委员认为，目前事业单位对工人以外的工作人员实行的是聘用制，与企业全面实行的劳动合同制有许多不同之处，纳入劳动合同法调整范围需要慎重，建议本

法的调整范围还是与劳动法的规定相一致为妥。有些委员则表示,事业单位中实行聘用制的工作人员如果不纳入本法的调整范围,就没有法律依据对其合法权益给予有效保护,建议本法根据事业单位的实际情况作出相应规定。全国人大法律委员会经同有关部门研究,建议将上述规定修改为,"国家机关、事业单位、社会团体和与其建立劳动关系的劳动者,订立、履行、变更、解除或者终止劳动合同,依照本法执行。"同时规定,"事业单位与实行聘用制的工作人员订立、履行、变更、解除或者终止劳动合同,法律、行政法规或者国务院另有规定的,依照其规定;未作规定的,依照本法有关规定执行。"最终通过的《劳动合同法》第二条规定,"国家机关、事业单位、社会团体和与其建立劳动关系的劳动者,订立、履行、变更、解除或者终止劳动合同,依照本法执行。"这就意味着,除公务员或参照公务员法管理的人员,以及事业单位中实行聘用制的工作人员外,国家机关、事业单位、社会团体与其他劳动者均应当建立劳动关系,并执行本法。与此同时,《劳动合同法》又在第九十六条中以"附则"的形式明确,"事业单位与实行聘用制的工作人员订立、履行、变更、解除或者终止劳动合同,法律、行政法规或国务院另有规定的,依照其规定;未作规定的,依照本法有关规定执行",从而明确了事业单位与实行聘用制的工作人员之间也应订立劳动合同,但考虑到事业单位实行的聘用制度与一般劳动合同制度存在一定差别,允许其优先适用特别规定。诚如中国劳动法学研究会副会长、中国政法大学王昌硕教授所言,从劳动合同原理讲,聘用合同是劳动合同一种,聘用合同制与劳动合同制没有本质区别;在事业单位聘用制条例尚未出台前,最高人民法院按照劳动法处理因履行、解除聘用合同发生的争议也是正确的。但是,目前,事业单位和企业人力资源管理模式仍存在各自自成一体的现状,决定了劳动合同制与聘用合同制在人员的"进"、"管"、"出"等方面仍有明显区别。在实行聘用制的事业单位、要按照国家编制机构下达的编制限额聘用人员;比照公务员制度进行人事管理;应按规定时日提出书面申请并予以批准后方可辞职。可是,在实行劳动合同制的用人单位,国家编制机构不下达人员编制,自主招用劳动者;按照劳动法进行劳动保障管理;劳动者可依法提出解除劳动合同,无须用人单位批准。在劳动、人事分制的行政管理体制下,由于分别实行劳动合同制度、聘用合同人事制度,也决定了劳动合同法目前不宜适用于事业单位及其全体员工。虽然,从远期国家人事制度改革来看,除公务员外,由人力资源保障部统一管理企业、个体经济组织、事业单位、社会团体等用人单位及其用人,但至少目前阶段人事聘用合同与劳动合同不宜混为一谈。《劳动合同法》的规定必须与优先适用的特别规定相结合方能起到良好效果,需要法律、行政法规或国务院的规定及时对聘用合同的法律效力进行规范。

用人单位规章制度,是指用人单位制定的适用于该单位的劳动规则,是劳动者在共同劳动过程中必须遵守的行为规范与准则。其主要包括以下内容:聘用管理、工资管理、社会保险福利待遇、工时休假、奖惩及其他劳动管理规定等。依法建立和完善各项规章制度和劳动纪律,既是用人单位的一项重要的法定权利,也是其一项重要的法定义务。制定规章制度用以规范单位内部管理运作是单位行使用人权的重要方式之一。尽管制定规章制度是用人单位的权利,但并非任何规章制度都是有效的。由于用人单位的规章是由单位制定用来约束劳动者的规范,实践中关于某些规章的法律效力问题即该规章是否具有法律效力问题,便成了许多人事纠纷产生的原因和争议的焦点。而与聘用合同一样,用人单位规章制度的法律性质,是否能作为解决争议的当然证据等均无法律的明文规定。

六、调解的范围过窄

实际上,调解最能发挥作用的时机是双方仍存在合作之可能性,矛盾还未激化成不可调和。但从现行调解制度来看,人事争议调解的范围基本上为因辞职、辞退、履行聘任(用)合同发生的争议、因人员流动发生的争议等,单位作出的决定即使违法,其救济方式也多为经济补偿,较少存在撤销决定的可能性,矛盾较大而基本已不可调和,使调解制度失去了应有的作用。同时,一些平时人事制度中的小摩擦和纠纷由于未能纳入人事争议救济范围而无法得到任何救济,必须积聚到矛盾爆发时方能显现,而此时再通过调解解决已有诸多困难。其根本原因可能在于前述人事争议的概念虽然模糊和范围不确定,但其在争议解决的诸多方式中却是具有同一性的。也就是,不论是人事争议协商、人事争议调解还是人事争议仲裁和人事争议诉讼,其面对的是同一概念和范围的人事争议,这就使问题平面化,忽视了四种解决方式在解决不同的人事争议中的不同作用。

七、调解人员素质不高,难以胜任调解工作

从人事争议实际发生案例来看,多集中在教育、科研、文化、卫生等部门和单位,当事人一方70％以上是中高级知识分子,既有存在传统人事关系的职工,也有因聘用合同建立人事关系的职工,还有退休职工,涉及工作权、人格权、自主择业权、报酬权的争议,对抗性较强,绝大多数人事争议案件由个

人提起,争议呈多元化、复杂化趋势。争议所涉及的内容非常广泛,辞职、辞退,因履行聘用合同发生的争议等等,从合同的订立、变更、终止、解除到履行中涉及的工资、保险、福利、培训、公(工)伤、档案移交等等,非常复杂。这对调解人员的素质和能力提出了较高的要求,就目前人事争议的调解人员而言,调解队伍流动性较大,职业化、专业化程度不高,许多对法律、法规和相关政策知识知道不多,不全面,又缺乏必要的业务培训,业务水平低,不能胜任调解,也很难赢得当事人的信任,争议发生不愿申请单位调解委员会调解。

第三节　我国人事争议调解制度的完善

调解在中国有几千年的历史,它是将伦理的内容融于解纠机制中,用温和的手段去处理矛盾冲突,使对立的双方在相互理解与宽容中自愿妥协达成一致。长期以来,它以简便、快捷的方式,以发挥在化解矛盾、消除纠纷、息诉止争中的独特功能,在妥善处理社会矛盾、构建和谐社会中发挥了不可替代的作用。和谐社会的基本标志之一就是社会安定,就社会成员而言,即意味着心态平和、关系和睦、相处融洽,要真正实现并长期保持社会安定,就必须处理好各种矛盾和冲突,有效地消除各种不稳定因素,在社会发展的动态过程中平衡和协调好各方面的关系。党的十六届四中全会把调解作为正确处理人民内部矛盾的重要方法之一。因此,进一步完善与充实调解制度在人事争议处理中的运用,并以此为基点检视现行人事争议调解相关制度设计上的不足,应当作为建设和谐社会背景下构建人事争议处理新机制的基本思路之一。

一、充分认识调解在人事争议处理中的地位

党和国家深化事业单位人事制度改革的基本思路是:按照分类推进事业单位改革和干部人事制度改革的总体要求,以转换用人机制和搞活用人制度为重点,以推行聘用制度和岗位管理制度为主要内容。聘用制全面推行后,如果没有相关配套的制度,及时、有效地解决由此产生的争议,改革过程中出现的矛盾就会积淀,甚至激化,人事制度改革就很难推进,社会稳定也难以保证。因此,重视运用调解手段,进一步规范调解办法,以达到保护单位和个人的合法权益,及时处理争议,促进稳定的目的。调解对于依法及时处置群众的合理诉求,努力消除不和谐因素,尽可能地把矛盾和隐患化解

在源头、解决在萌芽,具有十分积极的意义。具体表现为:第一,有利于当事人灵活、快速地解决争议。人事争议发生后,启动调解程序,举证十分方便,而且可以营造居中的气氛,提供平等的平台,有利于当事人快速地解决纠纷。第二,有利于当事人继续合作共事。在人事争议中,受聘人员很希望通过调解处理争议。因为通过调解结案,当事双方不伤感情,受聘人员仍可能在原单位继续工作。同样,单位在一般情况下也不愿在人事争议处理上花费过多的精力。通过调解可在很大程度上维护和好关系的继续,这对于单位和谐局面的维持具有积极的作用。第三,有利于当事双方控制调解的结果。在调解中,调解员不将任何结果强加于当事人双方,而是通过说服教育的方式,协助当事人在互相谅解的基础上,和平地解决纠纷或争端,使当事人不会面临被迫接受某种结果的风险。

二、建立多渠道、开放式的调解网络

和谐社会的本质是人的和谐。人的和谐从其本质上说,是人的主体价值能够得到充分尊重、主体作用得到充分发挥、主体利益得到充分保证,即以人为本得到充分实现。要实现人在社会中全面自由发展、主体平等,一个重要的前提条件就是主体之间能够平等对话、沟通和协商,每个主体有表达争议诉求的正当的方式和渠道。人事争议案件与普通的民事案件不同,具有特殊性,它不仅涉及聘用合同、劳动报酬方面的纠纷,还牵涉工作条件、劳动保护、安全卫生以及其他社会保障等问题,解决这些矛盾,仅仅依靠行政手段和司法裁决是不够的。因此,充分运用人事争议调解制度是十分必要的。健全人事争议调解组织,是充分发挥人事争议调解作用的重要方面,而目前事业单位人事争议调解制度的合法性受到广泛质疑,存在的主要问题是:一是原有的事业单位人事争议调解委员会的作用在削弱,参照目前法定的调解人事争议的调解组织是设立在事业单位的主管行政机关内或事业单位内部设立的人事争议调解委员会,但实践中建立人事争议调解委员会组建率比较低,同时,这样的设置模式使其调解具有强烈的不公平的行政属性。虽然目前的人事争议仲裁或多或少带着行政的烙印,但仲裁属性的法律取向总体趋于民间处理性质,仲裁中的当事人之间地位是平等的。人事争议诉讼在诉讼程序法上适用《民事诉讼法》,当事人之间的诉讼地位与诉讼权利的平等是法律所保证的,由此也必然牵涉人事争议调解的合法性、公正性遭遇质疑。二是新兴的劳动争议调解组织缺少法律依据。而要使调解真正发挥其应有的作用,以保证当事人诉求的实现,维护其合法权益,必须对我国人事争议调解组织进行重构,建立区域性调解组织和事业单位内部调解组织多渠道、开放式的人事争议基层调解网络。

(一)完善事业单位内部人事争议调解委员会的设立

事业单位内部人事争议调解委员会是单位内部解决劳动争议的机构。由单位人事争议调解委员会调解本单位内部人事争议,有利于将人事争议解决在本单位内部,使人事关系得以维持,是一种非常好的解决争议的方式。目前事业单位人事争议调解委员会的组成存在的合法性问题,使得三方原则虚化,工会维护职工权益的作用无法正常发挥。因此,建议修改相关制度:第一,将调解机构设在事业单位的职代会或教代会,以保持"民间"属性和保证相对的公平性。第二,规定:"人事争议调解委员会由职工代表和企业代表组成。职工代表由工会成员担任或者由全体职工推举产生;企业代表由企业负责人指定。人事争议调解委员会主任由双方推举产生。"将人事争议调解委员会由三方组成变为两方组成,将调解委员会主任由工会代表担任变为由双方推举产生。

(二)依托地方工会的调解组织设立区域性、行业性人事争议调解组织

区域性、行业性的劳动争议调解组织一般由地方工会(或行业工会)、政府和用人单位代表组织等组成,与单位内部调解委员会相比较,地位超脱,调解员与争议当事人双方没有利害关系,调解更有权威性。从实践看,许多经济较发达的省市在企业劳动争议纠纷处理中,都进行了通过成立区域性、行业性劳动争议调解组织来进行劳资双方纠纷的调解,作用发挥得较好,成效明显,可以为人事争议调解所借鉴。但是,由于没有统一的法律规范,各地组织形式不同。目前,在各地设立的具有劳动争议调解职能的组织主要有两种模式:一种是依托于行业的调解组织,另一种是依托于地方工会的劳动调解组织。基于人事关系的特点和事业单位分布的现状,区域性人事争议调解组织的设立以第二种模式为主、第一种模式为辅,较为理想。

各地可以根据地方实际,并与现有人事争议调解组织进行资源整合,形成合力,建立区域性基层调解工作机制。区域性人事争议调解组织,应按照三方性原则,由区域政府代表、区域工会代表和区域用人单位代表组成。其中区域政府代表可以是事业单位的行政主管部门代表,区域工会代表由区域工会指定,区域用人单位代表可依托区域行业联合会等自治机构产生或由区域劳动人事行政主管部门推荐。在人事争议调解过程中,所有参与调解的人员都必须严格遵循回避原则、遵守调解规范,保持中立地位。区域性、行业性人事争议调解组织的构建和运行,离不开政府的有效引导和支

持。政府劳动人事行政部门对区域人事争议调解应承担的职责是：推动和指导建立区域人事争议调解委员会；督导人事争议调解委员会的工作；为人事争议调解委员会的正常运行提供权力支持和保障。人事争议仲裁委员会对人事争议调解委员会的职责是：协助政府部门指导人事争议调解委员会的工作；对人事争议调解委员会的工作提供咨询服务；审查人事争议调解协议的合法性；对调解委员会各方代表进行资格审查和业务培训等。

发生人事争议后，当事人可以向上述两类调解组织申请调解。单位有人事争议调解委员会的，劳动者可以向本单位调解委员会申请调解，也可以向区域性（或行业性）调解组织申请调解。区域性、行业性调解组织的设立，将人民调解引入人事争议解决机制中，为当事人提供了多种调解方式解决争议的选择的可能性，增强了当事人采用调解方式解决争议的信心，有助于人事争议及时有效解决，维护人事关系和谐。

三、赋予调解协议书以一定的法律效力

要使调解发挥其在人事争议解决机制中的作用，成为当事人信任和乐于选择的纠纷解决形式，就必须赋予调解以一定的法律效力。

（一）变完全自愿为有限自愿

在重构人事争议调解原则时仍然应当遵循当事人双方自愿原则，但这种自愿应重新定位，不能理解为完全自愿原则，否则将会造成调解程序的过分任意性，使调解失去权威，造成资源的极大浪费。如果采取自愿申请、调解过程民主、自愿达成调解协议、自愿履行协议的完全调解原则，有可能造成缺乏诚意的当事人一方，借调解之机故意拖延时间，使对方当事人因超过时效而丧失仲裁的机会，合法权益得不到有效保障。因此，为防止调解程序虚设，应将现在的调解完全自愿原则改为有限制的自愿原则。当事人选择以调解方式解决争议的，在调解过程中，应坚持民主原则，如双方协商一致达成调解协议的，除非发生法定的无效或可撤销情形，当事人不得反悔，仲裁机构、法院在裁决时和审判时也应当维护调解协议的内容，不得变更。同时，法律可明确规定调解协议具有法律效力，当事人一方不履行，另一方可以申请强制执行。也就是说，赋予调解协议书以一定的法律效力，以抑制当事人的肆意反悔和对调解的恶意滥用。①

---

① 杨德敏：《我国劳动争议处理机制的反思与重构》，江西人民出版社 2007 年版，第 118 页。

（二）赋予调解协议书以一定的强制执行的效力

调解协议书是人事争议双方达成调解的书面证明，是一项重要的法律文书。调解协议书由双方当事人签名或者盖章，经调解员签名并加盖调解组织印章后生效，对双方当事人具有约束力，当事人应当履行。这里的"约束力"是一个什么样的效力？调解协议应当具备什么样的效力？目前，法律无规定，理论和实务部门对此也有不同的认识。从性质上说，调解协议是双方在自愿的基础上达成的，是双方意思表示一致的结果，相当于合同，应当具有合同的效力。但它又是在调解组织参与下达成的，调解员代表调解组织参与调解，帮助双方当事人达成协议，调解员要在调解协议书上签名，调解组织也得在调解协议上加盖印章，调解协议才生效。因此，调解协议不同于一般的民事合同。为了强调调解协议的效力，法律应当规定调解协议对当事人具有约束力，不能随意反悔。当事人反悔或者不履行调解协议的，应当有正当理由，从而强化双方当事人的履约意识，维护调解协议的严肃性。实践中有的地方也规定在调解协议达成后，双方可以向人事争议仲裁委员会申请将调解协议书置换成人事仲裁调解书，人事仲裁调解书一经送达，即发生法律效力，一方当事人不履行的，另一方可以向法院申请强制执行。将调解协议书置换成仲裁调解书的做法，较好地解决了调解协议的法律效力问题，是一种有益的探索。

四、缩短调解时间，与仲裁时效相衔接

人事争议能否及时调解，直接影响到劳动者的个人工作生活和事业单位正常的管理活动。而目前在人事争议调解中实施的 30 天的调解期限明显偏长，不仅不利于当事人合法权益的保护，而且在人事争议大幅度增加的情况下久调不结，必然加重调解组织的负担。对于这个问题可以通过两种方法解决。

（一）缩短调解期限

要避免人事争议调解重蹈覆辙，要使调解机制能够生存，就要让仲裁与诉讼的弱点变为调解的亮点，即要使调解具有公正、快捷、有效的功能。解决（即修补）人事争议调解存在的问题的具体做法是缩短提起调解申请的期限与处理期限，留给当事人足以提起仲裁的时限空间，从而保证当事人的仲裁权与诉权。在这一方面，我国台湾地区的做法值得我们借鉴。《台湾劳资争议法》第二十四条规定，调解委员会之调查期限，非有特别情形不得逾七日。第二十八条规定，调解委员会调查完毕后，应于两日内作出调解之决

定。但有特殊情形或当事人双方同意延期时,不在此限。我国的人事争议的调解期限视案情复杂程度规定在七至十五天内,情况特殊的,期限可适当延长。

（二）将当事人申请调解作为人事争议仲裁时效中断的事由

2004年最高人民法院《关于审理劳动争议案件适用法律若干问题的解释》第十四条第一款规定:"在仲裁申请期间内,劳动者因不可抗力等其他客观原因无法申请仲裁的,申请仲裁期间中止;从中止的原因消灭之日起,申请仲裁期间连续计算。"第二款规定:"仲裁申请期间因劳动者向有关部门请求权利救济或者用人单位同意履行义务而中断,从有关部门作出处理决定、明确表示不予处理,或者用人单位明确拒绝履行义务时起,仲裁申请期间重新计算。"这些规定已经明确了这60日是适用中止、中断的规定的,可将此条作出扩张性解释,人事争议调解也纳入"其他客观原因"而适用仲裁时效中断的事由。

五、规范聘用合同和用人单位规章制度的制定

聘用合同、用人单位规章制度是人事争议调解中主要的依据。通常情况下,用人单位与劳动者签订的聘用合同中都有劳动者必须遵守用人单位规章制度的原则约定。一些用人单位为在用工过程中占据主动地位,制定一些苛刻的所谓规章制度对劳动者进行各方面的限制。为防止用人单位权力滥用,在实践中,需要对用人单位的规章制度制定和聘用合同的签订行为进行规范。用人单位制定的规章制度必须合法才能发生效力。用人单位制定的内部规章制度得以作为处理人事争议的依据,必须具备如下条件。

（一）制定主体合法

制定主体必须具备制定规章制度的法律资格,也就是说,只能由用人单位行政管理机关制定。我国现行立法中没有就用人单位的规章制度的制定主体资格作出明确规定。但是,我们认为,内部规章制度只能由单位行政管理机关制定,而单位行政管理机关是一个由多层次、多部门管理机构所组成的人事管理系统,并非其中任何一个管理机构都有权制定内部规章制度。有权制定内部规章制度的,应当是单位行政系统中处于最高级层次、对用人单位的各个组成部分和全体职工有权实行全面和统一管理的机构。这样,才能保证所制定的内部规章制度在本单位范围内具有统一性和权威性。至于单位行政系统中的其他管理机构,虽然可参与内部劳动规章制度的制定,但无权以用人单位的名义制定内部劳动规章制度。

（二）规章制度的内容必须依法制定

依法制定就是指用人单位的规章制度的具体内容必须符合《劳动法》及相关法律法规、人事政策制度，不能与其相抵触。我国《劳动合同法》第四条第一款规定："用人单位应当依法建立和完善劳动规章制度，保障劳动者享有劳动权利、履行劳动义务。"1997年劳动部发布的《关于加强劳动合同管理完善劳动合同制度的通知》要求，企业应该"加快建立和完善与劳动合同制度相配套的规章制度。用人单位要依照国家法律、法规，建立健全支撑劳动合同制度运行的企业内部配套规章制度，包括工资分配、工时、休息休假、劳动保护、保险福利制度以及职工奖惩办法等，并把劳动合同履行情况与职工的劳动报酬、福利待遇联系起来，促进'工资能多能少、岗位能上能下、人员能进能出'的新型劳动用人机制的形成"。事业单位工作人员的基本劳动权利的保障与企业职工基本一致，因此，在当前人事法律法规缺失的情形下，劳动法律法规规章规定的对用人单位规章制度合法性的判断标准和制定程序要求可同样适用于事业单位规章制度的制定。

（三）规章制度的制定程序必须符合民主程序

规章制度必须经过职工代表大会或其他民主程序通过。这里的"民主程序"应当理解为"职工民主"，即职代会等职工参与所在单位管理的民主形式，所强调的是职工参与规章制度的制定。我国《劳动合同法》第四条将用人单位的规章制度的制定程序的民主性列为规章制度具有法律约束力的首要要件，可见对此问题的重视。

我国《劳动法》和相关法律法规并没有就规章制度的制定程序作出具体规定。《劳动法》第八条规定："劳动者通过职工大会、职工代表大会或者其他形式，参与民主管理或者就保护劳动者合法权益与用人单位进行平等协商。"我国《劳动合同法》第四条第二款规定："用人单位在制定、修改或者决定有关劳动报酬、工作时间、休息休假、劳动安全卫生、保险福利、职工培训、劳动纪律以及劳动定额管理等直接涉及劳动者切身利益的规章制度或者重大事项时，应当经职工代表大会或者全体职工讨论，提出方案和意见，与工会或者职工代表平等协商确定。"《劳动合同法》第四条较之于《劳动法》第四条，最大的发展就在于加强了法律对制定、修改或者决定劳动规章制度的程序规定，值得肯定。

六、重视人事争议调解队伍建设

人事争议调解工作的特点，决定了需要一支从事这项工作的高素质的专业化队伍。调解人员应由掌握法律知识、熟悉人事政策法规、了解心理学常识和经济学知识、具有较强分析推理能力的人员担任。要加强调解员的培训，培养调解员的大局意识、服务意识、规则意识、专业责任意识，促使他们努力学习法律法规和人事政策，掌握调解理论，提高调解技能，不断增强专业素质。担任人事争议调解组织的调解员，应当具有以下三个条件。

（一）为人公道正派、联系群众、热心调解工作

调解纠纷，无论是民事纠纷还是劳动纠纷，能否调解成功，在一定程度上需要靠调解员的影响力和说服力，如果调解员公道正派，社会信誉好，具有一定的道德力量和社会影响力，也就是说有威信，这样从中调解，双方容易信服。尤其是当法律、法规或者政策不明确的时候，更需要调解员本人的信誉和影响力。联系群众，就是要求调解员善于与人交往，具有较好的沟通能力和亲和力。调解工作是一项耗费时间和精力的工作，很多情况下调解员是兼职的，是义务性的，没有报酬，因此，需要调解员热心调解工作，愿意为调解工作贡献力量。

（二）具有一定的法律知识、政策水平和文化水平

调解要靠调解员居间"说合"，但调解不是无原则的"和稀泥"。调解人事争议，要依据相关法律、法规、规章和政策进行调解，法律、法规、规章和政策没有明确规定的，依据社会公德进行调解。同时，调解员也要通过调解工作，宣传劳动法律、法规、规章和政策。因此，需要调解员具有一定的法律知识、政策水平和文化水平。现行相关法规、规章担任调解员的条件规定得比较有弹性，调解员是否符合法律规定的条件由调解组织来判断。但有一点需要强调，就是要使调解工作有成效，就需要行政部门、工会组织加强对调解员的劳动法律和政策知识进行培训，提高调解员的法律知识、政策水平和文化水平。

七、合理定位工会在人事争议调解中的角色

工会群众组织的特点和基本职能，决定了它在调解人事关系和利益关系的矛盾与纠纷的工作中有着不可替代的特殊地位和作用。在新型多层次人事争议调解中，工会成为人事争议调解委员会中独立的一方，不再扮演居中调解的角色，而是完全代表劳动者的利益不得一方。应实质性地履行好下列主要职责。

（一）设立单位内部人事争议调解委员会，主持单位内部人事争议调解

人事争议调解工作由工会组织负责；调解委员会的调解工作由工会代

表主持。事业单位工会组织与企业工会一样,具有相同的性质和职责。调解委员会的另外两方代表,分别为职工代表和行政代表,也就是人事争议双方当事人代表,而工会则是与争议无利害关系又与双方当事人联系密切的中间组织。故由工会负责主持调解工作是适宜的。

(二)积极组织和代表职工参与制定规章制度和聘用合同

工会不仅在人事争议事件中要做有效的化解工作,更应在人事争议预防上下工夫。通过源头上、高层次、全方位参与,切实代表和维护职工的合法权益,从而保护和激发职工的积极性,使人事关系和谐有序,将存在的矛盾在萌芽状态及时化解和处理。目前,事业单位人事争议主要缘于事业单位人事制度改革,而人事制度改革是以转换用人机制、推行聘用制度为核心内容。所谓聘用制,是事业单位与职工按照国家有关法律法规和政策要求,在平等自愿、协商一致的基础上,通过签订聘用合同,明确双方人事关系和权利义务的人事管理制度。聘用合同内容包括岗位职责、工作任务目标、聘用期限、聘期内的工资福利待遇、违约责任以及续聘、解聘、辞聘的条件和程序。为此,工会必须参加单位聘任制方案的制订,保证双方不能任意改变和终止人事关系。在指导职工与单位签订聘用合同的同时,参与"公平、公开、公正"聘任过程的全程监督。

规章制度合法有效性的必要条件之一,是要通过一定的民主程序。工会作为职工的法定代表人,《工会法》赋予了其组织和代表职工进行民主管理、民主监督、民主决策的职能,在用人单位制定规章制度时,工会应积极参与。这一方面是履行《工会法》赋予工会的权利,也是工会组织对职工必须履行的义务,否则就是失职和不作为;另一方面,是保障规章制度合法有效性的前提条件,更重要的是反映广大职工意愿,保证规章制度的合理性,确保规章制度必须体现权利和义务相一致、劳动者利益与劳动效益并重、奖励与惩罚结合、劳动纪律面前人人平等原则的实现。在这一参与过程中,工会应广泛征求广大职工的意见,最大限度地反映和表达职工的意愿。同时,工会在维护职工劳动权益时,也必须明确,职工与单位的人事关系完全可以通过公开、公平、公正的原则来协调解决,既要维护人事制度改革的全局利益,也要维护职工个人的合法权益。

第六章　我国事业单位人事争议仲裁的现状和制度创新

第一节　我国人事争议仲裁制度概述

我国人事部于 1996 年 5 月下发了《人事部关于成立人事部人事仲裁公正厅有关问题的通知》，1997 年 8 月下发《人事争议处理暂行规定》，1999 年 9 月下发《人事争议处理办案规则》和《人事争议仲裁员管理办法》，2007 年 8 月 9 日，中共中央组织部、人事部、总政治部联合颁发了《人事争议处理规定》（国人部发〔2007〕109 号令），《人事争议处理暂行规定》同时废止，标志着我国人事争议仲裁制度的建立。人事争议仲裁制度建立后的十几年间，人事争议仲裁制度对于建立现代人事制度，深化人事制度改革，公正及时地解决人事争议，保障当事人的合法权益，起到了很大的作用。

一、人事争议仲裁的概念和特点

（一）人事争议仲裁的概念

仲裁，也称作"公断"，是指争议双方在同一问题上无法取得一致时，由无利害关系的第三者居中作出裁决的活动。人事争议仲裁是指依据一定规则设立的仲裁机构对人事争议双方当事人争议的事项，依法作出裁决，从而解决人事争议的一项准司法活动。《人事争议处理规定》第三条规定："人事争议发生后，当事人可以协商解决；不愿协商或协商不成的，可以向主管部门申请调解；不愿调解或调解不成的，可以向人事争议仲裁委员会申请仲裁。当事人对仲裁裁决不服的，可以向人民法院提起诉讼。"

（二）人事争议仲裁的特征

现阶段，我国人事争议仲裁制度具有以下特征。

1. 程序启动单方化

人事争议发生后，只要一方当事人提出仲裁申请，并且争议的事项属于人事争议仲裁机构的受案范围，仲裁机构就应当受理；对方当事人提交答辩书与否或者出庭与否,并不影响仲裁程序的正常进行。

2.当事人双方的地位平等

申请人与被申请人平等地适用法律法规,平等地享有法律法规特别是仲裁程序所赋予的权利,平等地承担法律法规所规定的义务,不允许有任何凌驾于法律之上的行为存在。

3.仲裁机构地位相对独立

仲裁委员会相对独立于其授权机关,并不受行政机关的直接领导,依照法律法规独立处理人事争议案件;仲裁委员会之间也不存在任何的隶属关系,各个委员会独立开展工作,不受其他委员会的干涉。仲裁机构的中立性是保证仲裁公正性的坚实基础。

4.审理方式遵循先调解、后裁决的模式

调解和裁决是人事仲裁委员会处理人事争议案件的两种重要方式。仲裁委员会应当遵循调解前置的原则,处理人事争议案件必须先行调解,未经过调解的案件不能进入裁决程序,而且调解要贯穿于人事争议处理的全过程。调解和好的,应当制作协议书;未达成调解协议的,仲裁庭应当进入裁决程序,对双方的权利义务纠纷及时作出裁判,使双方的合法权益得到及时有效的保障。

5.仲裁裁决的司法审查

根据公务员法和最高人民法院的司法解释,对于事业单位与工作人员之间因辞职、辞退以及履行聘任合同或聘用合同发生的争议、聘任制公务员与所在机关之间因为履行聘任合同发生的争议案件,如果当事人对仲裁裁决不服,可以向人民法院提起诉讼。对于国家行政机关与工作人员之间因录用、辞职、辞退、降职等发生的争议案件,如果当事人对仲裁裁决不服,则不能向人民法院提起诉讼。

与人事争议诉讼相比,人事仲裁法律制度具有一定的优越性。一是快捷。快捷是指用仲裁的方法解决争议,程序简便,时间比较短。人事争议需要快速处理,当事人一般都不愿意在纠纷处理上花费很长时间和很多精力,仲裁正好适应了这一要求。二是专业性强。参加仲裁的仲裁员是来自人事部门和法律方面的专家,具有处理人事争议的丰富经验,有利于提高仲裁办案质量。

（三）人事争议仲裁制度与其他相关制度的关系

人事争议仲裁制度作为我国仲裁制度的重要组成部分,是在借鉴民商仲裁、劳动争议仲裁和相关制度的经验和做法的基础上,结合人事争议的特点而建立起来的。将人事争议仲裁制度与其他相关制度作一比较,对于更加深入认识和发展人事争议制度具有极为重要的意义。

1.人事争议仲裁与民商事仲裁的关系

人事争议仲裁解决发生在人事管理过程中的纠纷,它与解决发生在民商活动中的纠纷的民商事仲裁有较大区别。

(1)申请程序不同。一般经济纠纷的仲裁,要求双方当事人在事先或事后达成仲裁协议,然后才能据此向仲裁机构提出仲裁申请;而人事争议的仲裁,则不要求当事人事先或事后达成仲裁协议,只要当事人一方提出申请,有关的仲裁机构即可受理。

(2)仲裁机构设置不同。《仲裁法》规定的仲裁机构,主要在直辖市、省会城市及根据需要在其他设区的市设立;而人事争议仲裁机构的设置,主要是在省、自治区的市、县设立,或者直辖市的区、县设立。

(3)裁决的效力不同。仲裁法规定,一般经济纠纷的仲裁"实行一裁终局制度",即仲裁裁决作出后,当事人就同一纠纷再申请仲裁或者向人民法院起诉的,仲裁委员会或者人民法院不予受理;人事争议仲裁,当事人对裁决不服的,除人事争议调解仲裁法规定的几类特殊案件外,可以向人民法院起诉,人事争议的裁决一般不是终局的。

2.人事争议仲裁与劳动争议仲裁的关系

人事争议仲裁与劳动争议仲裁关系密切,但两者又有区别。

(1)管理对象不同。人事争议仲裁与劳动争议仲裁在受案范围上不同。人事争议仲裁管辖机关、事业单位、社会团体的有关人事争议;劳动争议仲裁的管辖范围为企业单位的劳动争议。

(2)在仲裁过程中,人事争议仲裁与劳动争议仲裁分别适用不同的实体法。劳动争议仲裁主要适用国家有关劳动管理方面的法律法规;而人事争议仲裁则主要适用人事管理方面的法律法规和政策。

(3)人事争议仲裁与劳动争议仲裁的机构和人员构成不同。

3.人事争议仲裁与公务员申诉控告制度的关系

人事争议仲裁与公务员申诉控告属于不同性质的解决人事争议的方式。国家公务员的申诉控告是指接受申诉、控告的行政机关,依据公务员法的申诉控告法律规范,处理申诉控告案件的行政行为。两者的主要区别在于:

(1)性质不同。人事争议仲裁是相对独立于行政机关的仲裁机关居中处理人事争议,具有准司法性;而申诉控告是一种行政行为。

（2）对象不同。申诉控告制度中的申诉控告人只能是具有公务员身份的个人；而人事争议的申请人可以是事业单位中的个人，也可以是单位。

（3）适用原则不同。申诉控告不适用调解原则；人事争议仲裁适用调解原则。申诉控告适用行政机关负举证责任原则，个人没有举证责任；而人事争议仲裁实行"谁主张，谁举证"为主、用人单位举证为例外的举证责任原则。

（4）受理机关不同。申诉控告的受理机关是有关行政机关；而人事争议仲裁的受理机关为人事争议仲裁委员会。

4. 人事争议仲裁与民事诉讼的关系

人事争议仲裁制度是解决事业单位、社会团体中当事人个人和单位之间人事权益方面矛盾和纠纷的一种准司法性质的制度，它与民事诉讼一样都是解决当事人之间矛盾和纠纷的法律制度。两者既有相同点也有区别，既有各自优势也有各自不足，它们之间相互补充，共同构成人事争议法律处理机制。

人事争议仲裁与民事诉讼的共同点：

（1）处理争议的主体都是独立于当事人的第三方。仲裁庭和法院都是中立的第三方，公正公平地处理争议。

（2）争议处理都依据一定的程序进行。民事诉讼的处理程序是由《民事诉讼法》规定的，人事争议的处理程序是由有关法律法规或仲裁机构制定的。仲裁和诉讼必须按照规定程序进行，违反法定或规定程序作出的裁决或判决都是无效的。人事仲裁和诉讼的不少程序规则和制度规定相似，在程序方面，仲裁和诉讼的开始都需要当事人申请，开庭中都有举证、质证和辩论等过程；制度方面，仲裁和诉讼都有调解、回避、时效等制度。

（3）人事争议仲裁与民事诉讼的处理决定都具有强制执行的效力。

人事争议仲裁与民事诉讼的不同点：

（1）机构性质不同。人事争议仲裁机构是经行政机关批准设立的、独立于行政机关之外具有准司法性质的居中处理人事争议的特殊机构；而民事诉讼案件的处理机关为人民法院，是代表国家行使司法审判权的国家审判机关。

（2）处理争议的范围不同。人事争议仲裁机构处理争议的范围是有关的人事争议，范围特定；而民事诉讼的受案范围基于"司法最终解决原则"，处理争议的范围及其广泛。

（3）适用的程序不同。人事争议仲裁活动适用人事争议仲裁规则，相比较于民事诉讼程序规则而言简易、灵活、便捷,但没有强制性,如不能拘传;民事诉讼活动适用的是国家立法机关制定的诉讼程序,这些程序严格而复杂,并且具有司法强制力。

(4)遵循的某些原则和制度不同。人事争议仲裁实行一裁终局制度,而民事诉讼则实行两审终审制度。

5.人事争议仲裁制度与行政复议制度的关系

人事争议仲裁制度与行政复议制度一样属于维护当事人合法权益的一种监督纠错制度,但两者也有较大的区别。主要表现在:

(1)性质不同。人事争议仲裁是相对独立于行政机关的仲裁机关居中处理人事争议,具有准司法性,是一种准司法行为;而行政复议是行政机关的一种行政行为。

(2)调整的范围不同。人事争议仲裁调整的范围是事业单位、社会团体与其工作人员之间发生的人事纠纷;而行政复议的调整范围则是公民、法人或其他组织对行政机关所作出的行政规定产生异议的纠纷。

(3)处理程序不同。行政复议案件的处理不经过庭审调查、辩论等庭审程序,由行政复议机关负责法制工作的机构对案件审查后作出行政复议决定报行政复议案件的受理机关作出行政复议决定;除法律法规规定为最终裁决的行政复议决定外,公民、法人或者其他组织对行政复议决定不服的,可以依据《行政诉讼法》向人民法院提起行政诉讼。而人事争议仲裁当事人对仲裁裁决不服的,按照民事诉讼程序向人民法院提起民事诉讼。

(4)申请人提起申请的方式不同。行政复议的申请人在向行政复议案件的受理机关提出复议申请时可以用口头或书面两种方式;对县级以上政府工作部门的具体行政行为不服的行政复议案件的受理机关可以是本级行政复议机关,也可以是上级行政复议机关,申请人可以自由选择。而人事争议仲裁案件的申请人申请仲裁时只能在规定的时限内以书面方式提出;人事争议仲裁案件实行级别管辖和地域管辖相结合的原则,申请人申请人事争议仲裁时,只能向具有管辖权的同级人事争议仲裁委员会提出,各级仲裁机关之间没有隶属关系,也不能跨越管辖权限受理案件。

(5)适用原则不同。行政复议案件不适用调解原则;而人事争议仲裁适用调解原则。行政复议案件适用行政机关负举证责任原则,个人没有举证责任;而人事争议仲裁实行"谁主张,谁举证"为主,用人单位举证为例外的举证责任原则。

(6)受理机关不同。行政复议案件受理机关是属于行政机关性质的有关行政复议机关,而人事争议仲裁的受理机关为人事争议仲裁委员会。

二、人事争议仲裁制度的历史沿革

(一)仲裁制度的产生和发展

人事争议的渊源,应从仲裁制度的历史发展谈起。仲裁制度的产生和发展历史悠久,最早可上溯至公元前六世纪的古希腊和古罗马时期。那时就有用仲裁的办法来解决纠纷的情况。但仲裁作为一种不同于诉讼的解决私权利纠纷的制度却根源于商品经济。古罗马时期的商业较为繁荣,商人之间在贸易往来中发生纠纷后,通常找一个双方都比较信任的、有威望的人居中调解。这在罗马《十二铜表法》中有记载,如该法第七表中规定:"土地疆界发生争执时,由长官委托仲裁员三人处理之……"雅典时期,人们常任命私人仲裁员根据公平原则解决争议。这些早期的仲裁,基本上是民间自发的,不论是形式还是内容,都比较简单,它不受法律调整,只受道德规范的约束,尚未形成严格的法律制度。

仲裁作为一项法律制度,始于中世纪。那时,西方资本主义制度逐步确立,商品经济代替自然经济在社会生产生活中占据了统治地位。随着商品经济的发展,商事、海事纠纷日益增多,人们为寻求一种便捷的解决争议的途径,大量用仲裁方式解决商事、海事纠纷,从而使仲裁从民间自发的争议解决方式,上升为解决私权利纠纷的一种重要制度,并成为诉讼制度的重要补充,仲裁制度正式开始确立。1809 年法国颁布的《民事诉讼法典》、1887年德国颁布的《民事诉讼法典》、1890 年日本颁布的《民事诉讼法典》等都有关于仲裁和仲裁程序的规定,1925 年美国制定了《美利坚合众国统一仲裁法案》。早期的仲裁主要用于解决国际商事争议,随着仲裁制度的不断发展,许多国家制定了专门的法律来规范仲裁,仲裁法律制度在许多国家得以建立。随着国际贸易的不断发展,仲裁制度在成为世界许多国家解决国内纠纷手段的同时,其解决争议的领域也不断扩大,涉及商事仲裁、国际贸易仲裁、劳动争议仲裁等。

20 世纪以后,仲裁制度进入更广阔的领域,在劳资纠纷方面发挥着越来越重要的作用。从 20 世纪 30 年代开始,西方国家目睹劳资冲突对社会带来的危害,同时也由于文明和法治的进步,西方国家相继颁布了一批促进劳资双方对话的法规,劳资方面的申诉案件剧增,鉴于这类纠纷处理与传统民商事案件差别较大,普通法院难以适应。在这种背景下,司法界极力推崇兼具产业自治和产业和平双重责任的劳资仲裁,以利于矛盾的下放和及时解决。

此外,仲裁院仲裁程序较之于法院的正规审判程序要便捷得多。基于此,仲裁在劳资纠纷的解决中有了产生和发展的空间,并逐步壮大。西方公职人员(含政府行政官员、公立学校的教师、公立医院医护人员以及邮电等公营事业职工)的劳资纠纷仲裁也继私营领域的劳资纠纷仲裁后,逐步开展起来。西方国家的劳资纠纷仲裁机构大致可分为两类:一类是半司法的官方机构,如英国、加拿大、澳大利亚的产业法庭、劳动关系委员会等,这些机构是长期的固定机构,仲裁员具有法官身份或享有同等待遇,在工作中采用很多司法程序和形式,如传票制度、证人宣誓等;一类是民间仲裁员方式,如美国的联邦调停调解服务处等,在这种模式中,政府只设辅助仲裁的机构,负责提供仲裁员名单和仲裁程序,真正的仲裁职能交给双方当事人选定的民间身份的仲裁员实施。类似西方国家的劳资纠纷仲裁,我国现行劳动人事管理体制是由劳动争议仲裁和人事争议仲裁组成的,包含了西方私营领域和公职领域劳资纠纷的各一部分。

(二)我国人事争议仲裁制度的产生和发展

人事争议仲裁制度是具有中国特色的一种权益救济制度,其产生与我国经济社会发展及改革开放的时代需要密切相关,是人事工作发展的现实要求和实践的结果。其雏形是 20 世纪 80 年代末一些省市人事部门创造性地开展的人才流动争议仲裁工作。① 20 世纪 90 年代初,沈阳等地方从实际工作出发,大胆探索,率先扩大受案范围,将人才流动争议仲裁发展为人事争议仲裁。全国许多地方也不同程度地开展了人事争议仲裁工作,取得了

---

① 如 1984 年 6 月,根据北京市人民政府有关规定,北京市人事局在北京市人才交流中心成立了仲裁部门,协助北京市人事局做好人才交流的仲裁工作。1988 年,沈阳市人民政府颁布了《沈阳市人才流动争议仲裁试行规定》。1989 年,辽宁省成立了辽宁省人才流动争议仲裁委员会。1990 年,福建省人民政府制定了《福建省人才流动争议仲裁暂行规定》,设立了省人才流动争议仲裁委员会。1991 年,吉林省制定出台了《吉林省人才流动争议仲裁暂行规定》和《〈吉林省人才流动争议仲裁暂行规定〉实施细则》。1994 年,湖北省颁布实施了《湖北省人才流动争议仲裁暂行规定》。

一定成效。① 人事部第一次提出开展人事争议仲裁工作是在 20 世纪 90 年代中期。1995 年 12 月人事部提出要开展人事争议仲裁工作,1996 年 5 月人事部人事仲裁公正厅成立,1997 年 8 月颁布了《人事争议处理暂行规定》,并于同年 9 月在南京召开了第一次全国人事争议仲裁工作会议,全面部署了人事争议仲裁工作,自此人事争议仲裁工作在全国逐步开展起来。

之后,我国人事争议仲裁制度建设经历了三个发展阶段:第一个阶段是始于 20 世纪 90 年代中期的起步阶段。其标志就是人事部《人事争议处理暂行规定》的出台和第一次全国人事争议仲裁工作会议的召开。人事争议仲裁工作在人事部的推动下形成了加快发展的良好势头。这主要体现在三方面:一是仲裁机构逐步建立。二是人事争议案件的处理数量大幅增加。三是用理论研究推动仲裁工作实践。各地从建立适合中国国情的人事仲裁制度出发,结合实际工作,开展理论研究,参考和借鉴了国外人事争议处理的经验和做法,比较和研究了人事仲裁和劳动仲裁、商事仲裁的共性和特点,在国内报刊上发表了一批研究文章。人事部人才所主持完成了"我国人事争议仲裁制度建设研究"课题,上海市仲裁机构完成了"人事争议仲裁立法研究"课题。自此人事争议仲裁工作在全国逐步开展起来。第二个阶段是始于 20 世纪 90 年代末期的发展阶段。其标志是 1999 年 9 月 6 日人事部《人事争议处理办案规则》和《人事争议仲裁员管理办法》(人发〔1999〕99 号)的颁布和三期人事争议仲裁培训班的举行。1997 年 9 月第一次全国人事争议仲裁工作会议后,各级人事部门适应新形势的需要,进一步加大工作力度。云南、重庆、湖北、山西、内蒙古、福建、江西、山东、河南、广西、四川等 20 多个省、自治区、直辖市以制定人事争议仲裁的规章和规范性文件为契机陆续开展了人事争议仲裁工作。人事部于 1999 年、2001 年、2002 年先后在黄石、包头和厦门等地举办了三期人事争议仲裁培训班,把业务培训与工作研讨结合起来,总结交流工作经验,研究解决工作中遇到的问题,有力地推动了全国人事争议仲裁工作的开展。第三个阶段是 21 世纪初期的完善阶段。

---

① 如沈阳市人民政府 1990 年颁布了《沈阳市人事争议仲裁暂行规定》,1992 年 7 月南京市政府颁布了《南京市人事争议仲裁暂行规定》,随后南京市人事局于 1994 年 9 月制定了《南京市人事争议仲裁暂行规定实施细则》。1993 年 10 月,深圳市成立了深圳市人事争议仲裁委员会办公室。在此期间,1993 年 5 月 24 日国家外国专家局发布《外国文教专家聘用合同争议仲裁暂行规定》,仲裁机构设在国家外国专家局及省级局,适用《中华人民共和国民事诉讼法》和《中华人民共和国民法通则》。

其标志是最高人民法院《关于人民法院审理事业单位人事争议案件若干问题的规定》(法释〔2003〕13 号)的发布和全国人事争议仲裁工作重庆会议的召开。人事争议仲裁工作开展以后,通过仲裁的方式处理了一批人事争议,但对于不服人事争议仲裁裁决而提起的诉讼或裁决可否作为人民法院执行的依据,一直没有一个明确具体的解释。2002 年、2003 年全国人大代表两次提出建议,建议最高人民法院尽快出台人事争议仲裁问题的司法解释。2002 年 8 月,辽宁省高级人民法院向最高人民法院报送请示,要求最高人民法院就"人事争议仲裁裁决是否属于人民法院受案和强制执行范围"作出批复。2002 年国务院办公厅转发的人事部《关于在事业单位试行人员聘用制度的意见》(国办发〔2002〕35 号)明确规定:"为妥善处理人员聘用中出现的各种问题,维护聘用单位和受聘人员双方的合法权益,要建立和完善事业单位人事争议仲裁制度,及时公正合理地处理、裁决人员聘用中的争议问题。"为支持配合事业单位聘用合同制度的推行和人事争议仲裁制度的实施,最高人民法院在广泛调查研究的基础上,根据《劳动法》并结合实际情况,于2003 年 8 月 27 日发布了旨在保护科技人员合法权益,规范人事争议仲裁制度的《关于人民法院审理事业单位人事争议案件若干问题的规定》(法释〔2003〕13 号),并于 2003 年 9 月 5 日起开始施行。这个司法解释的出台实现了人事争议仲裁制度与司法制度的接轨,解决了长期困扰社会的仲裁执行难和仲裁当被告问题,为人事争议仲裁工作的开展创造了有利条件。从制度上讲,这项司法解释解决了人事争议仲裁制度的司法保障问题,标志着人事争议仲裁制度体系基本健全,为以后人事争议仲裁制度立法打下了基础。2007 年 8 月 9 日,中组部、人事部、解放军总政治部联合印发了《人事争议处理规定》(国人部发〔2007〕109 号令),2009 年 1 月 1 日人事部公布并开始实施《劳动人事争议仲裁办案规则》,原于 1999 年 9 月由原人事部颁布的《人事争议处理办案规则》同时废止,将人事争议和劳动争议处理程序规则合二为一,推动人事争议处理制度法制化建设进入新的阶段。

三、人事争议仲裁的法律性质

人事争议仲裁是具有中国特色的一项事业单位人事争议解决制度,人事争议仲裁制度在 20 世纪 90 年代由人事部作出,但那时的人事仲裁是在人事行政机关直接领导下,主要以人事政策文件为依据而进行的,对人事行政机关与其领导下的仲裁机构所作出的处理或裁决均不能提起诉讼,完全是"人事行政"活动。在人事仲裁制度上以及实体和程序上均没有相应的法律规范可依,故人事争议仲裁自始就不具有任何法律意义。当时的人事争议仲裁工作也就基本呈"无案可裁"的状态。2003 年 9 月 5 日生效的最高法院司法解释《关于人民法院审理事业单位人事争议案件若干问题的规定》第二条规定无疑是这种状态与现行人事争议仲裁的分界线,人事部称人事争议司法解释"表明人事争议仲裁进一步走上法制化的轨道"。但对于人事争议的法律性质,理论和实务界都未形成一致意见。

官方观点认为,所谓人事争议仲裁,指仲裁机构对人事争议进行调解或裁决的行政司法活动。但有学者认为,按《人事争议处理规定》设立的我国人事争议仲裁制度,不能说是一项近乎司法程序的救济程序,不能看做是完整的仲裁制度,而应将其看成是行政裁决。在人事争议仲裁实践中,实务界也有这种观点,认为"人事争议仲裁是人事行政主管部门对当事人的人事争议进行的行政裁决,该裁决直接涉及当事人的人身权、财产权,当事人认为人事争议仲裁委员会作出的人事争议仲裁侵犯其人身权、财产权的,可以依法提起行政诉讼"。有学者认为,就其性质而言,我国的人事争议仲裁制度是借用了仲裁名称的行政调处制度。也有学者明确排除人事仲裁是行政裁决。

之所以人事争议仲裁的性质会产生争议,主要是人事争议仲裁裁决的救济问题引起的。前述认为人事争议仲裁的性质为行政裁决的基本是行政法学学者,其意图是将人事争议仲裁纳入行政诉讼的范围以获得救济。但是,从人事仲裁的特征来分析,人事仲裁显然不是行政裁决。行政裁决是具体行政行为。所谓行政裁决,是指行政主体依照法律授权,对平等主体之间发生的,与行政管理活动密切相关的、与合同无关的特定民事纠纷(争议)进行审查,并作出裁决的具体行政行为。一般认为,当事人之间发生了与行政管理活动密切相关的民事纠纷是行政裁决的前提,即行政裁决的对象是特定的明示纠纷,如土地、草原、森林等资源的所有权和使用权引起的争议,因医疗事故、环境污染、产品质量等引起的赔偿争议,都是与履行合同无关的民事争议,是行政裁决的适用对象。但人事仲裁机构虽然带有浓厚的行政性,但就其机构性质来说不是行政机关,而是依法设立的、相对独立于行政机关的处理人事争议具有仲裁职能的专门机构。从裁决的对象看,行政裁决的对象是特定的民事纠纷,如权属纠纷、侵权纠纷和损害赔偿纠纷等,而不是行政纠纷,争议双方为平等主体。而人事争议仲裁的对象是特定的人事争议,只要双方存在一种管理与被管理的关系。人事争议是在人事管理过程中,人事关系双方因实现权利、履行义务而产生的争议。我国目前的人事工作从管理主体上可分为政府人事管理工作和单位人事管理工作。政府人事管理工作的争议职责是制定和组织实施人事管理的仲裁法规,推动人事制度改革,对机关和企事业单位的人事管理进行宏观指导和监督。单位人事管理工作的主要职责是根据人事管理的政策规定,对单位的工作人员进行微观人事管理。我国现行的行政机关人事管理制度是公务员制度,而事业单位人事制度正在改革过程中,主要内容是建立以聘用制为基础的用人制度,建立多层次、多形式的未聘人员安置制度,建立符合事业单位特点的宏观管理和人事监督制度等方面。在人事管理中,单位和个人的关系实际上是一种管理和被管理的关系。人事争议仲裁的当事人,一方为个人,一方为用人单位,双方存在管理和被管理关系。从仲裁(裁决)行为的行政可诉性标准来分析,人事仲裁行为也不具备行政诉讼可诉性标准,理由如下:第一,人事仲裁行为不具备行政诉讼可诉性行为的主体标准。《行政诉讼法》第二条、第五条、第十一条、第十二条从不同角度规定了行政诉讼的受案范围。《最高人民法院关于执行〈中华人民共和国行政诉讼法〉若干问题的解释》以及其他的司法解释中,也对受案范围的有关问题作了解释。《最高人民法院关于执行〈中华人民共和国行政诉讼法〉若干问题的解释》第一条第二款第(三)项明确规定:调解行为以及法律规定的仲裁行为不属于人民法院的受案范围。进入行政诉讼程序的行为须为特定主体所实施。主体标准,理论界的认识较为统一,最高法院司法解释的规定也应和了理论界的认识。按照该司法解释,可以提起行政诉讼的行为必须是国家行政机关和行政机关工作人员、法律和法规授权的组织、行政机关委托的组织或个人做出的行为。而在人事争议仲裁中,人事争议仲裁委员会的办事机构负责日常事务工作,聘任的仲裁员组成仲裁庭进行仲裁,人事争议仲裁委员会及其办事机构不属于行政诉讼的主体范围。第二,人事争议仲裁行为不具备行政诉讼可诉行为的职权标准。只有对行政机关在行使职权的过程中实施的行为才能提起行政诉讼。职权标准是由行政诉讼的性质和特点决定的。行政诉讼是对公权力的监督和补救,因此,只能就行使行政权力的行为才可提起行政诉讼。从人事争议仲裁工作机构的职能分析,其行为并不是行使行政权的行为。因此,人事争议仲裁既然不具有行政可诉性,当事人以人事争议仲裁委员会为被告而提起诉讼,人民法院也不宜以行政案件立案受理,人事仲裁行为也不具备行政裁决的法律性质。①

为保证人事争议仲裁裁决的公平公正和人事争议仲裁制度的规范开展,人事争议仲裁制度建立过程中,有关部门一直探索人事争议仲裁与司法接轨的工作。2003 年 8 月 27 日,最高人民法院发布了《关于人民法院审理事业单位人事争议案件若干问题的规定》(法释〔2003〕13 号)。2005 年 4 月 27 日通过的《公务员法》第一百条规定:"国家建立人事争议仲裁制度"。它们均规定:对于人事争议仲裁裁决,当事人对仲裁裁决不服的,可以自接到仲裁裁决书之日起十五日内向人民法院提起诉讼。仲裁裁决生效后一方当事人不履行的,另一方当事人可以申请人民法院执行。即当事人对仲裁裁决不服的,应以原单位为被告按照民事诉讼程序提起诉讼,而不是以人事争议仲裁委员会为被告提起行政诉讼。我们认为,现行人事争议仲裁被人事仲裁司法解释设定为人事争议纠纷司法处理的前置,虽然此时点的人事争议仲裁仍不具有明显的法律特征,但由于人事争议前置是启动人事争议司法审判处理的法定起点,提起人事争议仲裁是启动司法审判程序的必要条件,即人事争议仲裁在这样的情形下被动地渗透和注入了法律意义,人事争议仲裁这种处理方式应是一种"准司法"活动。"准司法"活动自然是相对司法活动而言。"公力救济"也称司法救济,即权利主体请求国家权力介入纷争的解纷程序,如诉讼。在私力救济型和公力救济型之间,还有一种过渡型程序,它与诉讼存在诸多方面的相似性,不过它依靠社会力量而非国家权力解决纷争,故有学者称其为"类司法程序",如仲裁等,此即我们所说的"准司法"。何谓"准司法"?不论在法理上还是法律实践上,至少在我国法律规范中没有一个明确的概念。对其的使用与提法不外乎涉及两类情形:一是可以进行裁决,但是没有司法机关所具备的国家强制力的行为,如劳动争议仲裁。二是为司法服务或与司法行为紧密相连的调查取证的行为,如司法鉴定、公证等。从准司法的字面意义以及国家对其进行控制的角度看,准司法行为大致可界定为:与司法活动密切相关或者功能类似,具有一定裁判权或证明权的行为。通常认为的准司法行为包括仲裁行为(劳动仲裁、海事仲裁、国际贸易仲裁等)、鉴定行为(工伤事故鉴定、司法鉴定、医疗事故鉴定等)、公证行为、调解行为等。而我国已实行十多年的劳动争议仲裁与现行人事争议仲裁都不属于我国《仲裁法》的调整范围,其与司法活动、与《仲裁

---

① 杨安军:《人事争议仲裁行为的行政不可诉性初论》,《重庆师范大学学报》(哲学社会科学版)2005 年第 4 期。

法》调整的仲裁制度地位相比较,当属于"民间司法"性质,虽然这两类仲裁不具有直接的国家强制力,但在设置体制上与《仲裁法》制度下的仲裁机构有着共同的行政属性,故它当属于"准司法"行为范畴。应当认识到一种情形,"仲裁审理程序的严格化以及仲裁裁决在一定条件下的强制执行力,已使得仲裁不断失却其个性而与诉讼趋同。"[①]

四、现行人事争议仲裁基本制度

（一）人事争议仲裁机构

人事争议仲裁机构,是依法设立的处理人事争议并具有仲裁职能的专门机构。它既不是民间组织、司法机关,也有别于国家行政管理机关,具有以下特征:第一,人事争议仲裁机构具有独立的法律地位,能以自己的名义进行仲裁活动,并对其行为后果承担责任。具体表现在人事争议仲裁机构依法进行制裁,不受行政机关、社会团体和个人的干涉。从实践情况看,人事争议仲裁机构虽由不同部门的代表和人员组成,并且办事机构设在人事行政部门内,但是他们处理人事争议案件是以人事争议仲裁员身份出现,以人事争议仲裁委员会的名义进行调解或裁决。这种独立性是人事争议仲裁公正客观的前提保障。第二,人事争议仲裁机构是以第三者的身份居中处理争议,不偏袒任何一方当事人,依法维护双方当事人的合法权益。人事争议仲裁机构在仲裁过程中拥有裁决权,在仲裁活动中起着积极的主导作用。

人事争议仲裁机构包括仲裁委员会、仲裁委员会办事机构、仲裁庭。

1.人事争议仲裁委员会

人事争议仲裁委员会是指依法设立,由法律授权依法独立对人事争议案件进行仲裁的专门机构。是处理人事争议仲裁的法定机构。《人事争议处理规定》第六条规定:"中央机关及所属事业单位人事争议仲裁委员会设在人事部。省(自治区、直辖市)、副省级市、地(市、州、盟)、县(市、区、旗)设立人事争议仲裁委员会。人事争议仲裁委员会独立办案,相互之间无隶属关系。"人事争议仲裁委员会实行集体领导,遵循少数服从多数的议事原则。人事争议仲裁委员会由下列人员组成:人事主管部门代表、聘任(用)单位代表、工会组织代表、受聘人员代表以及人事、法律专家组成。人事争议仲裁委员会组成人员应当是单数,设主任一名、副主任二至四名、委员若干名。

[①]　肖建国:《司法、审判与准司法》,载:《司法公正观念源流》,人民法院出版社 2003 年版。

同级人民政府分管人事工作的负责人或者政府人事行政部门的主要负责人任人事争议仲裁委员会主任。

人事争议仲裁委员会的职责包括：负责处理管辖范围内的人事争议；聘任专、兼职仲裁员并进行管理；领导和监督仲裁活动以及仲裁庭、仲裁办事机构的工作；法律、法规规定由人事争议仲裁委员会承担的其他职责。

2. 人事争议仲裁委员会办事机构

由于人事争议仲裁委员会的组成人员一般是兼职的，所以人事争议仲裁委员会必须设立一个日常办事机构，负责办理人事争议案件仲裁的日常事务，办事机构设在同级人民政府人事部门。人事争议仲裁委员会办事机构配备专职人员，确保人事争议仲裁委员会的各项职责全面、及时地履行。

人事争议仲裁委员会办事机构的职责主要有：承办争议案件和处理日常工作；根据仲裁委员会授权管理和培训仲裁员，组织仲裁庭；负责仲裁委员会的文书档案工作；进行法制宣传和提供咨询服务；向仲裁委员会和人事部门报告、请示工作；办理仲裁委员会授权和交办的其他事项。

3. 仲裁庭

人事争议仲裁委员会处理人事争议，实行仲裁庭制度。仲裁庭是人事争议仲裁委员会处理人事争议案件的基本组织形式，是仲裁委员会行使仲裁职能的具体承担者。仲裁庭是临时性的，一个案件处理完毕就解散，即实行"一案一庭"，而且它没有独立的法律人格，它是以人事争议仲裁委员会的名义审理案件。仲裁庭的组织形式可分为独任制和合议制两大类。独任制仲裁庭，由仲裁委员会指定或仲裁委员会授权的办事机构指定一名仲裁员独任处理，适用于事实清楚、案情简单、适用法律法规明确的人事争议案件。合议制仲裁庭又称合议庭，由仲裁委员会指定或仲裁委员会授权的办事机构指定三名或三名以上单数仲裁员组成仲裁庭审理案件，由人事争议仲裁委员会指定一名仲裁员担任首席仲裁员，主持仲裁庭工作。除简单人事争议案件外，均应组成合议庭处理人事争议案件。

仲裁庭的职责包括：作开庭记录，要求有关人员在记录上签字；调查取证和要求当事人提供证据，并对证据作出评定；对争议双方依法进行调解，作出调解书；撤销业已和解的争议案件；审理终了时，对争议作出裁决；其他法定职权。仲裁庭议案遵循民主集中制原则，意见不一致时，按少数服从多数原则，以多数人的意见为合议庭的决定。仲裁庭成员的各种意见，必须如实记录笔录。当仲裁庭不能形成多数意见时，应以报仲裁委员会讨论后形成的决定为裁决意见，如此才能更好地保障当事人充分行使仲裁权利，及时审结案件,保证案件质量。

(4)仲裁员

人事争议仲裁员包括专职仲裁员和兼职仲裁员,专职仲裁员由人事争议仲裁委员会从办事机构中聘任。兼职仲裁员由人事争议仲裁委员会从政府有关部门的工作人员、专家学者和律师等中聘任。兼职仲裁员进行仲裁活动时,所在单位应当给予支持。仲裁员应具备下列条件:拥护党的路线、政策、方针,坚持四项基本原则;遵纪守法、作风正派、廉洁自律;具有一定的法律知识、熟悉人事政策法规、有独立办案的能力;具有大专以上文化程度,身体健康。

仲裁员的主要职责有:接受仲裁委员会及其办事机构交办的人事争议案件,参加仲裁庭,查明案件事实,必要时进行与争议有关的调查取证;主持调解,促使当事人双方达成调解协议;参加仲裁庭合议,对案件提出裁决意见;及时制作仲裁文书,做好案卷的整理归档工作。仲裁员根据受理案件的需要,有权向案件有关人员调查了解情况,有权查阅当事人的人事档案,有关单位和个人必须配合和支持仲裁员的工作。各级人事争议仲裁委员会负责仲裁员的管理工作,建立正常的仲裁员培训制度,提高仲裁员的政策水平和办案能力。人事争议仲裁委员会应定期对仲裁员进行考核,重点考核仲裁员履行职责、遵守有关规定制度的情况。

(二)仲裁基本原则

在进行人事争议仲裁的过程中,必须遵循三项原则:第一,一裁终局原则。人事争议仲裁只有一个裁级,当事人对裁决结果不服的不得向上一级仲裁委员会申请复议或者要求重新仲裁,而只能在法定期限内向法院提起诉讼。第二,合议原则,旨在集思广益,民主判案,防止有不公正的现象发生。第三,回避原则,如果仲裁机构的组成人员是人事争议当事人、当事人的近亲属或者与人事争议有利害关系、与人事争议当事人有其他关系可能影响公正裁决的,应当自行要求或者由当事人提出申请,从而退出案件的审理。①

(三)人事争议仲裁管辖制度

人事争议仲裁实行级别管辖为主,级别管辖与属地管辖相结合的原则,当事人只能向有管辖权的仲裁机构申请仲裁。中央机关、直属机构、直属事

---

① 李文清,冯涛:《论人事争议解决机制》,《求索》2004 年第 9 期。

业单位及其在京所属事业单位的人事争议由中央机关及所属事业单位人事争议仲裁委员会处理。中央机关在京外垂直管理机构以及中央机关、直属机构、直属事业单位在京外所属事业单位的人事争议,由所在地的省(自治区、直辖市)设立的人事争议仲裁委员会处理,也可由省(自治区、直辖市)根据情况授权所在地的人事争议仲裁委员会处理。省(自治区、直辖市)、副省级市、地(市、州、盟)、县(市、区、旗)人事争议仲裁委员会的管辖范围,由省(自治区、直辖市)确定。军队聘用单位与文职人员的人事争议,一般由聘用单位所在地的县(市、区、旗)人事争议仲裁委员会处理,其中师级聘用单位与文职人员的人事争议,由所在地的地(市、州、盟)、副省级市人事争议仲裁委员会处理,军级以上聘用单位与文职人员的人事争议由所在地的省(自治区、直辖市)人事争议仲裁委员会处理。驻京部队聘用单位与文职人员的人事争议,由中央机关及所属事业单位人事争议仲裁委员会处理。

(四)人事争议制裁受案范围

根据《人事争议处理规定》第二条规定,人事争议仲裁委员会受理以下人事争议案件:①实施公务员法的机关与聘任制公务员之间、参照《中华人民共和国公务员法》管理的机关(单位)与聘任工作人员之间因履行聘任合同发生的争议。②事业单位与工作人员之间因解除人事关系、履行聘用合同发生的争议。③社团组织与工作人员之间因解除人事关系、履行聘用合同发生的争议。④军队聘用单位与文职人员之间因履行聘用合同发生的争议。⑤依照法律法规规定可以仲裁的其他人事争议。

(五)人事争议仲裁举证责任

举证责任,又称证明责任,是指当事人对自己提出的主张,有提出证据并加以证明的责任。如果当事人未能尽到上述责任,则有可能承担对其不利的法律后果。举证责任的基本含义包括以下三层:第一,当事人对自己提出的主张,应当提出证据;第二,当事人对自己提供的证据,应当予以证明,以表明自己所提供的证据能够证明其主张;第三,若当事人对自己的主张不能提供证据或提供证据后不能证明自己的主张,将可能导致对自己不利的法律后果。《人事争议处理规定》第二十三条规定:"当事人应当对自己的主张提供证据。"《劳动人事争议仲裁办案规则》第十七条规定:"当事人对自己提出的主张有责任提供证据。与争议事项有关的证据属于用人单位掌握管理的,用人单位应当提供;用人单位不提供的,应当承担不利后果。"从上述规定可见,"谁主张,谁举证"是人事仲裁举证责任分配的一般原则,用人单位的特殊举证责任是补充。

1. 谁主张,谁举证

当事人主张事实进行辩论不能空口无凭,而应提供证据加以证明。谁主张什么谁就应该证明什么,否则,提出的事实将有可能不被认定。"谁主张,谁举证"这一罗马法中的证明责任分配规则,是世界大多数国家正在采用的一般意义上的举证责任规定,也是我国民事诉讼的一般证据规则。我国《民事诉讼法》第六十四条规定:"当事人对自己提出的主张,有责任提供证据。"2001 年 4 月 1 日,由最高人民法院制定并已施行的《关于民事诉讼证据的若干规定》第二条规定:"当事人对自己提出的诉讼请求所依据的事实或者反驳对方诉讼请求所依据的事实有责任提供证据加以证明。没有证据或者证据不足以证明当事人的事实主张的,由负有举证责任的当事人承担不利后果。"

人事争议发生以后,调解、仲裁作为非诉讼程序,与诉讼活动一样首先应当查清事实真相,对于双方当事人主张的事实辨明真伪,才能进一步解决争议,满足或者保护当事人合理的利益主张。在人事争议的调解、仲裁阶段,当事人应当像参加诉讼活动一样,积极举证,提供证据证明自己所主张的事实。人事争议虽然有其特殊性,但一般意义上仍属于民事法律争议,与民事诉讼法基本一致,将"谁主张,谁举证"作为处理人事争议的一般举证责任规定。在人事争议仲裁中,以下情况采用"谁主张,谁举证":在聘任或聘用合同纠纷案件中,主张聘任或聘用关系成立或生效的当事人应对聘任或聘用合同成立或生效的事实承担举证责任;主张聘任或聘用关系变更、解除、终止、撤销的当事人对该聘任或聘用关系变动的事实承担举证责任等。

2. 用人单位的特殊举证责任

举证责任分配的基础是公平原则和当事人提供证据的可能性和现实性。公平原则要求举证责任在原告、被告之间的分配应当符合各自的能力要求,符合权利义务要求,并给予弱者一定的保护。在通常情况下,由原告对自己提出的主张先提供证据,原告对自己所主张的事实提供了证据并使用这些证据证明所主张的事实,被告对原告的主张予以反驳时,才由被告对反驳所依据的事实提供证据并加以证明。但是也有一种例外情况,在某些特殊侵权案件中实行举证责任的倒置。举证责任的倒置,是指在某些特殊情况下,由于案件事实的特殊性,法律在确定举证的顺序时,免除了由原告对其主张的事实首先进行举证的责任,而确定由被告人承担举证责任。它是基于现代民法精神中的正义和公平原则,而对传统的"谁主张,谁举证"进行的补充、变通和矫正。这是举证责任分配中的一种特殊情况。人事争议仲裁中的证据责任分配,在一定程度上规定了用人单位的举证责任倒置,但仅仅是涉及"与争议事项有关的证据属于用人单位掌握管理的"情况。这一规定是基于对当事人提供证据的可能性和现实性的考虑,是合理的也是必要的。因为事实上劳动者和用人单位双方的地位在人事争议处理程序中处于不平等,双方的维权能力仍然不对称、不平衡。表现在:第一,在人事争议处理程序中,劳动者仍然是一个个人,通常情况下与掌握大量人力、物力和财力的作为组织体的用人单位相比是弱者,其在争议处理程序中的对抗能力依然远不及用人单位;第二,劳动者在人事关系中的弱者地位、隶属地位常常使其在人事争议处理程序中继续处于弱势地位,例如用人单位由于其在人事关系中的管理者地位掌握着更多的信息,并因而在人事关系中具有比劳动者强得多的举证能力;第三,人事争议处理程序中的劳动者常常由于人事关系尚未解除而仍然处于用人单位的管理之下,这时劳动者在人事争议处理程序中的行为仍然直接受制于用人单位,劳动者在维系其人事关系的考量中,不可能与用人单位"奋力抗争";第四,有些与争议事项有关的证据是用人单位掌握管理的,例如人事档案、用工花名册,劳动者无法提供或者很难举证。在这种情况下仍然坚持"谁主张,谁举证",对于劳动者来说就是有失公平的。因此,规定这些由用人单位掌握管理的证据应当由用人单位提供。用人单位不提供的,这里的"不提供"是指用人单位主观上"不提供",而不是客观上的"不能提供"。那么,用人单位就必然因为自己不提供其应当提供的证据而承担不利的法律后果。

(六)人事争议仲裁时效和仲裁期限

时效在法律上是指一定的法律事实状态经过一定的时间导致一定法律后果的制度。仲裁时效是一种消灭时效。它是指人事权利侵害事实状态发生后,权利人超过法定期间,向仲裁机构申请仲裁,仲裁机构就不予受理。《人事争议处理规定》第十六条规定:"当事人应当从知道或应当知道其权利受到侵害之日起 60 日内,以书面形式向有管辖权的人事争议仲裁委员会申请仲裁。"即把当事人申请仲裁的时效规定为 60 天。

仲裁机构应当自组成仲裁庭之日起 60 日内审理完毕人事争议案件;案件复杂需要延期的,须经仲裁委员会批准,但是延长的期限不能超过 30 日。对于请示待批、当事人因不可抗力等事由不能参加仲裁活动以及其他妨碍仲裁办案进行的客观情况不计入仲裁期限。

(七)人事争议仲裁程序

人事争议仲裁程序是指人事争议仲裁机构处理人事案件通常适用的步

骤和程式,主要包括仲裁申请、受理、审理、调解、裁决等主要环节。人事争议仲裁程序是保证人事争议案件得以客观公正处理的具体操作规程,因而它在处理人事争议案件中占有十分重要的地位。

1. 仲裁申请

仲裁申请,是指发生人事争议的一方当事人根据规定将所发生的争议提交人事争议仲裁机构解决的一种意思表示,它是仲裁程序得以发生的前提。仲裁程序的提起必须具备一定的条件和要求。人事争议发生后,当事人既不愿协商或协商不成的,也不愿调解或调解不成的,当事人可以从知道或应当知道其权利受到侵害之日起 60 日内,以书面形式向有管辖权的人事争议仲裁委员会申请仲裁。当事人向人事争议仲裁委员会申请仲裁,应当提交仲裁申请书,仲裁申请书应当载明下列事项:申请人和被申请人姓名、性别、年龄、职业及职务、工作单位、住所和联系方式;申请人或被申请人是单位的,应写明单位的名称、住所、法定代表人或者主要负责人的姓名、职务和联系方式;仲裁请求和所依据的事实、理由;证据和证据来源、证人姓名和住所。发生人事争议的一方在五人以上,并且有共同的仲裁请求和理由的,可以推举一至两名代表参加仲裁活动。代表人放弃、变更仲裁请求或者承认对方的仲裁请求,进行和解,必须经过被代表的当事人同意。

2. 仲裁受理

仲裁受理,是指接受仲裁申请的人事争议仲裁机构对申请人的申请进行审查,认为符合规定的条件和要求,同意立案进行仲裁的行为。仲裁受理既包括仲裁机构对仲裁申请的审查和处理,又包括仲裁机构对受理案件进行的相关活动。

人事争议仲裁委员会办事机构负责受理争议案件。仲裁办事机构在收到仲裁申请书之日起,必须在 10 个工作日内进行严格审查,主要审查以下内容:①申请人是否为本案的直接利害关系人;②申请仲裁的争议是否为人事争议;③申请仲裁的争议是否为人事争议仲裁委员会受理的内容;④案件是否属本人事争议仲裁委员会的管辖范围;⑤申请书及有关材料是否齐备并符合要求;⑥是否符合时效规定。通过审查后应作出如下处理:①决定立案受理。仲裁机构对仲裁审查后,认为符合受理条件的,应当受理,并在作出决定之日起 7 天内将书面受理通知书送达申请人,将仲裁申请书副本送达被申请人。当事人因不可抗力或者有其他正当理由超过申请仲裁时效,经人事争议仲裁委员会调查确认的,人事争议仲裁委员会也应当受理。被申请人应当在收到仲裁申请书副本之日起十个工作日内提交答辩书。被申请没有按时提交或者不提交答辩书的,不影响仲裁的进行。②决定不予受理。仲裁机构对仲裁审查后,不予受理,并说明理由。

3. 仲裁审理

人事争议仲裁机构受理仲裁案件后,应于 7 日内组成仲裁庭;仲裁庭成员应认真审阅有关材料,调查取证,然后根据调查事实,拟定处理方案。仲裁应当公开开庭进行,涉及国家、军队秘密和个人隐私的除外。涉及商业秘密,当事人申请不公开开庭的,可以不公开开庭。当事人协议不开庭的,仲裁庭可以书面仲裁。人事争议仲裁委员会应当在开庭审理人事争议案件 5 个工作日前,将开庭时间、地点、仲裁庭组成人员等书面通知当事人。申请人经书面通知无正当理由不到庭,或者到庭后未经仲裁庭许可中途退庭的,视为撤回仲裁申请。被申请人经书面通知无正当理由不到庭,或者未经仲裁庭许可中途退庭的,可以缺席裁决。当事人有正当理由的,在开庭前可以申请延期开庭,是否延期由仲裁庭决定。

4. 调解

仲裁庭处理人事争议应注重调解,调解应贯穿于仲裁活动的始终。《人事争议处理规定》第二十二条要求"仲裁庭处理人事争议应注重调解",并提出"自受理案件到作出裁决前,都要积极促使当事人双方自愿达成调解协议"等内容。同时,《人事争议处理规定》第二十二条、第二十三条分别指出:"当事人经调解自愿达成书面协议的,仲裁庭应当根据调解协议的内容制作仲裁调解书。调解书由仲裁庭成员署名,加盖人事争议仲裁委员会印章。调解书送达后,即发生法律效力。""对发生法律效力的调解书或者裁决书,当事人必须履行,一方当事人逾期不履行的,另一方当事人可以依照法律法规和最高人民法院司法解释的规定申请人民法院强制执行。"

5. 仲裁裁决

当庭调解未达成协议或者仲裁调解书送达前当事人反悔的,仲裁庭应当及时进行仲裁裁决。仲裁裁决应当按照多数仲裁员的意见作出,少数仲裁员的不同意见应当记入笔录。仲裁庭对重大、疑难以及仲裁庭不能形成多数处理意见案件的处理,应当提交人事争议仲裁委员会讨论决定;人事争议仲裁委员会作出的决定,仲裁庭必须执行。仲裁庭应当在裁决作出后五个工作日内制作裁决书。裁决书由仲裁庭成员署名并加盖人事争议仲裁委员会印章。

裁决书送达 15 日内当事人不起诉的,即发生法律效力;调解书一经送达即发生法律效力。生效的仲裁调解书和仲裁裁决书等同人民法院的判决。

责任人逾期不履行生效的法律文书的,另一方当事人可申请强制执行。仲裁文书的执行权由人民法院行使。人民法院对确有错误的裁决可不予执行,并将裁定书送达当事人和仲裁机关。裁决不予执行的,视同未曾仲裁,当事人可重新申请仲裁。

第二节　我国人事争议仲裁制度存在的问题

随着事业单位聘用制的实施和劳动人事制度改革的深入开展,各类新型人事争议出现,人事争议仲裁制度受到极大挑战,从我国事业单位人事争议制度实施现状来看,现行人事仲裁制度存在一定缺陷,主要表现在以下几个方面。

一、人事仲裁制度本身的合法性危机

人事仲裁制度的立法层次不高,内容不完善,各地调整人事争议仲裁的规范性文件规定不一致的情形也较为普遍。由于历史的原因,我国人事管理中并没有健全的权利制约和执法监督机制,也缺乏一套运用法律手段、法律程序和法定机构解决人事争议的完整制度。现行人事争议仲裁制度体系,是以《人事争议处理规定》为主要依据,同时包括国家和地方人事主管部门颁布的规章作为解决性的规范性文件以及分散在其他规范性文件中关于人事仲裁的规定共同构成。然而,这显然与目前存在复杂的、多元的、多层次的人事关系对人事仲裁法律规制的要求极不相称。人事仲裁制度本身合法性危机凸显。根据法治的一般原则,仲裁作为准司法的制度必须有法律的确认与规范。我国《立法法》第八条明确规定:"下列事项只能制定法律:……(九)诉讼和仲裁制度。"《劳动法》对劳动争议仲裁制度作出了基本的规范,确立了劳动争议案件领域的先裁后审的处理体制。而与之并列的人事争议仲裁到目前为止适用的仍然是人事部的政策,效力最高的也就是部门规章,不符合法治要求,也不利于保护聘用者的权益。

二、人事争议仲裁实体法适用问题

2009年1月1日,国家人力资源和社会保障部第2号令公布《劳动人事争议仲裁办案规则》,并自公布之日起施行(1993年10月18日原劳动部颁布的《劳动争议仲裁委员会办案规则》和1999年9月6日原人事部颁布的《人事争议处理办案规则》同时废止)。《劳动人事争议仲裁办案规则》的发

布引起了社会的普遍关注。这个规则最大的亮点就是统一了劳动争议仲裁和人事争议仲裁的办案规则,也就是说,二者在仲裁的办案规则上"合二为一"了,也标志着我国人事争议处理程序制度进入了一个新的发展阶段。但就其实质内容看,无论是《中华人民共和国劳动争议调解仲裁法》(简称《劳动争议调解仲裁法》)(2007 年 12 月 29 日颁布,2008 年 5 月 1 日起施行)还是《劳动人事争议仲裁办案规则》只是统一了人事争议仲裁和劳动争议仲裁的程序法的适用。《中华人民共和国劳动争议调解仲裁法》第五十二条规定:"事业单位实行聘用制的工作人员与本单位发生劳动争议的,依照本法执行;法律、行政法规或者国务院另有规定的,依照其规定。"《劳动人事争议仲裁办案规则》主要在办案程序上实现了劳动人事争议仲裁的统一,人事争议处理在管辖、受案范围等方面继续适用《人事争议处理规定》的有关规定,军队文职人员争议处理,继续适用《军队文职人员条例》等相关法规规章。这一规定与最高人民法院《关于人民法院审理事业单位人事争议案件若干问题的规定》(法释〔2003〕13 号)第一条"事业单位与其工作人员之间因辞职、辞退及履行聘用合同所发生的争议,适用《中华人民共和国劳动法》的规定处理。人民法院对事业单位人事争议案件的实体处理应当适用人事方面的法律规定,但涉及事业单位工作人员劳动权利的内容在人事法律中没有规定的,适用《中华人民共和国劳动法》的有关规定"的规定是类似的,均未明确劳动法规中的特殊规定与专门人事法律规定的适用协调问题。

由于人事制度政策依据的现状与下级法院的反映请示,最高人民法院于 2004 年 4 月 30 日出台了法函〔2004〕30 号司法解释性司法文件《关于事业单位人事争议案件适用法律等问题的答复》。法函〔2004〕30 号第一条规定:"《最高人民法院关于人民法院审理事业单位人事争议案件若干问题的规定》(法释〔2003〕13 号)第一条规定,事业单位与其工作人员之间因辞职、辞退及履行聘用合同所发生的争议,适用《中华人民共和国劳动法》的规定处理。人民法院对事业单位人事争议案件的实体处理应当适用人事方面的法律规定,但涉及事业单位工作人员劳动权利的内容在人事法律中没有规定的,适用《中华人民共和国劳动法》的有关规定。"这里,适用《中华人民共和国劳动法》的规定处理是指"人民法院审理事业单位人事争议案件的程序运用《中华人民共和国劳动法》的相关规定。人民法院对事业单位人事争议案件的实体处理应当适用人事方面的法律规定,但涉及事业单位工作人员劳动权利的内容在人事法律中没有规定的,适用《中华人民共和国劳动法》的有关规定"。不难看出,法函〔2004〕30 号《答复》通过将法律适用分为程序法适用与实体法适用两个部分,在理论逻辑上理顺了处理事业单位人事争议中适用劳动法规和专门人事法规的关系。这第一条规定似乎将劳动法律法规与人事政策文件作了一个协调分工,但实质是对其存在的内在关联作了一个分割。第一条规定使用了"人事方面的法律规定",这一点实际上是不存在的,可以用两个例子来说明这一现实。一是到目前为止《人事争议处理规定》和各地的关于人事争议仲裁办法(规定),均没有援引所适用的法律依据。二是最高人民法院 2004 年 5 月 18 日出台的《关于审理行政案件适用法律规范问题的座谈会纪要》(法〔2004〕96 号)规定:"考虑建国后我国立法程序的沿革情况,现行有效的行政法规有以下三种类型:一是国务院制定并公布的行政法规;二是立法法施行以前,按照当时有效的行政法规制定程序,经国务院批准、由国务院部门公布的行政法规。但在立法法施行以后,经国务院批准、由国务院部门公布的规范性文件,不再属于行政法规;三是在清理行政法规时由国务院确认的其他行政法规。"按这一《纪要》中"在立法法施行以后,经国务院批准、由国务院部门公布的规范性文件,不再属于行政法规"规定,在《立法法》施行后至目前国务院并未出台有关"人事方面"的行政法规。因此,《劳动法》、《劳动争议调解仲裁法》、《劳动人事争议仲裁办案规则》的实施只是为人事争议仲裁提供了程序法的支持,还是没有解决人事争议处理实体法的适用问题。

其次,人事仲裁与司法审判适用的实体法适用依据也出现了错位。具体表现在两个方面:一是人事方面的规定及政策不统一、不完善。就人事争议仲裁的实体法依据而言,目前处理人事争议基本"无律可用",代之而大量存在的是各种地方性法规、规章以及人事政策等规范性文件。由于缺乏统一立法,人事方面的规范性文件名目繁多,内容不统一甚至互相抵触,导致仲裁机构一方面无法充分了解和掌握这些规定,也容易出现适用不统一的问题。二是人事争议仲裁和诉讼适用法律依据不统一。从当前人事争议仲裁和诉讼的现状看,当前人事争议仲裁基本上是依据人事规定和各地政策文件来处理争议,人事仲裁其所作的仲裁裁决依据的主要依然是人事部为管理聘用关系发布的政策文件,在当前最主要的就是《国务院办公厅转发人事部关于在事业单位试行人员聘用制度意见的通知》(国办发〔2002〕35 号文),而人民法院主要依据《劳动法》和《最高人民法院关于人民法院审理事业单位人事争议案件若干问题的规定》(法释〔2003〕13 号)等相关司法解释裁判案件。两者的裁判依据并不一致。因此,受聘人在仲裁阶段得到的结果如果并不符合《劳动法》,在仲裁程序后经过民事诉讼程序可能得到完全不同的判决，这对于聘用关系的当事人特别是受聘人的权利保障是不利的，同时也浪费了司法资源，并造成人事仲裁裁定执行难。

三、人事争议受案范围较为狭窄

人事争议仲裁受案范围的界定，决定人事争议当事人的维权领域和维权范围。要准确界定人事争议仲裁受案范围，从提起人事争议仲裁的受案对象和受案内容两方面来考量，与现行劳动仲裁的受案范围相比有较大差异，由于人事争议仲裁和劳动争议仲裁相互间既有受案交叉，又存在受案空白，不利于当事人合法权益的保护。

（一）受案对象

根据《人事争议处理规定》第二条规定，人事争议仲裁的受案范围为：①实施《公务员法》的机关与聘任制公务员之间、参照《公务员法》管理的机关（单位）与聘任工作人员之间因履行聘任合同发生的争议。②事业单位与工作人员之间因解除人事关系、履行聘用合同发生的争议。③社团组织与工作人员之间因解除人事关系、履行聘用合同发生的争议。④军队聘用单位与文职人员之间因履行聘用合同发生的争议。⑤依照法律、法规规定可以仲裁的其他人事争议。

从上述规定可以看出，人事争议的受案主体主要为国家机关与聘任制公务员之间，事业单位、社会团体与其工作人员之间的人事争议，但地方各仲裁机构对受理人事争议的主体范围理解各不相同，主要是对"事业单位"、"社会团体"及"工作人员"的内涵界定，事业单位是否包括实行企业化管理已实行全员劳动合同制的事业单位，民办事业单位及民办非企业单位，可否纳入人事争议仲裁的受案范围，如民办学校、医院、科研机构、福利院、律师事务所、审计师事务所、会计师事务所等社团组织及协会的专职工作人员等；"工作人员"仅指在编人员还是包括非在编聘用人员。而根据《劳动法》规定，民办事业单位、民办非事业组织等组织与其工作人员之间的争议是否属于劳动争议的受案范围也无章可循。而从各省、市、区制定的人事争议仲裁规定来看，受案范围也各不相同，有的人事争议仲裁机构只受理国家机关、事业单位的人事争议，而有的将民办非企业组织的人事争议列为受案范围，导致同类案件在不同的仲裁机构有不同的处理结果，还有大量的人事争议案件因不在受案范围，而不能受理，如一些地方的仲裁机构对民办非企业单位与其工作人员的争议都不受理，或由于某种原因争相受理，对民办非企业单位尤其对其工作人员的权益保护极为不利，很多矛盾和问题无法得到及时解决,增加了社会不稳定因素。

（二）受案内容

按照现行人事争议仲裁规定,人事争议的受案内容仅限于人事争议双方当事人因聘用合同而发生的争议,比劳动争议仲裁的受案范围要窄得多。2009年1月1日起实施的《劳动人事争议仲裁办案规则》第二条规定,"本规则适用下列争议的仲裁:①企业、个体经济组织、民办非企业单位等组织与劳动者之间,以及机关、事业单位、社会团体与其建立劳动关系的劳动者之间,因确认劳动关系,订立、履行、变更、解除和终止劳动合同,工作时间、休息休假、社会保险、福利、培训以及劳动保护,劳动报酬、工伤医疗费、经济补偿或者赔偿金等发生的争议;②实施公务员法的机关与聘任制公务员之间、参照公务员法管理的机关（单位）与聘任工作人员之间因履行聘任合同发生的争议;③事业单位与工作人员之间因除名、辞退、辞职、离职等解除人事关系以及履行聘用合同发生的争议;④社会团体与工作人员之间因除名、辞退、辞职、离职等解除人事关系以及履行聘用合同发生的争议;⑤军队文职人员聘用单位与文职人员之间因履行聘用合同发生的争议;⑥法律、法规规定由仲裁委员会处理的其他争议。"不难看出,现行人事争议仲裁和劳动争议仲裁的受案范围存在诸多弊端。人事争议仲裁案件的受案范围更窄,只有除名、辞职、辞退、离职等解除人事关系以及履行聘用合同发生的争议,从反面理解,结论为事业单位与工作人员之间因辞职、辞退以及履行聘用合同以外的大部分争议不得仲裁。也就是说,除聘用制下的人事争议外,对于行政管理体制下的绝大多数的人事争议,当事人无权申请仲裁,也无法进入诉讼程序。不仅未将关系当事人重大切身利益的工资福利等纳入受案范围。事业单位对其工作人员的人事处理决定明确规定行政处分不纳入人事争议的受案范围,也无法诉诸仲裁和诉讼,从而游离于司法监督之外。由于行政管理体制下的人事争议多表现为行政处理决定,是单位基于行政管理权对其工作人员单方作出的处理决定。诸如经常出现的晋级、晋职、考核、奖惩、任免、调动、工资等争议,均不属于或不纳入人事争议处理机关的受理范围,受决定影响的当事人不服,只能通过申请复议或申诉的途径解决。从人事争议的内容看,在事业单位中存在的大量的人事争议正是由于这些人事行政处理决定引起的,而且对当事人的权利义务影响更为明显。在事业单位复核申诉制度未法制化之前,大量的这类争议只能通过非制度化的途径处理,不利于对当事人合法权益的维护。

四、人事争议的时效规定不合理

人事争议仲裁时效60天的时限太短,不利于保护双方当事人的权益,尤其不利于保护劳动者一方的权利。民事诉讼中,一般时效为两年。最短的诉讼时效是受到人身伤害赔偿一类的案件,诉讼时效也为一年。而劳动人事争议不同于一般民事争议,它有其自身特点:争议的当事人一方是用人单位,一方是劳动者,虽然理论上双方具有平等的法律地位,但实质上两者是聘用与被聘用关系,在工作上也是管理与被管理关系,劳动者一方往往处于弱势地位。在现实生活中,由于对法律知之甚少,等意识到运用法律武器维护自身合法权益时,60天的保护期已过;还有一种情况是双方协商过程中,或用人单位故意通过协商来拖延时间,导致过了仲裁时效,当事人就丧失了法律救济机会,其合法权益得不到法律的有效保障。

五、人事争议仲裁裁决种类制度尚未确立

仲裁裁决种类的设定直接影响到人事仲裁制度功能的发挥。在各类结案方式中,裁决具有核心地位,因为裁决直接与当事人的仲裁请求相呼应。裁决设计的科学与否直接决定了能否为当事人提供充分的救济。相比较于人事争议诉讼制度中的判决制度,目前,人事争议仲裁裁决还有待于完善,主要表现在裁决种类过少,对相当多的争议没有设立合适的裁决种类适用,影响了人事仲裁制度发挥应有的作用。

(一)尚未确立人事争议仲裁裁决种类制度的意识

目前无论在仲裁制度的设计中还是在仲裁实践中,尚未确立仲裁裁决种类的意识,表现在:第一,人事争议仲裁制度中根本没有提及,对当事人的不同的仲裁请求,没有分门别类地作出回应,而是千篇一律地以裁决名之,这与"裁决与请求相对应"的原则不符。由于缺少裁决种类,致使某些仲裁案件无法作出正确裁决。如当事人要求确认其人事关系隶属于事业单位的请求,只能用确认裁决,但是仲裁裁决中没有关于确认裁决的规定。又如,当事人希望阻止用人单位实施一项明显违法或显失公平且将给自身权益造成重大损害的决定,但是,人事仲裁制度缺乏禁令裁决的规定,对违法行为没有阻却作用,不能为当事人提供直接救济。再如,在涉及工资给付争议中,当事人请求仲裁机构迅速裁令被申请人支付一定数额的工资以维持其基本生活,但是,仲裁制度中没有中间裁决和部分裁决的规定,致使当事人的合理请求得不到支持。缺乏中间裁决和部分裁决的规定,不利于对当事

人的及时救济,也影响了仲裁行为的公信力。

(二)维持"被申请人的人事处理决定"的裁决设计不合理

从仲裁权性质来看,维持"被申请人的人事处理决定"的裁决(以下简称"维持裁决")超出了仲裁权范围,设计不合理。作为一项"准司法"权,仲裁权是一种中立的被动的权力,应遵循"不告不理"的原则。仲裁权的性质决定了仲裁裁决要与仲裁请求对应,裁决应是仲裁申请的回应,任何超过仲裁请求的问题,仲裁机构都无权主动裁判,否则就是超越仲裁权的行为。维持裁决所针对的仲裁请求是撤销特定的人事管理决定,而对撤销的请求,仲裁机构或者支持;或者虽然支持,但出于公共利益的考虑不直接撤销,而是指出违法并责令用人单位给予相对人补救。显然,对被诉的人事管理决定予以维持超出了仲裁请求的范围,维持裁决超过了仲裁权的范围。

(三)没用正确适用"驳回请求"的裁决

对任何一种仲裁请求,人事仲裁机构的答复都限于三种:支持仲裁请求、驳回仲裁请求和作出情况裁决。从这一角度考虑,驳回仲裁请求裁决适宜于所有不支持请求的情况。只要仲裁请求不成立的,都可以适用于驳回仲裁请求的裁决。目前关于驳回请求裁决的适用范围较窄,往往以具体内容的描述替代了"驳回请求"裁决,需进一步扩大裁决种类的适用范围。

六、人事仲裁机构缺乏中立性,仲裁员业务素质亟待提高

根据人事部 2002 年 7 月 23 日《关于〈修改人事争议处理暂行规定〉和〈人事争议处理办案规则〉有关条款的通知》,人事部设立中央国家行政机关在京直属事业单位人事争议仲裁委员会,省(直辖市、自治区)、副省级市、地(市)、县(市、区)设立人事争议仲裁委员会,分别负责处理管辖范围内的人事争议。从我国目前人事争议仲裁机构的实际情况来看,人事争议仲裁机构设在人事行政机关内,而人事行政机关与国家行政机关、事业单位之间有直接的利害关系,单位级别、编制、定员、工资、人事调动任命权均在其手中。我们可以想象,与行政机关、事业单位存在着千丝万缕联系的人事行政机关去充当居中裁判的仲裁者,很难实现仲裁的独立性与公正性,即便以后人事争议法律制度完善了,由于人事争议仲裁机构设立本身的缺陷性,也不能保证仲裁的公平和公正。

《人事争议处理办法》第十二条规定:"人事争议仲裁委员会可以聘任有关部门的工作人员、专家学者和律师为专职或兼职仲裁员。仲裁员的职责是:受人事争议仲裁委员会的委托或当事人的选择,负责人事争议案件的具体处理工作。"目前各地人事争议仲裁委员会仲裁员也多为兼职人员,没有严格的准入标准,仲裁员素质良莠不齐,许多仲裁员不懂法律,缺乏居中裁判的司法理念,人事争议仲裁员的遴选机制缺乏客观透明的标准,这也是当前人事争议仲裁缺乏公正性的一个原因。在仲裁程序过程中,一个争议案件的最终裁决或调解的结果如何,与仲裁员的业务素质和道德修养直接相关。仲裁员的个人声誉、学识、人品如果较好,获得社会的普遍认可,那么对于仲裁案件的裁决或调解无疑是非常有益的,这是由仲裁本身的性质所决定的。但目前的仲裁员准入制度令人担忧,也大大降低了仲裁制度在处理人事争议中应有的价值。

第三节 我国人事争议仲裁制度的完善

人事争议仲裁制度作为一项具有中国特色的权益救济制度,是应建立社会主义市场经济体制和深化人事制度改革的需要而建立起来的,经过十余年的发展,人事争议仲裁已经成为当前维护人事争议当事人合法权益的一条切实可行、有效的渠道,在构建和谐劳动人事关系中发挥着越来越重要的作用。但是,作为化解人事矛盾、构建和谐社会一项重要的纠纷处理制度,要在深化人事制度改革中发挥更大作用还需要不断完善和规范,从而保证人事争议案件能够得到客观、公正、及时的处理,更加有效地化解人事纠纷,维护和谐的人事关系。

一、立法确立人事争议仲裁的法律性质和地位

根据《立法法》的规定,诉讼和仲裁属于法律保留事项,只能由法律规定。现阶段,我国有关单位人事争议仲裁的规定并不具有合法性。由于缺乏统一的上位法,不仅表现为中央和地方之间的不一致,也表现为地方与地方之间的不一致。为保证人事争议仲裁的合法性以及维护国家法制的统一性,现行人事争议仲裁应尽快进入立法的规范轨道。完善仲裁制度,规范仲裁行为,以人为本,化解社会矛盾,构建和谐社会,促进社会经济发展治国方略的要求,也是当前仲裁工作实际的需要。为节约立法资源,降低立法成本,全国应当制定人事争议仲裁法。现实来看有可能的解决方式有两种:其一是修改劳动法;其二是在劳动法未能作出调整之前,至少通过国务院行政法规对人事仲裁的制度进行设定和规范,以尽快解决人事争议仲裁制度与司法制度接轨问题。

二、厘清人事争议仲裁的实体法适用

长期以来,我国人事制度是由政策与行政文件相结合而建立起来的,调整人事关系也主要依靠政策与依据政策形成的人事行政文件,几乎没有一个完整的人事法律规范性文件。人事争议涉及我国人事管理制度以及整个人事工作的各个环节,人事争议处理是我国现行人事制度与人事工作中不可回避的重要事项。正确适用现有法律及人事争议相关法律规范,在社会转型期内,及时、公平、合理、合法地处理好人事争议对推进人事制度改革、促进社会稳定、和谐发展具有十分重要的意义。

完善人事争议仲裁与司法审判在实体法适用上的衔接。关于人事争议仲裁的法律适用问题,在程序法上应适用劳动法的有关规定,在实体处理上适用人事方面的法律、法规。涉及事业单位工作人员的劳动权的内容在人事法律法规中未有规定,这些权利涉及劳动者的基本人权,应纳入法律保护,应适用劳动法的有关规定,如劳动法中关于劳动报酬、劳动保护及劳动保障等方面的基本规定可以适用于人事争议案件,为当事人提供权益保障。对于其他性质的争议在适用人事方面法律、法规时,遇法律、法规没有规定或规定不明确时,可以参照与法律、法规不相抵触的部门规章、地方政府规章及国家有关人事政策、人事管理规范性文件处理。法律、法规及规范性文件均未明确,而纠纷的性质与劳动争议相似的,参照劳动争议的处理方式。另外,事业单位经过民主程序制定的内部规章制度,不违反国家法律、行政法规以及人事政策规定,并向事业单位职工予以公示,也可以作为审理人事争议案件的参考依据。

三、扩大人事争议仲裁的受案范围

正确界定人事争议仲裁的受案范围,可以最大限度地维护当事人的合法权益,促进构建和谐的人事关系。从受案主体看,现实存在的大量的事业单位、社会团体、民办非企业组织、民办事业单位与工作人员之间的人事争议,劳动争议仲裁与人事争议仲裁均不予受理,使这一群体的劳动者权益无任何保障。应进一步厘清这类特殊主体属于劳动争议仲裁和人事争议仲裁的边界,使每一类用工主体的争议都有机构处理。

(一)人事争议受案对象的界定

1.单位主体

目前提起人事争议的单位主体主要为国家行政机关与聘用制工作人

员,事业单位、社会团体与其工作人员。对于国家行政机关和财政拨款的事业单位的人事争议主体资格,不存在任何异议。对于其他事业单位和社会团体,是否都符合人事争议主体,目前尚未涉及或未作明确划分。主要是对于具有事业单位与企业单位双重性质的这类特殊单位情形,如何对待,没有任何规定可循,实属空白。笔者认为,提起人事争议或劳动争议均是法律行为,因此,作为争议主体一方的单位或组织必须具有相应的法定资格。对于具有双重身份的单位均办理了国家法定登记注册,即事业单位登记、工商企业登记注册的,理论上讲,这样的单位对提起人事争议还是劳动争议具有选择权,如果不具有选择权,那么实际上就意味着国家、社会不承认其某一项法定登记的效力与合法性。而对于具有系统内部事业单位而未向人事部门进行登记,却进行了工商企业登记注册的,只能认定为企业法人或公司法人,而不能提起人事争议,只能作为劳动争议处理。同样对于社会团体,若不论社会团体或个人均不具备事业单位性质,即社会团体只经过民政部门的社团法人登记,而未向人事部门(编制机构)进行事业单位登记,其不能提起人事争议,只能作为劳动争议处理。如果作了事业单位登记,纳入国家事业单位管理体制的社会团体,人事争议主体资格是符合的,可以作为人事争议的受案范围。

关于民办非企业单位等组织的界定。民办非企业单位是指企事业单位、社会团体和其他社会力量以及公民个人利用非国有资产举办的,从事非营利性社会服务活动的社会组织。根据《民办非企业单位登记暂行规定》(1998年10月25日国务院令第251号)的规定,我国的民办非企业单位主要有各类民办学校、医院、文艺团体、科研院所、体育场馆、福利院、人才交流中心等。我国《劳动法》没有对"民办非企业单位"作为用人单位加以规定,我国的民事法律对此也没有作具体调整,客观上造成了这类单位内部的劳动关系长期处于法律调整的空白。从我国的市场经济改革的现状看,民办非企业单位应纳入《劳动法》调整,纳入劳动争议的范围较为合适。因为:"民办非企业单位"是我国现实生活中发展很快的社会组织,虽然其经营范围有公益性的特征,但是,其经费自收自支,国家不负担,并且允许其有一定的盈余以保证正常发展。正因为如此,尽管在我国"民办非企业单位"不同于市场运作的企业,但其企业化的实质在今后相当长时期内仍会存在,故依照我国民办非企业单位的实际,应将其纳入《劳动法》和《劳动合同法》的调整范围,民办非企业组织与其工作人员之间形成劳动关系,产生的争议属于劳动争议的范围。

2.个人主体

对于人事争议的个人主体,即劳动者,一般都使用"工作人员"这一术语。事业单位"工作人员"的范围非常宽,在今天的事业单位中工作人员身份即使不包括工勤人员也已无法统一概括。"工作人员"大体有:具有国家事业单位编制的工作人员、面向社会聘用的工作人员,包括聘用的外籍专家或签订聘用合同的外籍人员,以及部分事业单位面向社会使用的临时性、专项性的工作人员,如代课教师、项目研究员等。对于"工作人员"是否具有提起人事争议的属于划分,主要条件有两个:一是具有国家事业单位编制;二是与事业单位签订了聘用合同。二则必居其一。具有国家事业单位编制的工作人员提起人事争议的主体是合格的。面向社会聘用的工作人员凡是签订了人事部门制定的聘用合同的也均可提起人事争议,否则就应当签订劳动合同。事业单位与临时性或专项性的人员应签订劳务合同,其单位与个人之间的关系为合同关系而非人事关系,这类人员不能提起人事争议。事业单位中的工勤人员,一般只能依据劳动合同提起劳动争议。但也有诸如,工人身份职工与其他人员长期混岗;原以工人身份调入事业单位,但长期从事科研、行政管理工作,或在有关科室从事教育、科研等专门技术辅助性工作的;有的甚至并未执行工人工资序列,工资待遇也同其他人员一样的这类人员,或者虽然执行工人工资序列但事业单位对工资待遇按其他人员补齐的,属于特殊情况,是否能同"工作人员"一样提起人事争议尚无定论,也无适用的相关规范。对这类人员是否属于"工作人员",应理解为凡与所在事业单位签订了聘用合同或聘任合同的,除与单位建立了劳动关系或者签订了劳动合同的工勤人员外的人员,均可提起人事争议。但这类人员与所在单位之间签订了劳动合同的,应属劳动关系,只能依据劳动法的规定提起劳动争议。

(二)扩大人事争议的受案内容

正确界定人事争议的受案范围,应当从人事争议仲裁的目的出发,总结人事争议受案范围的应然状态,以解决目前受案范围界定不清、涵盖面过窄、立法意图不明确的问题。为此在完善目前人事争议仲裁受案内容时,应考虑以下几点:一是将明显不属于人事争议仲裁处理的争议予以剔除,如考核、职务晋升、职称评定、定级定岗等;二是按现行法律法规依据和事业单位改革的进程应予以保护,特别是劳动者劳动权利的保护和实现方面的内容,应纳入人事争议仲裁的范围。目前能够纳入事业单位人事争议仲裁的受案内容过于狭窄,对此,一方面可以通过立法扩大人事争议仲裁的范围,凡录用、调动、工资、辞职辞退、考核、招聘、解聘、辞聘、未聘安置、履行聘任或聘用合同等发生的人事争议均纳入人事争议仲裁的内容;另一方面在法律适用中可以采用扩张性解释的方法,扩大人事争议的受案范围,尽可能地将大部分的人事争议都涵盖进去,以做到与劳动争议受案范围的一致,从而切实实现人事争议当事人的权利保护。根据现行人事部门对机关聘任制工作人员、事业单位及其工作人员的管理实际情况来看,为切实保护当事人的合法权益。人事争议仲裁的受案范围应包括以下四类。

1.因确定工作人员人事关系、人事档案转移而发生的争议

机关、事业单位及其工作人员之间就某个特定的工作人员是否具有该单位工作人员身份,以及是否与该单位继续保持工作关系,由此产生的争议属于确定人事关系的争议。目前,国家对事业单位人员管理实行编制管理。因此,对事业单位的工作人员来说,确定他(她)的事业单位工作人员的身份,主要看他(她)是否具有事业编制。对个体是否具备具有事业单位工作人员身份的争议,应纳入人事争议仲裁的范围。档案管理是事业单位管理中的重要内容,事业单位工作人员因各种原因发生流动,其档案应跟随本人流动,用人单位因不同意工作人员流动而扣留其人事档案,当事人一方提起人事争议仲裁,仲裁机关应受理。

2.工作人员对用人单位单方作出的人事处理决定不服而发生的争议

因是由用人单位单方决定,就有可能违法或不被对方接受而引发争议,主要有:

(1)工作人员与用人单位因辞退、辞职而发生的争议。

(2)因用人单位对工作人员作出开除、除名、自动离职处理的人事处理决定而发生的人事争议。

(3)因用人单位作出减少劳动报酬、降低工资标准或档案工资标准、计算或确定职工工龄或工作年限等人事处理决定而发生的争议。

3.履行聘用合同方面的争议

(1)工作人员与事业单位在履行聘用合同、岗位聘任合同过程中发生的争议。聘用合同是事业单位人事制度改革后,用于确定事业单位与工作人员之间权利义务的协议,确定了双方人事法律关系。岗位聘任合同是在双方明确聘用关系的前提下,单位和个人就工作人员具体从事的工作岗位的协议。岗位聘任合同是聘用合同的组成部分,但又有期限,聘任合同期限届满时,可以重新确定聘任岗位,但聘用关系不变。

(2)因追索工资等工作报酬、培训费、保密费、竞业禁止补偿费及其他聘

用合同中约定的费用等事项发生的争议。追索工资报酬，是指事业单位未按聘用合同约定的期限、标准支付职工工资而引发的争议。

（3）因擅自变更聘用合同内容而发生的争议。包括一方擅自变更岗位、工资、福利、合同期限、合同种类等约定内容，而另一方不同意。

（4）履行聘用合同过程中出现违约纠纷，因追究违约责任而发生的争议，包括因对违约行为、违约方、违约金的数额的确认而发生的争议。

（5）因支付经济补偿金而发生的争议，单位在解除聘用合同时未按照法律规定支付给职工经济补偿金。

（6）职工请求用人单位返还为保证聘用合同订立、履行而收取的定金、保证金、抵押金、抵押物等而发生的争议。

4.用人单位与职工因社会保障、福利发生的争议

（1）用人单位欠交养老、工伤、失业、医疗等社会保险费发生的争议。

（2）用人单位尚未参加或应参加而没有参加基本医疗保险、工伤保险，未按照国家有关规定报销医疗费用、工伤保险待遇，工作人员因追索干涉工伤待遇、医疗费不得而发生的争议。

（3）因职工追索福利费用而发生的争议。用人单位未按国家有关规定给付职工住房补贴、住房公积金等福利待遇而发生的争议，这里的"福利"应以国家规定或单位规定为前提。

四、完善人事争议仲裁时效制度

从劳动法的立法精神来看，其基本原则是着重保护处于弱势地位的劳动者的利益，而不是为劳动者寻求法律保护制造障碍，60天的过短期间使许多劳动者被拒于法律保护之外，这与劳动人事争议立法宗旨正相违背。对此，建议予以修改，与《民法通则》中规定的时效保持一致，即规定为特殊时效一年或适用一般时效两年。

五、完善仲裁裁决种类制度

仲裁裁决是对仲裁请求的直接对应。根据仲裁理论、借鉴国外经验、结合我国人事争议仲裁实际，目前人事争议仲裁裁决的种类可设想确立两类：主体裁决和辅助裁决。

（一）主体裁决

主体裁决应是人事仲裁制度人事仲裁裁决制度的核心部分，根据申请方的仲裁请求设置，具体可分为五种。

1.撤销裁决

适用于机关或事业单位已实施的违法行为,申请方请求撤销时。撤销裁决又分为两种情形:一种是纯撤销。即机关或事业单位在撤销裁决作出后,不得就同一事项重新作出相同的决定,如违法的辞退决定。另一种是撤销后重新作出。如机关或事业单位拒绝相对人申请的行为被撤销,仲裁机构同时责令机关或事业单位重新对相对人的申请作出处理。

2.禁令裁决

即禁止用人单位实施一定的行为,适用于机关或事业单位违法实施某项行为时。如根据当事人的申请发出禁令,禁止用人单位在未听取利害关系人陈述意见以前执行解除聘用合同的决定。如果撤销裁决主要是针对法律行为或行政行为而言,那么,禁令裁决主要是针对事实行为作出的。禁令裁决可以单独作出,也可以和撤销裁决一并作出。即在撤销用人单位决定的同时,禁止用人单位继续实施该行为。前者如责令用人单位停止实施一个强制性的调查措施;后者如责令用人单位对某事项不得再行干预。

3.履行裁决

适用于用人单位不履行法定职责时。主要针对用人单位无正当理由不履行职责的不作为行为而设计的裁决种类。

4.确认裁决

即确认某种法律关系是否存在或用人单位的行为是否违法。和其他裁决种类不同,确认裁决既可作为中间性的裁决,也可作为最终意义的裁决。作为中间性裁决,可根据相对人请求,仲裁机构确认某种法律地位、法律关系是否存在或用人单位的行为违法,使当事人能进一步主张自己的权利,或对抗用人单位的下一步行为或其他人的行为。作为最终意义的裁决,将直接确定当事人的法律地位或用人单位的行为是否违法。另外,确认裁决还是情况裁决的构成部分。对那些虽然仲裁请求合理,但出于公共利益考虑,对请求不能支持的案件,可采用中间性的确认裁决,同时附带其他救济手段。

5.变更裁决

适用于显失公平的单方人事处理争议和聘用合同争议等。对违法的聘用合同条款,仲裁机构应可以直接变更。对涉及合理性的争执,应赋予仲裁机构一定范围的变更权,以避免撤销后用人单位重新做出而带来的救济成本高、救济不及时等弊端。

（二）辅助裁决

除主体裁决外，还应根据人事争议仲裁的需要，设置辅助性裁决种类。辅助性裁决种类包括四类。

1. 驳回仲裁请求的裁决

当申请人的仲裁请求不成立时，可采用该裁决形式。严格地说，驳回请求裁决不是一项独立的裁决，是附属于主体裁决存在的。目前驳回仲裁请求裁决的适用范围有限，应当扩大，同时，"维持裁决"应当取消。

2. 情况裁决

适用于申请方请求合理，但出于公共利益的考虑，不能完全支持申请方请求时。情况裁决实际上是变通处理的一种裁决形式，是撤销裁决的替代方式，要符合严格的裁决条件。

3. 自为裁决

这是撤销后重做的替代方式。即当仲裁机构判决用人单位重新作为而用人单位不作为时，仲裁机构可自己代替用人单位作为，如强制档案移送。自为裁决的适用也要有严格的条件限制。

4. 中间裁决（部分裁决）

适用于案情复杂，可以分阶段处理的情况。中间裁决的设计主要是为当事人提供及时必要的救济。中间裁决可适用于案情复杂，无法在法定期限内审结，而当事人又提出中间裁决请求的情况。

六、改革人事争议仲裁机构的设置

人事争议仲裁机构的设置缺乏中立性，有碍于仲裁的公正性。目前实行聘用制改革的事业单位均为国有性质，而且事业单位所具有的公益性属性也不可能改变，短时间内要改变人事部门对其行政管理职能不太可能。就现状来看，人事争议仲裁委员会设（挂）在人事行政主管机关这种现状在目前甚至较长一段时期内不可能改变，或者也没有改变的必要，但其工作应与人事行政及行政管理相对独立，应逐步转变其行政属性，在仲裁机构隶属、设置以及仲裁员的组成等主要方面进行改革和整合，使其能成为民间性、公正性和中立性的仲裁机构。根据目前事业单位机构改革的实际和劳动人事争议处理机制的现状，将人事争议仲裁机构与劳动争议仲裁机构整合、归并，成立相对独立的劳动人事争议仲裁院，不失为一种行之有效的方案。在现有的劳动争议、人事争议处理机构中，仲裁机构分立而审判机构合一，这主要源于劳动行政部门与人事行政部门分立的管理体制，而该体制在市场化劳动、人事制度改革中一直是实现劳动力市场一体化的障碍。随着以聘用制为主要内容的事业单位人事制度改革的推进,劳动力市场与人才市场的原有壁垒正在打破,除公务员管理外,劳动、人事管理分立的基础已削弱。为此,2008 年 3 月,国家不失时机地将原劳动部与人事部进行合并,成立人力资源和社会保障部。体制性障碍消失后,劳动争议、人事争议仲裁机构走向合一,应当是劳动人事仲裁机构改革的一个方向。但是,由于机构的归并涉及许多人财物等问题,一步到位成立完全脱离于行政机关的劳动人事争议仲裁院有一定的难度,可考虑分两步走。第一步,将人事仲裁委员会归并到劳动仲裁委员会,成立劳动人事争议仲裁院,仲裁院分设人事争议仲裁庭和劳动争议仲裁庭,分别受理劳动争议、人事争议仲裁案件。整合后的劳动人事争议仲裁制度逐步实现“五统一”,即统一处理体制、统一办案制度、统一办案程序、统一仲裁机构、统一办案场所。这种做法使劳动人事争议仲裁机构有效地处于第三方中介地位,也有利于为人事争议适用劳动法及其他法律法规的制定提供相应的法律实践依据。第二步,等条件成熟时,将劳动人事争议仲裁院从行政机关独立出来,其机构设置与性质可借鉴民商“仲裁委员会”和中国国际贸易促进委员会的国际贸易仲裁委员会的设置的合理方面来设置,以提高仲裁的公正性和公信度,避免产生行政诉讼,尽可能降低政府行政行为的影响。在试行阶段,即未设置法律救济措施期间,仲裁机构级别应设置为省、地市级,区县暂不设置,待完善法定救济措施后,再设置区县级。

七、加强人事仲裁仲裁员队伍建设

“案多人少”是当前劳动人事仲裁工作面临的又一主要矛盾。解决这个矛盾,应加强人事仲裁员队伍职业化、专业化建设。具体举措:第一,配齐配强专职仲裁工作人员。在稳定现有仲裁员队伍的基础上,利用机构改革有增有减的时机,积极采取增加编制等方式充实专职仲裁员队伍。第二,全面开展仲裁员培训工作,加强对人事仲裁员法律素养的培养,提高仲裁队伍素质和办案能力;同时加强仲裁员的职业道德教育,培养爱岗敬业精神。第三,聘请一定比例的法学专家、学者和律师为兼职仲裁员,提高仲裁员的整体素质,公正、及时地处理当事人之间的纠纷,使当事人的合法权益得到充分保障。第四,建立仲裁员准入资格制度。2008 年 5 月 1 日起实施的《中华人民共和国劳动争议调解仲裁法》对劳动争议仲裁员的准入条件进行了规定,可借鉴适用于人事仲裁规定,该法第二十条规定:“劳动争议仲裁委员会应当设仲裁员名册。仲裁员应当公道正派,并符合下列条件之一:①曾任审判员的;②从事法律研究、教学工作并具有中级以上职称的;③具有法律知识、从事人力资源管理或者工会等专业工作满五年的;④律师执业满三年的。"第五,建立透明的人事争议仲裁员的遴选机制,可借鉴民商事仲裁仲裁员的准入条件,建立仲裁员名册,采取当事人各选择一名仲裁员的做法,在仲裁庭组成上体现一定的中立性。

第七章　我国事业单位人事争议诉讼制度的现状和制度创新

第一节　我国人事争议诉讼制度概述

人事争议诉讼是人事争议当事人不服人事争议仲裁委员会的裁决,在法定期间内向人民法院起诉,法院在人事争议双方当事人和其他诉讼参与人的参加下,依法审理和解决人事争议案件的活动。它是在人事争议处理过程中,解决人事争议的最后阶段,也是解决当事人之间争议的最终和最重要的方法和法律程序,具体包括人事争议案件的起诉、受理、调查取证、审判和执行等一系列诉讼程序。2003 年 8 月 27 日,最高人民法院公布了《关于人民法院审理事业单位人事争议案件若干问题的规定》(法释〔2003〕13 号),根据这个《规定》,人事争议的诉讼程序适用劳动争议处理程序,也就是说,劳动争议和人事争议在诉讼这一最后的处理阶段,适用相同的程序法规范。目前,我国劳动人事争议诉讼是法院以民事诉讼的方法来审理和解决的,在程序法上适用民事诉讼法。人事争议诉讼属于民事诉讼的范围。与其他民事诉讼活动相比,人事争议诉讼有如下特点:第一,人事争议仲裁是人事争议诉讼的前置程序。人事争议诉讼当事人向人民法院提起诉讼,必须是不服人事争议仲裁机构的裁决才受理,没有经过人事争议仲裁机构裁决的人事争议案件,人民法院一般不予受理。第二,人事争议诉讼的当事人主要是国家机关聘任制公务员和事业单位的职工。第三,人事争议诉讼的标的主要是人事权益。考虑到劳动人事争议案件与其他民事诉讼案件的特殊性,最高人民法院于 2001 年颁布了《最高人民法院关于审理劳动争议案件适用法律问题若干问题的解释》(法释〔2001〕14 号)、2006 年颁布了《最高人民法院关于审理劳动争议案件适用法律问题若干问题的解释(二)》,就劳动人事争议诉讼制定了特别规则。

我国现行人事争议诉讼程序的内容主要有如下方面。

一、起诉与受理

用人单位和劳动者之间发生人事争议，可以依法提起诉讼。按照我国法律规定，当事人提起人事争议是有前提条件的，即必须先经过仲裁程序，在对仲裁裁决不服的情况下，当事人才可以提起诉讼。如果人事争议案件没有经过人事争议仲裁委员会的处理，当事人无权向人民法院提起诉讼。可见，人事争议与劳动争议一样，在处理程序中实行"仲裁前置"规则，人事仲裁是人事诉讼前的必经程序。具体为：人事仲裁当事人撤回申诉或达成调解协议而结案的无权起诉；人事仲裁已裁决结案，当事人不服裁决，有权在收到裁决书之日起 15 天内起诉；仲裁机关以超过仲裁时效等为理由决定不予受理的，当事人也应当有权在收到不予受理的书面通知或决定之日起15 天内起诉。仲裁委员会作出仲裁裁决后，当事人对裁决中的部分事项不服，依法向法院起诉的，仲裁裁决不发生法律效力。

根据最高人民法院的规定，人事争议案件由人民法院的民事审判庭按照《民事诉讼法》规定的普通程序进行审理。依据《民事诉讼法》的相关规定，当事人向人民法院提起民事诉讼，必须符合人民法院受理案件的条件。人事争议案件既然作为民事案件进行审理，自然遵守这些条件。就人事争议案件来说，应当符合以下起诉和受理条件：

（1）起诉人必须是人事争议案件的当事人，即发生争议案件的用人单位和劳动者。当事人因故不能亲自起诉的，可以委托代理人或律师代其提起诉讼和应诉，未经当事人委托的人无权就争议的案件起诉和应诉。

（2）当事人必须是不服人事争议仲裁委员会仲裁裁决而向人民法院起诉。由于人事争议仲裁程序是人民法院审理人事争议案件的前置程序，未经人事争议仲裁裁决的案件，不能直接进入诉讼程序。只有在争议案件经过仲裁委员会仲裁，当事人不服仲裁的情况下，人民法院才受理当事人的起诉。

（3）当事人起诉必须有明确的被告和具体的诉讼请求。人民法院审理案件必须有起诉方和应诉方，并各自提出诉讼请求和相关证据。人事争议案件当事人起诉时，同样要提出自己的诉讼请求和相关证据。人事争议案件当事人起诉时，同样提出自己的诉讼请求和相关证据，而且被告方应为争议案件的另一方当事人。

（4）当事人起诉不得超过法律规定的诉讼时效。诉讼时效是指法律规定的提起诉讼的有效时间，超过这一时间当事人就失去了提起诉讼的权利。

《劳动法》规定的提起人事争议案件的诉讼时效为 15 天,即当事人只能在收到仲裁裁决书之日起 15 天内向人民法院起诉,人民法院才予受理,超过 15 天的期限,法院则不予受理。

(5)当事人起诉应当向有管辖权的人民法院提出。就人事争议案件来讲,当事人一般应向用人单位所在地或聘用合同履行地基层人民法院起诉。

人民法院对符合受案要求的人事争议案件,依法受理后,即可依照《民事诉讼法》规定的程序进行审理,并在审理的基础上作出一审判决。当事人对一审判决不服的,还可以向有管辖权的人民法院提起上诉,由二审法院进行终审,并作出判决。对二审人民法院作出的判决,当事人必须执行。

二、受案范围

(一)人民法院受理人事争议案件的一般范围

根据《人事争议处理规定》第二条和 2009 年人力资源和社会保障部第 2 号令公布的《劳动人事争议仲裁办案规则》第二条的规定,下列人事争议,当事人不服仲裁委员会作出的裁决,依法向人民法院起诉的,法院应当受理:

(1)实施《公务员法》的机关与聘任制公务员之间、参照《公务员法》管理的机关(单位)与聘任工作人员之间因履行聘任合同发生的争议。

(2)事业单位与工作人员之间因除名、辞退、辞职、离职等解除人事关系以及履行聘用合同发生的争议。

(3)社团组织与工作人员之间因除名、辞退、辞职、离职等解除人事关系以及履行聘用合同发生的争议。

(4)军队文职人员聘用单位与文职人员之间因履行聘用合同发生的争议。

(5)法律、法规规定由仲裁委员会处理的其他争议。

(二)人民法院受理人事争议案件的特殊情形

(1)仲裁委员会以当事人申请仲裁事项不属于人事争议为由,作出不予受理的书面裁决、决定或通知,当事人不服,依法向人民法院起诉的,属于人事争议案件的,应当受理;虽不属于人事争议案件,但是属于法院主管的其他案件,应当依法受理。

(2)仲裁委员会根据《劳动争议调解仲裁法》第二十七条规定,以当事人的仲裁申请超过仲裁时效期间为由的,作出不予受理的书面裁定,当事人不服,依法向人民法院起诉的,法院应当受理。

(3)仲裁委员会以申请仲裁的主体不适格为由,作出不予受理的书面裁决、决定或者通知,当事人不服,依法向人民法院起诉的,经审查,确属主体不适格的,裁定不予受理或者驳回起诉;主体适格的,法院应当受理。

（4）仲裁委员会为纠正原仲裁裁决错误重新作出裁决,当事人不服,依法向人民法院起诉的,法院应当受理。

（5）仲裁委员会仲裁的事项不属于人民法院受理的案件范围,当事人不服,依法向人民法院起诉的,裁定不予受理或者驳回起诉。

三、诉讼管辖

人事争议案件由用人单位所在地或聘用合同履行地基层人民法院管辖。聘用合同履行地不明确的,由用人单位所在地的基层法院管辖。当事人双方就同一仲裁裁决分别向有管辖权的法院起诉的,由先受理的法院管辖,后受理的法院应当将案件移送给先受理的法院。

仲裁管辖和诉讼管辖各有规则,当事人不服仲裁裁决而起诉时,诉讼管辖和仲裁管辖不是完全对应。例如,仲裁有彼此独立的省、市、县（直辖区）三级,级别管辖尚无完备的法律规定,实践做法也各地不一。因而,即使省市仲裁院管辖的人事争议案件,当事人不服仲裁裁决而起诉时,一般应当由当地基层法院管辖,除非案件符合法定的高级法院、中级法院管辖的标准。

四、诉讼主体

人事争议诉讼当事人只限于劳动者和用人单位,不服仲裁裁决的劳动者或用人单位,只能以仲裁阶段的对方当事人为被告向法院起诉,而不能将人事争议仲裁委员会作为被告向人民法院提起诉讼。当事人不服仲裁委员会作出的同一仲裁裁决,均向同一法院起诉的,先起诉的一方当事人为原告,但对双方的诉讼请求,法院应当一并作出裁决。

用人单位与其他单位合并的,合并前发生的人事争议,由合并后的单位为当事人;用人单位分立为若干单位的,其分立前发生的人事争议,由分立后的实际用人单位为当事人;用人单位分立为若干单位后,对承受劳动权利义务的单位不明确的,分立后的单位均为当事人;用人单位录（聘）用尚未解除聘用合同的劳动者,原用人单位与劳动者发生的人事争议,可以列新的用人单位为第三人;原用人单位以新用人单位侵权为由向法院起诉的,新的用人单位和劳动者列为共同被告。

五、审理

人民法院受理人事争议当事人提起的诉讼后,就进入诉讼程序,根据《民事诉讼法》规定审理人事争议案件。目前,我国人事争议案件的审理,法院没有设置专门的审判组织,对法官的代表性问题也未予考虑,适用民事审判程序。审判组织上,人民法院对人事争议案件的审理与其他案件一样,审判员、人民陪审员都是按照人民法院组织法的规定产生的,由民事审判庭来审理人事争议案件。在诉讼审理范围上,人民法院审理与人事仲裁审理也有不同。仲裁审理范围既取决于仲裁请求也取决于人事争议的性质,即使与争议的劳动权利义务相关联但若不具备劳动权利义务性质的事项,仲裁机构也无权处理。但当事人诉讼请求中如果包含有与劳动权利义务事项相关联的民事权利义务事项,法院可以将其与劳动权利义务一并审理,不过适用的实体法有所不同。法院受理人事争议案件后,当事人增加诉讼请求的,如该诉讼请求与人事争议具有不可分性,应当合并审理;如属于独立的人事争议,应告知当事人向人事争议仲裁委员会申请仲裁。当事人的诉讼请求事项如果少于仲裁裁决的,法院只需将仲裁请求事项列入审理范围即可。

根据《最高人民法院关于人民法院审理事业单位人事争议案件若干问题的规定》(法释〔2003〕13号)和《最高人民法院关于事业单位人事争议案件适用法律等问题的答复》(法函〔2004〕30号),人民法院审理事业单位人事争议案件的程序运用《劳动法》的相关规定。人民法院对事业单位人事争议案件的实体处理应当适用人事方面的法律规定,但涉及事业单位工作人员劳动权利的内容在人事法律中没有规定的,适用《劳动法》的有关规定。

人事争议案件与其他民事纠纷案件一样,实行两审终审制。当事人不服人民法院一审判决,可以自判决书送达之日后15天内向上一级人民法院提起上诉。对于生效判决,若当事人对该判决认为不公正或适用法律错误,可以提起申诉,要求人民法院按照审判监督程序再审。

六、诉讼结局

当事人不服仲裁裁决而在法定期限内向人民法院起诉,仲裁裁决就处于尚未生效的状态。这种效力不确定的仲裁裁决因诉讼结局的不同而有不同的结果。如果以当事人撤诉结案的,仲裁裁决在法定期限届满后生效;如果以调解或判决结案的,仲裁裁决就不生效。诉讼调解或判决与仲裁裁决之间应当是一种概括性取代关系,即诉讼调解或判决事项与仲裁裁决的事项无论是否对应,仲裁裁决的各事项都不具有法律效力。用人单位对劳动者作出的除名、辞退或因其他原因解除聘用合同确有错误的,法院可以依法判决予以撤销。对于追索劳动报酬、培训费等相关费用的案件,给付数额不当的,法院可以依法变更。

七、执行

执行是诉讼程序的最终阶段,发生法律效力的民事判决、裁定,当事人必须履行;调解书和其他应当由人民法院执行的法律文书,当事人必须履行。一方当事人拒绝履行的,对方当事人可以向人民法院申请其履行。《民事诉讼法》第二百一十七条规定:对依法设立的仲裁机构的裁决,一方当事人不履行的,对方当事人可以向有管辖权的人民法院申请执行,受申请的人民法院应当执行。据此,人事争议仲裁委员会作出的生效裁决书和调解书也可以由人民法院予以强制执行。人民法院对人事争议案件的强制执行范围包括两个方面:一是人事争议仲裁委员会作出的生效的仲裁调解协议书和仲裁裁决书。二是人民法院自己作出的生效的判决、裁定,由第一审人民法院执行。法律规定由人民法院执行的法律文书,由被执行人住所地或者被执行人的财产所在地人民法院执行。

当事人向人民法院申请强制执行,应当在法定的期间内以书面形式提出。《民事诉讼法》规定:申请执行的期限,双方或一方当事人是公民的为一年,双方是法人或其他组织的为六个月。前款规定的期限,从法律文书规定履行期限的最后一日计算;法律文书规定分期履行的,从规定的每次履行期间的最后一日起计算。根据上述规定,人事争议当事人应当根据仲裁裁决书规定的对方履行期限,等待对方履行。另一方当事人在期间内不履行的,自期满之日起一年内,对方当事人有权向人民法院申请强制执行。对于调解书及人民法院的判决、裁定(包括一审、二审),也同样应在司法文书生效后,从规定的履行期限届满之日起,当事人有权在一年内向人民法院申请强制执行。

第二节　我国人事争议诉讼制度存在的问题

司法裁判是权利保障的最后一道屏障。人事争议的司法最终裁判,能够起到监督仲裁程序的作用,以保障人事争议得到更加公正合理的解决。《最高人民法院关于人民法院审理事业单位人事争议案件若干问题的规定》(法释〔2003〕13号)(以下简称《解释》)的出台,将人事争议仲裁纳入了诉讼处理的途径,确立了人事争议仲裁与诉讼"一裁两审"的衔接制度,确定了人事争议仲裁制度与司法制度之间的关系,表明人事争议处理机制进一步走上了法制化的轨道。但如何实现人事仲裁与司法的有效衔接,在理论上和实务上还存在一些亟待解决的问题。当前,一部分人事争议尚未纳入司法程序,即使纳入司法程序的人事争议纠纷,也由于我国现行人事争议仲裁制度所兼具的行政性和准司法性的特点,在与司法衔接的各个环节并没有实现有效的对接。人事争议诉讼目前的讨论多围绕《解释》进行。该司法解释虽然只有短短三个条文,但其中可值得探讨的问题很多,主要表现在以下几个方面。

一、受案衔接不畅

《解释》可能混淆《劳动法》、人事立法对事业单位人事争议、劳动争议各自的适用范围。《劳动法》以保护社会公共利益为目的,而我国传统的人事立法则偏向保护国家利益本位,事业单位的情形比较复杂,处于二者之间或兼而有之。事业单位的聘用合同制度与企业的劳动合同有异曲同工之效,确实可以纳入《劳动法》的调整范围。但不能排除事业单位改革中一部分人会归入公务员队伍,而不适用《劳动法》调整的情况。而今后一旦多数事业单位改革后实行企业化、市场化模式,则现行人事争议诉讼制度会受到重创。因此,在司法实践中必须先厘清劳动争议与人事争议的受案范围,明确各自的分工。

人事争议仲裁与诉讼的受案范围也不统一。作为诉讼外的纠纷解决机制,人事争议仲裁范围大于人民法院受理人事争议案件的范围。目前,人民法院受理人事争议案件的依据是《解释》,其范围仅限于事业单位与其工作人员之间因辞职、辞退、履行聘用合同所发生的争议,而除此以外的其他人事争议案件,如公开招聘、聘用程序、未聘安置等引发的争议均未纳入诉讼范围,由于不属于法院受案范围,因而不能进入司法审判程序。

二、管辖制度不协调

人事争议仲裁实行以级别管辖为基础的仲裁管辖制度,其主要依据是行政管理关系。而相应的司法审判主要实行"原告就被告"的原则,只确定了地域管辖,没有确定级别管辖,使几乎所有的人事争议案件都由基层人民法院审理,这样的管辖制度缺陷是肯定的。根据《民事诉讼法》,任何争议或纠纷都有大有小,民事诉讼程序对人民法院管辖民事案件需考虑案件的性质、难易程度、涉及范围、社会影响以及标的额的大小等因素,设置了级别管辖。人事争议案件与其他民事案件一样都包含了上述因素,因此,人事争议案件一律由基层人民法院管辖,显然不合适。另外,人事争议仲裁管辖和诉讼管辖两者的冲突,会导致异地诉讼案件的增加,不但加大诉讼成本,而且也给当事人在人力财力物力上造成很大的负担,不符合效率原则。

三、诉讼程序不完善

人事争议诉讼案件适用民事诉讼法的相关规定,容易造成审判理念的混淆。

民事诉讼法与民事实体法是一一对应关系。但对于表面平等而实质上不平等的主体之间产生的人事争议,进行处理的诉讼程序法仍然是民事诉讼法,而与之对应的实体法却是劳动法、相关人事法律、法规等。这似乎给人一种感觉,人事关系与民事关系是一样的,人事争议与民事纠纷是同一性质的。法院民事审判庭的法官在这种审判理念的指导下会很自然地运用民法的基本原理和民事诉讼的规则来审理劳动人事争议案件,这样,将会严重损害劳动者的合法权益,不利于争议的有效处理。此外,劳动人事争议诉讼案件依照民事诉讼法的相关规定,审理周期长,有悖效率原则,不利于保护劳动者合法权益。当事人一方或双方不服劳动仲裁机构的裁决可在收到裁决书之日起十五日内向法院起诉。而法院审结一个人事争议案件至少需要半年以上的时间。人事争议诉讼多数情况下都是关乎劳动者的切身利益,背负着巨大的诉讼成本(时间和诉讼费)和精神压力的劳动者,在这样的情况下,只有选择放弃。

劳动人事争议不同于一般民事案件,两者所对应的实体法不同,民法是私法,私法直接涉及私人(自然人和法人),奉行意思自治原则,其法律规范对当事人具有任意性;而劳动法兼具私法和公法的社会法特性,由于人事争议双方主体具有不平等性,基于劳动法与民法的诸多差异,决定了与其配套的诉讼法与一般民事诉讼法应有所不同。由于现行立法未对劳动人事争议和劳动法的特殊性就劳动人事诉讼作出特别规定,以致《民事诉讼法》中许多规定难以适应劳动人事争议的处理。①

其次,人事争议诉讼程序与仲裁程序也没有较好衔接。人事争议仲裁

---

① 侯玲玲,王全兴:《民事诉讼法适应劳动诉讼的立法建议》,《中国劳动》2001年第6期。

程序与诉讼分别以各自的程序对人事争议进行审理,仲裁程序与诉讼程序被完全割裂开来,没有形成一种有效的连接关系。仲裁中认定的证据和事实,在诉讼程序中需重新认定,由于人事仲裁和诉讼的证据认定的标准不统一,可能导致两者对同一案件的处理结果相差甚远,甚至截然相反。在人事诉讼中,人事争议仲裁裁决书仅仅作为"该项人事争议经过前置程序"的证据使用,造成纠纷解决资源的浪费。

四、执行衔接弱化

从《解释》的规定看,执行受案范围与人事争议诉讼受案范围一致,主体范围是事业单位与其工作人员,受案争议范围限于"辞职、辞退及履行聘用合同"。因此,除此以外的其他人事仲裁裁决,在一方当事人不履行时,权利人无法得到司法强制执行作为后盾。即使是属于人事争议受案范围的部分案件,由于人事政策不能有效对接,也无法强制执行。如人民法院有权受理辞职、辞退争议,不仅仅涉及确认之诉、变更之诉,而且还涉及给付之诉,如工资、福利的补发等问题。目前大部分事业单位工资由国家划拨,单位本身无自主权。已经扣发的工资、已经解聘的人员,如何补发、钱从何来?人民法院不可能对此实施强制执行。事业单位人事制度改革尚在探索过程中,事业单位职工参加养老保险虽然是一种趋势,但毕竟还刚刚开始,实践中各地的做法也不尽相同。由于事业单位与企业单位相比,具有人员聘用程序复杂、进入受编制数额的限制以及财产责任的承担能力较差等特点,当其与工作人员发生辞职、辞退、养老保险待遇等人事争议时,一旦被裁决恢复聘用关系或为工作人员缴纳养老保险费用,在实践中往往出现用人单位主观上不愿履行的情况下,法院的执行就更加困难。补交养老保险属具有财产性质的裁决,目前在我国大部分地区尚未启动事业单位养老保险缴费制度,在没有实施事业单位养老保险的地区,一旦法院判决职工与用人单位解除聘用关系,就意味着将职工推向社会,其养老保险问题如何解决?对其退休后的生计将会产生重大影响。此外,对具有人身性质的仲裁裁决缺乏执行措施的规定。具有人身性质的仲裁裁决,如恢复聘用关系等,由于裁决内容不具有财产性,因此,按照人民法院执行工作的相关规定,当事业单位拒不执行或无力执行(编制没有了,如何恢复聘用关系?)这类裁决时,法院难以采取有效的执行措施,使当事人的权利不能及时得到实现。在执行衔接上,还有仲裁裁决生效时间的确定问题、对仲裁裁决的执行审查问题等亟待予以明确规定。

五、审判机构问题

人事争议审判机构及组成与人事争议的特点不相适应。在我国没有专门的劳动法院或劳动法庭,人事争议案件与劳动争议案件均是由法院的民事审判庭进行审理。而劳动人事争议处理实行被国际劳工组织所肯定的"三方原则",即由国家(以政府为代表)、雇主(以雇主组织为代表)和工人(以工会为代表)共同参与争议处理的原则。我国法院不管采取独任制还是合议制,审判人员与民事案件的审判人员没有区别,不符合劳动人事争议处理惯行的"三方原则"。没有劳动者和用人单位一方代表的参与,难以确保劳动立法的基本精神和功能在劳动人事案件的处理中得以充分实现。劳动人事争议案件由人民法院的民事审判庭按照民事审判程序来审理,熟悉民商法律的法官对劳动法律法规涉及有限,审判的水平和精度难以把握,加之近年来劳动人事案件逐年增加,不服仲裁起诉到法院的案件也快速增加,目前各地受理劳动人事案件的民事审判庭已普遍力量不足,以目前民事审判庭现有的资源难以胜任。

六、实体法衔接错位

仲裁与诉讼接轨后,法院在审理人事争议案件时应当如何适用法规?《解释》第一条作了原则性的规定,即"事业单位与其工作人员之间因辞职、辞退及履行聘用合同所发生的争议,适用《中华人民共和国劳动法》的规定处理"。由于该规定过于原则,各地人民法院在实践中对其产生了不同的理解。对此,最高人民法院又作出了《关于事业单位人事案件适用法律等问题的答复》(法函〔2004〕30号),对法律适用问题作了进一步的解释,指出:"人民法院审理事业单位人事争议案件的程序运用《中华人民共和国劳动法》的相关规定。人民法院对事业单位人事争议案件的实体处理应当适用人事方面的法律规定,但涉及事业单位工作人员劳动权利的内容在人事法律中没有规定的,适用《中华人民共和国劳动法》的有关规定。"显然,在人事争议诉讼的法律适用上,最高人民法院对《劳动法》的适用是程序为主、实体为辅。然而,目前人事争议的法律法规只有《公务员法》和《中国人民解放军军队文职人员条例》,上述两法也无法适用于事业单位人事争议。因此,严格按照最高人民法院答复的精神进行文意解释,则人事争议的诉讼处理又将没有法律依据。这也是目前基层法院在案件审理中困惑和混乱的地方。

在人事争议仲裁中,仲裁机构适用的法规,除公务员法外,主要包括国务院制定的人事制度方面的相关政策法规和人事部的有关部门规章,对于地方性的法规、规章和规范性文件,多数仲裁机构也是直接适用的。而人民法院审理案件应当适用的法律依据只有法律、行政法规,规章只能是参考。法院在审理人事争议案件时,难免会抛弃原仲裁裁决而重新进行质证、采信与认定,最终导致人事仲裁与司法审判往往对同一纠纷的处理出现截然不同的裁判结果。人事仲裁与司法审判在适用实体性规定方面出现错位,是制约当前人事争议处理机制功能发挥的一个重要问题。

（一）适用《劳动法》的尴尬

虽然法函〔2004〕30号规定了"涉及事业单位工作人员劳动权利的内容在人事法律中没有规定的,适用《中华人民共和国劳动法》的有关规定",但是什么是劳动权利的内容不甚明了。事实上,由于目前事业单位聘用制改革还未完全到位,事业单位基于聘用合同产生的人事关系与企业基于劳动合同而形成的劳动关系还存在较大的差别,因此人事部门对聘用关系作出了许多有别于《劳动法》的规定,如完全适用《劳动法》,将使作为过渡措施的人事部的一些相关政策规章失去意义。在当前劳动、人事二元化的现状尚未改变前,最高法院用司法解释的形式解决制度转轨过程中事关劳动者切身利益的问题,而忽视与其他相关制度规则的协调,这很可能造成在实践中事业单位人员聘用制度的混乱从而引发更多的新问题。从实践的效果看,由于缺乏与劳动人事部门的沟通以及对目前事业单位聘用制度情况的了解,最高法院司法解释的客观实施效果并不尽如人意。长期适用人事法规的聘用关系一旦适用《劳动法》,不可避免地将面临许多难题,最典型的是养老保险问题,至今绝大多数事业单位聘用人员的养老保险未纳入社会统筹,这样艰巨的现实问题不是法院利用司法的力量就能解决的。

（二）适用人事法律法规存在的问题

虽然法函〔2004〕30号指出"人民法院对事业单位人事争议案件的实体处理应当适用人事方面的法律规定",能否将"人事方面的法律规定"理解为人事方面的行政法规、行政规章及其他规范性文件,也存在不同的看法。目前,规范事业单位人事关系的效力相对较高的规范性文件有:《国务院办公厅转发人事部〈关于在事业单位试行人员聘用制度意见〉的通知》、《人事部关于印发〈事业单位试行人员聘任制度有关问题的解释〉的通知》、《关于事业单位试行聘用制度有关工资待遇问题的处理意见（试行）》、《关于印发〈机关、事业单位工作人员正常晋升工资档次办法〉的通知》、《全民所有制事业单位专业技术人员和管理人员辞职暂行规定》、《关于印发〈全民所有制事业单位辞退专业技术人员和管理人员暂行规定〉的通知》、《关于印发〈事业单位工作人员考核暂行规定〉的通知》。上述规范性文件效力较低,很难作为判案依据。当前人事争议案件的审理处于较为严重的无法可依状态,给人民法院审理人事争议案件带来了极大的困扰,只能摸着石头过河,这种现状必须尽快改变。

七、"一裁两审"争议解决机制的弊端

我国现行人事争议处理机制完全采用了与劳动争议纠纷案件处理相同的仲裁诉讼制度,即又裁又诉,或称"一裁两审制"。仲裁分为民间仲裁和行政仲裁,且属于强制仲裁。仲裁是诉讼的前置程序,先裁后审,一裁两审。"一裁两审"制度基本解决了人事争议仲裁和司法的衔接,这种制度在一定程度上符合人事争议的特点,并通过多程序来保证当事人诉权的实现,纠错可能性提高。同时将仲裁作为诉讼的必经程序,这可以将部分人事争议案件从司法管辖中分流出来,在一定程度上减轻了法院的诉讼符合。但是,从发展的角度看,该制度并非我国人事争议体制的最佳选择,实践中该制度也显露出诸多弊端,对处于弱势群体的当事人极为不利。

(一)程序多,维权周期非常长,无法实现及时处理人事争议的目的

"一裁两审"最大的缺陷在于体制繁杂、期限冗长。这一制度试图用尽所有的争议解决方法,因此造成审理期限过长、重复劳动多,致使争议无法及时解决。仲裁和诉讼原本是两种独立的争议解决手段,规定仲裁为诉讼的前置程序,不仅使仲裁的高效便捷的特点无法发挥,而且还增加了当事人的诉累。由于人事争议与当事人的生产生活密切相关、社会影响大,因此对争议的处理必须及时,如耗时过长有可能加剧矛盾激化,不利社会稳定。

(二)仲裁与诉讼缺乏深层次的协调

仲裁与诉讼处理争议,在认定法律事实、政策法律适用和处理标准等方面都有较大差异。这种差异是由于人事争议仲裁的准司法性的性质所决定的。目前我国人事争议仲裁委员会兼有行政和司法的性质,要执行人事行政部门制定的政策文件以及对它们的解释,而这些行政文件和解释,并未被《立法法》认定为法律和司法裁判的法定依据。因此,除了其本身的法律效力不明显或位阶较低外,其对人民法院不具有必然的适用效力。因此,人事仲裁与司法诉讼在法律适用上很难达到一致,而这将直接造成仲裁与司法在大量具体问题上存在见解差异,从而影响对案件的法律适用和裁判结果。

（三）仲裁程序弱化、争议解决诉讼化，救济成本增加

因法院与仲裁机构在法律适用和裁判上有可能存在不一致，以及人事争议仲裁机构没有终局处理权，造成仲裁在整个人事争议处理过程中只处于一个中间环节。这使得人事仲裁的权威性较低，势必鼓励当事人走完所有的救济程序，导致几乎大部分争议最终还是进入法院。人民法院对同一案件需要重新审查、立案、开庭、核实证据、认定事实、调解、裁决。本来在人事争议处理机制设计中主要作为监督机制的诉讼程序演变成了常规程序，仲裁程序被虚化。这种体制不仅浪费了有限的仲裁或司法资源，也拉长了当事人解决争议的时间，增加了当事人的救济成本。

第三节　我国人事争议诉讼制度的完善

人事争议仲裁和诉讼机制是在我国事业单位改革的宏观背景下，借鉴民商仲裁、劳动争议仲裁和其他相关仲裁制度经验和做法的基础上，结合我国干部人事制度改革特点建立起来的。由此而来，人事仲裁和诉讼机制初步发展不可避免地带有改革中的过渡性和临时性。而这种过渡性和临时性，使得人事争议仲裁和诉讼机制在功能、定位、指导思想、原则、制度内涵乃至机制设计等诸多方面，既缺乏明确和稳定性，又难以真正适应实践发展的需要，这正是人事仲裁与司法审判的关系难以衔接和存在诸多问题的主要原因。因此，人事争议诉讼制度的完善必须与人事争议仲裁制度的完善联动考虑。

一、统一人事争议仲裁和诉讼的受案范围

目前人事争议仲裁与人事争议诉讼两种方式均具有合法性，这点是肯定的。但是，由于两者受案范围的不同而可能导致合法性受到影响的实际，直接影响当事人诉权的实现。例如，对于超过或不同于人民法院受案范围的仲裁裁决向人民法院申请执行的，人民法院执行机构受案审查后，也会因不属于人民法院受案范围而不予受理执行。也就是说，这类仲裁裁决只能依靠人事争议仲裁当事人双方或一方自觉履行来实现仲裁效力。因受案范围的不同，会导致人事仲裁裁决的效力受到影响，甚至不具有法律效力，从实质上讲，即没有合法性，费力费神进行的一场仲裁到头来落为一场空，当事人的合法权益就完全有可能得不到法律保护。一句话，人事争议仲裁裁决要具有能启动司法程序的合法性，必须保证人事争议仲裁的受案范围与

人民法院受案范围相同。首先,人事争议受案范围内的人事争议,是具有平等性质的权利义务争议,对这些争议人民法院可利用司法权进行裁决;人事争议涉及事业单位工作人员的劳动权利及劳动相关权利的保护,这些涉及劳动者的基本人权,都应当纳入司法保护;再次,当事人享有的司法救济权,即诉权,是一项宪法性权利,不能以人事仲裁剥夺当事人的诉权。因此,人事仲裁的受案范围应全部纳入诉讼的受案范围,并以立法或司法解释的形式加以确定。同时,人事争议受案范围重新确定时,还应与事业单位的改革进程相适应。人事争议能够进入仲裁以至于进入诉讼程序,与事业单位人事制度改革的进程密切相关。2000年8月,中组部、人事部《关于加快推进事业单位人事制度改革的意见》拉开了事业单位人事制度改革的序幕。正是这种改革,使事业单位人事争议基本具备了获得司法救济的条件。但尚未进行的改革方面,以及改革方向尚未确定的方面,人民法院还很难全部予以处理。如履行聘用合同时所涉及的职称、职务、奖励、考核等纯粹的单位管理,司法很难介入,这些不适宜于人事争议处理的争议应予以剔除。依照这样的指导思想,建议修改有关法律、法规、规章,人事争议诉讼受案范围确定为以下几类,最大限度地保证当事人权益。

(1)聘任制公务员与聘任机关因履行聘用合同而发生的争议。

(2)中国人民解放军文职人员与聘任机关因履行聘用合同而发生的争议。

(3)事业单位、社会团体职工与单位因人事关系的确定、人事档案的转移而发生的争议。

(4)事业单位、社会团体职工与单位因履行聘用合同而发生的争议。

(5)事业单位、社会团体职工与单位因辞职、辞退而发生的争议。

(6)因事业单位、社会团体对职工作出开除、除名、作自动离职处理的人事处理决定而发生的争议。

(7)因用人单位作出减少劳动报酬、降低工资标准或档案工资标准、计算或确定职工工龄等人事处理决定而发生的争议。

(8)因用人单位欠交养老、工伤、失业、医疗等社会保险费而发生的争议;用人单位尚未参加或应参加而未参加基本医疗保险、工伤保险,未按照国家有关规定报销医疗费、给付工伤待遇,职工因追索医疗费、工伤待遇不得而发生的争议。

(9)因职工追索国家规定或单位规定的福利费用而发生的争议。

(10)法律法规规定的其他可以提起人事仲裁的争议。

二、完善诉讼管辖制度

人事争议案件由基层人民法院为一审人事受理法院,取消了级别管辖,置争议的标的额、在本地是否有重大影响等因素不顾,这样做既否定了《民事诉讼法》级别管辖制度对人事争议案件的适用,同时也不利于重大人事争议案件审理。因此,在人事争议的管辖制度中,应建立地域管辖和级别管辖同时适用原则,人民法院应根据案件标的额、影响范围等实行级别管辖,即人事争议案件既有基层法院为一审法院,也有中级法院为一审法院的实践操作。

三、完善仲裁和诉讼的执行衔接

完善仲裁与司法裁决的执行衔接,应当从两方面进行:

(1)对发生法律效力的调解及裁决,均应赋予其司法强制执行力。仲裁裁决或调解若缺乏强制执行的保障,裁决书变成一纸空文,不仅当事人的权利难以实现和保障,而且仲裁的权威性也无从谈起,矛盾的化解与社会关系的和谐难以实现。

(2)完善涉及人身性质裁决的执行措施。涉及人身性质的裁决,如维持人事关系(聘用关系)等涉及身份关系的恢复,其执行可分为两种情形:第一种情形是如果被执行人是事业单位,其已通过审批程序单方解除了人事关系(聘用关系)的,该关系的恢复要通过其上级主管机关批准,法院可向其主管部门发出协助执行通知书,在事业单位依据裁决或判决提出申请的前提下,要求主管部门协助执行;如果事业单位只是单方解除了关系但未报审批的,则应由事业单位行自行恢复人事关系(聘用关系)。如事业单位拒不执行裁决或判决的,不给工作人员安排工作、发放工资的,根据《民事诉讼法》的规定,人民法院可强制执行事业单位应当发放的工资给个人。第二种情形是,当被执行人是个人时,如不准予辞职或辞聘,个人不履行生效裁判,不从事单位安排的工作或分配的任务,则法院可以对其实施罚款。①

四、完善人事争议诉讼的实体法适用

基于目前事业单位聘用制改革的进程,人事关系和劳动关系的差异在

①　四川省高级人民法院课题组:《关于人事仲裁与司法审判关系的调研报告》,《法律适用》2008 年 1、2 期。

很长一段时期内存在这一现实,用法律、法规完全调整人事争议诉讼,而摒弃规范性文件作为人事争议诉讼的实体法适用渊源,在实践中难以调和。最高法院的司法解释正是在苦于人事方面没有法律规定,也充分考虑了人事制度方面多以政策文件形式执行的现状,通过渐进式的制度设计来解决人事争议诉讼中实体法适用的尴尬。

《解释》第二条为已结案法院审理人事争议案件适用法律提出了较为明确的方案,为司法实践中适用劳动法审理案件的难题提供了出路,但该《解释》存在的问题也显而易见。笔者认为,既然理论和实践的趋势是劳动、人事制度的融合,那么,从本质上看人事关系适用《劳动法》符合劳动立法的本质精神,而存在的难题在于适用《劳动法》无法解决事业单位某些目前存在的特殊问题,如编制制度、工资制度、养老保险制度等等。在不违背《劳动法》基本宗旨的前提下,法院可以选择性地适用人事方面的法规、规章及人事政策规范性文件,如果与劳动法的基本宗旨相冲突,则应当适用劳动法的相关规定,这样在一定程度上考虑到了事业单位人事关系的特殊性,又体现了市场经济条件下事业单位改革的趋势是聘用合同与劳动合同融合的必然性,更好的办法是国务院以行政法规形式对人事关系的特殊问题加以规定,人民法院审理案件时优先适用该法规,如该法规没有规定,可以参照劳动法。当然也不排除最高法院再出台一个较为详细的司法解释就人事争议案件适用《劳动法》的实体法律问题提出具体规定,也作为法院审理人事争议案件的实体依据。法律适用依效力从高到低可分为三个层次:

(1)法律适用:应当依照有关的法律、行政法规和地方性法规办理,这符合我国审判机关在审理案件时适用法律的基本原则规定。

如果有关规章没有规定或者规定不明确,且纠纷性质与劳动争议相近似的,适用《劳动法》的规定处理。这项规定是考虑到人事争议与劳动争议的共性方面以及法律基本精神,适用劳动法可以将企业职工与事业单位工作人员在某些相同问题上适用统一的法律尺度。人事争议案件审理由审理劳动争议案件的法官们承办,这些法官对劳动法律法规早已熟悉掌握,可在程序上保证正确适用法律。

(2)参照:法律、行政法规和地方性法规没有明确规定的,可以参照与法律、法规不相抵触的部门规章、国家有关人事政策、地方政府规章及人事管理规范性文件。这是为了解决审判实践操作方面的具体问题,不得已而为之的。需要指出的是,这里的"与法律、法规不相抵触"中的法律法规,自然是诸如《劳动法》以及劳动法相关配套法规、司法解释,对人事管理规范性文件的适用也最好能作出明确的界定,有条件的将对实践中已成熟的人事政策上升为政府规章,提高其适用效力。

(3)参考:事业单位经过职工代表大会通过并已公示的规章制度,与法律、行政法规及政策规定不相抵触的,可以作为处理人事争议案件的参考。这样做,可以在程序上克服人事政策、规范性文件的行政强制性,也在程序上体现了广大事业单位工作人员参与民主管理的意愿与对事业单位重大问题、制度决策中的意思表示,具有相对的公正性。

五、改革审判机构,设立劳动法庭专门审理劳动人事争议

根据最高人民法院的司法解释,目前的劳动人事争议案件是由人民法院的民事审判庭来受理的。由于劳动人事争议案件数量多,内容复杂,处理难度大,法院民庭又要面对大量的民事纠纷,致使劳动人事争议不能得到及时处理。20世纪以来,建立专门性劳动争议解决机制已成为现代国家普遍通行的做法。目前世界上许多国家设有专门处理劳资争议、社会保障争议的劳动法院或劳动法庭。虽然各国劳动法院构成极不相同,但其基本精神是一致的,即劳动法庭或法院不应该由单纯的专业审判人员组成,而应该遵循为国际劳工组织所认可的"三方原则",劳动法庭由专业法官(代表国家)和来自工会(代表工人)、雇主组织(代表雇主)的人民陪审员或称为荣誉法官组成。我国应借鉴国外劳动法院或劳动法庭专司劳动案件审判的经验,尽快设立劳动法庭,待条件成熟后再成立劳动法院,以适应我国劳资关系发展的需要,更快速而高质量地审理劳动人事争议,化解劳动人事争议,稳定劳动人事关系。在人民法院设立专门的劳动人事争议审判庭,由熟悉劳动法律、法规和规章政策的职业法官与代表劳动者和用人单位的人民陪审员共同组成合议庭,专司劳动人事争议案件审理。其优点体现在以下几方面:第一,人民法院设立劳动法庭专门审理劳动人事争议案件,法官在专门的劳动法庭审理劳动人事案件,从而在司法理念、遵循原则、办案习惯上养成与劳动人事案件审理相适应的职业经验和素养,有利于审理劳动人事案件法官的专业水平提升,避免民事审判的不适当影响,更妥当地处理劳动人事争议。第二,人民法院设立劳动法庭专门审理劳动人事争议案件,也是满足急剧增加的劳动人事争议案件审判的需要。随着经济结构调整的加快、干部人事制度改革和劳动用工制度改革的深化,特别是由于我国劳动者基数庞大,现阶段劳资关系较为紧张,劳动领域的矛盾冲突又日益加剧。因此,整体上,劳动争议呈现出数量多、增长快、增幅大的趋势。我国市场经济的发展,

劳动人事案件的绝对数量还将不断攀升,如此艰巨的司法审判任务,唯有成立专门的审判组织才能胜任。第三,更好地适应劳动人事案件的特殊性与类型化需求。劳动人事案件不同于民事案件,它与劳动者的生存密切相连。劳动者将用人单位告上法庭,通常意味着劳动者丢掉工作,失去经济来源。

总之,快速便捷是劳动人事争议解决首先和基本的要求。劳动人事案件专业性强,通常非法官所能完全胜任审理。由专门的劳动法庭审理劳动案件,使得审理劳动案件的法官有较长时间的劳动人事案件审理的专业积累,更有利于明确案件审理的专业标准,提高专业审理的质量,同时由代表劳动者和用人单位的人民陪审员组成合议庭也体现了劳动争议解决机制的三方性原则。

六、完善诉讼程序制度

缩短劳动争议案件的审限或改变传统的两审终审制。当前人事争议诉讼的周期长,使得劳动者望"诉讼"而兴叹,劳动争议诉讼的作用不能很好发挥。因此,应适当缩短人事争议案件的审理期限。同时对一些争议标的额比较小的追索工资、赔偿费等劳动争议案件可简化诉讼程序,适用简易程序、特别程序,没必要固守两审终审制。此外,应建立部分判决制度。在诉讼请求较多,各个请求争议的轻重缓急各不相同,而诉讼程序又相对较长的情况下,为了保护弱势主体的利益,可以将关乎弱势主体切身利益的一些争议先行进行判决。

七、改革人事争议裁审体制,建立"或裁或审,裁审分离,各自终局"模式

对目前"一裁两审"的人事争议处理机制法律界和实务界均提出质疑与建议。其建议方案有三:一是按照仲裁法规定,实行"只裁不审"。人事争议发生后,当事人可以申请仲裁,但是争议不进入诉讼体系,一裁终局。二是取消非标准法律意义的仲裁,直接与民商案件一样适用《民事诉讼法》,直接向人民法院提起诉讼,"只审不裁"体制。三是"或裁或审、裁审分离、各自终局"体制。目前我国人事争议处理目标模式尚未确定,上述方案各有优劣,需在理论和实践中作出探索。

(一)"只裁不审"处理模式评析

"只裁不审"处理模式是指由人事争议仲裁机构专门处理人事争议,仲裁终局,法院不再受理。在具体模式的设置上,有"一裁终局"和"两裁终局"两种观点,"两裁终局"即对仲裁裁决不服的,可以向上级仲裁委员会申请仲

裁,上级仲裁委员会发现下级仲裁委员会裁决有误,有权直接处理或指令下级仲裁委员会重新审理。目前在劳动争议处理模式上采用该模式的国家有澳大利亚、韩国等。根据澳大利亚法律规定,处理劳动争议的专门机构是澳大利亚联邦及各州的产业委员会和产业关系法院。实行强制仲裁和两裁终裁。

这种体制可以充分发挥仲裁程序的高效、便捷的优势,节约争议处理成本。设置上级仲裁院对下级仲裁机构的监督制约机制,加强了仲裁的权威性,在一定程度保障了仲裁质量。但是,这种制度对人事争议处理的公信力会下降,事实上剥夺了当事人的诉权实现,从司法最终解决的必要性来看,缺乏司法系统及其司法权的保护仍是公民权享有的缺憾。同时,由于缺乏司法对仲裁的监督机制和救济手段,其实质仍是人事行政机关按照层级机制处理争议的模式,带有浓厚的行政性特征。

(二)"只审不裁"处理模式评析

"只审不裁"处理模式比较典型的是设立劳动法院(或劳动法庭)专门处理劳动人事争议案件,劳动法院内专设人事争议庭,审理人事争议,从而将人事争议的处理完全纳入诉讼程序。

该模式为欧洲许多国家处理劳动争议的典型模式。劳动法院或劳动法庭虽然冠之以法庭或法院的名称,但其在组织机构、程序等诸多方面与普通法院或法庭有较大的区别。主要表现在:①分级设立,法院层次分为地方法院、州法院及联邦法院。②组织结构遵循"三方原则"。劳动法院的法官由具有职业法官资格的专业法官和名誉法官组成,名誉法官来自雇员和雇主,各占一半,由雇主协会和工会推荐,然后由有关部门任命。法律规定,名誉法官受特别保护,即任何人不得因担任荣誉法官之职务而遭受不利。荣誉法官根据法律规定定期选举产生。③在程序设计上,考虑到案件的特殊性,采用简单、迅速的方式尽快结案,避免诉讼过渡迟延而导致劳资双方矛盾的激化。④收费低廉。⑤审理不公开化。①

"只审不裁"模式既有司法的强制性特点,即由当事人一方申请启动程序,另一方须强制参加;也有传统仲裁制度的特点,即机构组成、审理程序、审理方式、费用收取上与传统仲裁极为相似,从而实现了仲裁和诉讼制度的有机结合。但就目前我国劳动人事争议的实际、司法机构的设置以及劳动

---

① 王全兴:《劳动法》(第三版),法律出版社 2008 年版。

人事法律法规建设的进程来看,采用该模式的条件尚未成熟。在现有人民法院系统之外建立劳动法院,采用独立的实体法适用和程序,就目前我国实际情况而言,存在相当大的困难。因此,虽然"只审不裁"实现了公正性的要求,但是忽略了社会效益和诉讼经济的要求,可能导致不能快速、及时和有效地解决。这反而会抵消公正的社会效应,或许会激化社会矛盾。

（三）"或裁或审、裁审分离、各自终局"体制

"或裁或审、裁审分离"是指发生争议后,当事人可以选择人事仲裁部门申请仲裁,或者提起诉讼,但是当事人只能选择其一。选择仲裁的不得就同一案件再向人民法院起诉,仲裁裁决为终局裁决;选择起诉的,不得就同一案件向仲裁机构申请仲裁,经两审审理后为最终判决。

赞成"或裁或审"模式的意见认为,建立"双轨制"的处理程序拓宽了争议的处理途径,为当事人提供了多渠道的解决争议方式,既保障了当事人诉权的实现,又赋予当事人意思自治的权利,有利于保护当事人的合法权益。同时,裁审分流有利于保证争议解决的质量和提高争议解决的效率,使仲裁制度和诉讼制度发挥各自的优势职能。也有不少学者不赞同该模式,认为在"或裁或审"模式中,案件的管辖权一旦确定,则"只裁不审"或"只审不裁"模式的弊端都会得到综合体现。如果一部分人选择仲裁,一部分人选择诉讼,由于仲裁和诉讼在实体法和程序法上都有许多不同的认识和不同的规定,在裁审标准不一的情况下,同样的案情可能得到不同的对待。[1]

我们认为,上述几种模式各有利弊,但根据人事争议的特殊性、劳动人事争议解决机制的现状,考量效率、效果、经济等因素,第三种"或裁或审、裁审分离、各自终局"模式虽有缺陷,但也较为现实可行。第一,对现实冲击不大,容易为司法机构和政府部门所接受。第二,无需大量的立法活动和改造活动,可很快与现有机制实现过渡和对接。第三,有利于发挥仲裁的效率。第四,有利于减轻诉讼压力。综上所述,现阶段,这种模式更加符合国情。

---

[1]　董保华,周开畅:《我国劳动法中的裁审关系之重构》,全国劳动法学与社会保障法第六届年会论文集。

参考文献

著作类

1.［美］罗伯特·A.高尔曼著，马静等译：《劳动法基本教程——劳工联合与集体谈判》，中国政法大学出版社 2003 年版。

2.林嘉主编：《劳动法评论》（第一卷），中国人民大学出版社 2005 年版。

3.郑尚元著：《劳动争议处理程序法的现代化》，中国方正出版社 2004 年版。

4.［美］凯瑟琳·巴纳德著，付欣译：《欧盟劳动法》，中国法制出版社 2005 年版。

5.国际劳工组织，李德齐等译：《劳动争议调解与仲裁程序比较研究》，中国工人出版社 1998 年版。

6.范愉著：《非诉讼纠纷解决机制研究》，中国人民大学出版社 2000 年版。

7.谷口安平著，王亚新等译：《程序的正义与诉讼》，中国政法大学出版社 1996 年版。

8.章武生等著：《司法现代化与民事诉讼制度的构建》，法律出版社 2000 年版。

9.丁薛祥主编：《人才派遣理论规范与实务》，法律出版社 2006 年版。

10.董保华：《劳动法论》，上海世界图书出版社 1999 年版。

11.秦国荣：《劳动与社会保障法律制度研究》，南京师范大学出版社 2004 年版。

12.黄锡生，刘丹：《我国事业单位人事法律制度研究》，中国检察出版社 2007 年版。

13.人事部人才流动开发司编著：《人事争议仲裁指南》，中国人事出版社 2001 年版。

14.人事部流动调配司编：《人事争议仲裁手册》，武汉出版社 1998 年版。

15.刘俊生：《公共人事管理比较分析》，人民出版社 2001 年版。

16. 林莉红:《中国行政救济理论与实务》,武汉大学出版社2000年版。

17. 王名扬:《美国行政法》,中国法制出版社2005年版。

18. 王名扬:《法国行政法》,中国政法大学出版社1988年版。

19. 王名扬:《英国行政法》,中国政法大学出版社1997年版。

20. 杨建顺:《日本行政法》,中国法制出版社1998年版。

21. 阎青义:《世界各国公务员法手册》,吉林大学出版社1988年版。

22. 姜海如:《中外公务员制度比较》,商务印书馆2003年版。

23. 杨海坤,章志远:《中国行政法基本理论研究》,北京大学出版社2004年版。

24. 湛中乐:《法治国家与依法行政》,中国政法大学出版社2002年版。

25. 徐银华,周佑勇:《公务员法新论》,北京大学出版社2005年版。

26. 林戈主编:《公务员法立法研究》,中国人事出版社、党建读物出版社2006年版。

27. 徐颂陶,孙建立主编:《中国人事制度改革》,中国人事出版社2008年版。

28. 张越编著:《英国行政法》,中国政法大学出版社2004年版。

29. 章剑生:《行政程序法基本理论》,法律出版社2003年版。

30. 章剑生:《现代行政法基本理论》,法律出版社2008年版。

31. 翁岳生:《行政法与现代法治国家》,台湾大学法学丛书编辑委员会1990年版。

32. 翁岳生主编:《行政诉讼法逐条释义》,台湾五南出版股份有限公司2004年版。

33. 应松年:《行政法学新论》,中国方正出版社2004年版。

34. 徐银华:《公务员法原理》,中国方正出版社2000年版。

35. 刘俊生:《公共人事管理比较分析》,人民出版社2001年版。

36. 张淑芳:《公务员法教程》,中国政法大学出版社2004年版。

37. 中组部研究室(政策法规局),人事部政策法规司:《外国公务员法选编》,中国政法大学出版社2003年版。

38. 于安:《德国行政法》,清华大学出版社1999年版。

39. 翁岳生编:《行政法》,中国法制出版社2002年版。

40. 杨德敏:《我国劳动争议处理机制的反思与重构》,江西人民出版社2007年版。

41. 王全兴:《劳动法》(第三版),法律出版社2008年版。

42. L.赖维乐·布朗、约翰·S.贝尔著:《法国行政法》(第五版),中国人民大学出版社 2006 年版。

43. 盐野宏:《行政法》,法律出版社 1999 年版。

44. William Wade & Christopher Forsyth. *Administrative Law*, 8th. edn,2000,Oxford University Press.

45. *Labor Law in Germany*, published by the federal ministry for labor and security English edition,1991,7.

论文类

1. 姚瑞敏:《论完善我国行政处分的程序》,《中国法学》2001 年第 3 期。

2. 刘俊生:《中日公务员权利义务比较研究》,《政法论坛》2001 年第 1 期。

3. 董鑫:《我国公务员人事权利诉讼救济的可行性探究》,《政法论丛》2004 年第 4 期。

4. 胡建淼:《"特别权力关系"理论与中国的行政立法》,《中国法学》2005 年第 5 期。

5. 叶必丰:《我国人事行政救济制度探讨》,《法商研究》1996 年第 3 期。

6. 杨安军:《我国人事争议仲裁制度建设的回顾、问题和前景》,《西南政法大学学报》2004 年第 6 期。

7. 李文清,冯涛:《论人事争议解决机制》,《求索》2004 年第 9 期。

8. 湛中乐、朱秀梅:《试论对公务员行政惩戒的法律救济》,《法制与社会发展》1999 年第 5 期。

9. 王存福:《关于公务员申诉控告制度法制化思考》,《成都行政学院学报》2001 年第 1 期。

10. 金太军:《从法制到法治——我国推行公务员制度的深层思考》,《学海》2003 年第 3 期。

11. 黎军:《从特别关系理论谈我国对公务员救济制度的完善》,《行政法学研究》2000 年第 1 期。

12. 林慕华等:《我国公务员职务保障权的司法救济》,《中山大学学报》2006 年第 6 期。

13. 黄程贯:《劳动法关于劳动关系之本质的理论》,《政大法律评论》第 59 期。

14. 周世珍:《公务人员保障制度之理论与实际》,台北大学博士论文,

2001 年。

15. 王涛:《当代西方公务员制度变革及其借鉴研究》,四川大学硕士学位论文,2004 年。

16. 王启:《公务员权利救济制度研究》,中国政法大学硕士学位论文,2006 年。

17. 杨安军:《我国人事争议仲裁制度的回顾、问题和前景》,《西南政法大学学报》2004 年第 6 期。

18. 李文江:《高校教师聘任制之法律研究》,《高等教育研究》2006 年第 4 期。

19. 刘霞:《"人事关系"探析》,《中国人才》2008 年第 1 期

22. 陈建军:《我国公务员权利救济制度探讨》,中国政法大学硕士论文,2006 年。

23. John A. Fossurn Rechard D. Labor Relation Development, *Structure Process*. 5th Irwin 1992.

24. 杨安军:《人事争议仲裁行为的行政不可诉性初论》,《重庆师范大学学报》2005 年第 4 期。

25. 徐向前:《我国人事争议仲裁制度浅析》,《法学评论》2004 年第 5 期。

26. 四川高级人民法院课题组:《关于人事仲裁与司法审判关系的调研报告》,《法律适用》2008 年 1、2 期。

27. 李华友:《关于建立和完善我国人事争议仲裁制度的思考》,《重庆社会科学》2002 年第 6 期。

28. 唐志敏:《目前人事争议仲裁工作需研究的几个问题》,《中国人才》2003 年第 2 期。

29. 许建宇:《我国人事争议处理受案范围的再调整》,《法律适用》2005 年第 9 期。

30. 陈柳裕等:《人事争议仲裁制度的反思与重构》,《中国人才》2007 年第 8 期。

31. 侯玲玲,王全兴:《民事诉讼法适应劳动诉讼的立法建议》,《中国劳动》2001 年第 6 期。

后　记

　　本书是我在主持浙江省哲学社会科学规划课题"人事争议处理法律问题研究"（课题号：06CGZF30YBX）的研究成果基础上的延伸研究。在写作过程中，曾一度因深感自身专业知识的薄弱、研究资料的缺乏、时间和精力不济而几欲放弃，是众多良师益友的鼓励和帮助，使我重拾信心将其完成。

　　感谢我在浙江大学高访期间的导师浙江大学光华法学院陈信勇教授，他精湛扎实的专业功底、严谨求实的学术作风、温厚淳良的师者风范使我终身受益。感谢宁波市律师协会会长、浙江和义律师事务所主任童全康高级律师和宁波市人事争议仲裁院郑磊斌副院长，他们丰富的实践经验和提供的大量案例，为我奠定了良好的实证研究基础。感谢我的同事浙江万里学院法学院吴振宇老师，他扎实的行政法研究积累，在写作本书"公务员人事争议处理机制"内容时，给予我雪中送炭的帮助。感谢本书的责任编辑，浙江大学出版社朱玲编辑，是她的热忱、认真、细致、负责的职业精神促成本书的顺利出版。感谢我的家人和朋友在本书写作过程中给予我的无微不至的关怀和精神支持。

　　世界上最珍贵的东西往往是免费的，平凡如我，在人生的不同阶段，一直有弥足珍贵的亲情陪伴、友情相随，深感幸运和知足，也正是这些温暖的情感，敦促我重新出发。仰望星空，脚踏实地，心灵不再困顿，生命自开莲花。

张勇敏

2009 年 10 月

图书在版编目（CIP）数据

人事争议处理机制法律问题研究／张勇敏著. —杭州：浙江大学出版社，2010.6
ISBN 978-7-308-07614-2

Ⅰ.①人… Ⅱ.①张… Ⅲ.①人事管理－争议－处理－研究－中国 Ⅳ.①D922.114

中国版本图书馆 CIP 数据核字（2010）第 095125 号

人事争议处理机制法律问题研究

张勇敏　著

责任编辑	朱　玲
出版发行	浙江大学出版社
	（杭州市天目山路 148 号　邮政编码 310007）
	（网址：http://www.zjupress.com）
排　　版	杭州中大图文设计有限公司
印　　刷	杭州浙大同力教育彩印有限公司
开　　本	700mm×960mm　1/16
印　　张	14
字　　数	245 千
版 印 次	2010 年 6 月第 1 版　2010 年 6 月第 1 次印刷
书　　号	ISBN 978-7-308-07614-2
定　　价	28.00 元